C000170969

HARDPRESS.NET
HOME OF HARD-TO-FIND BOOKS

Bibliothèque Académique Ou Choix Fait Par Une Société De Gens-De-Lettres, De Différens Mémoires Des Académies Françaises Et Étrangères, La Plupart Traduits, Pour La Première Fois, Du Latin, De L'italien, De L'anglais, Etc

by Antoine Sérieys

Copyright © 2019 by HardPress

Address:
HardPress
8345 NW 66TH ST #2561
MIAMI FL 33166-2626
USA
Email: info@hardpress.net

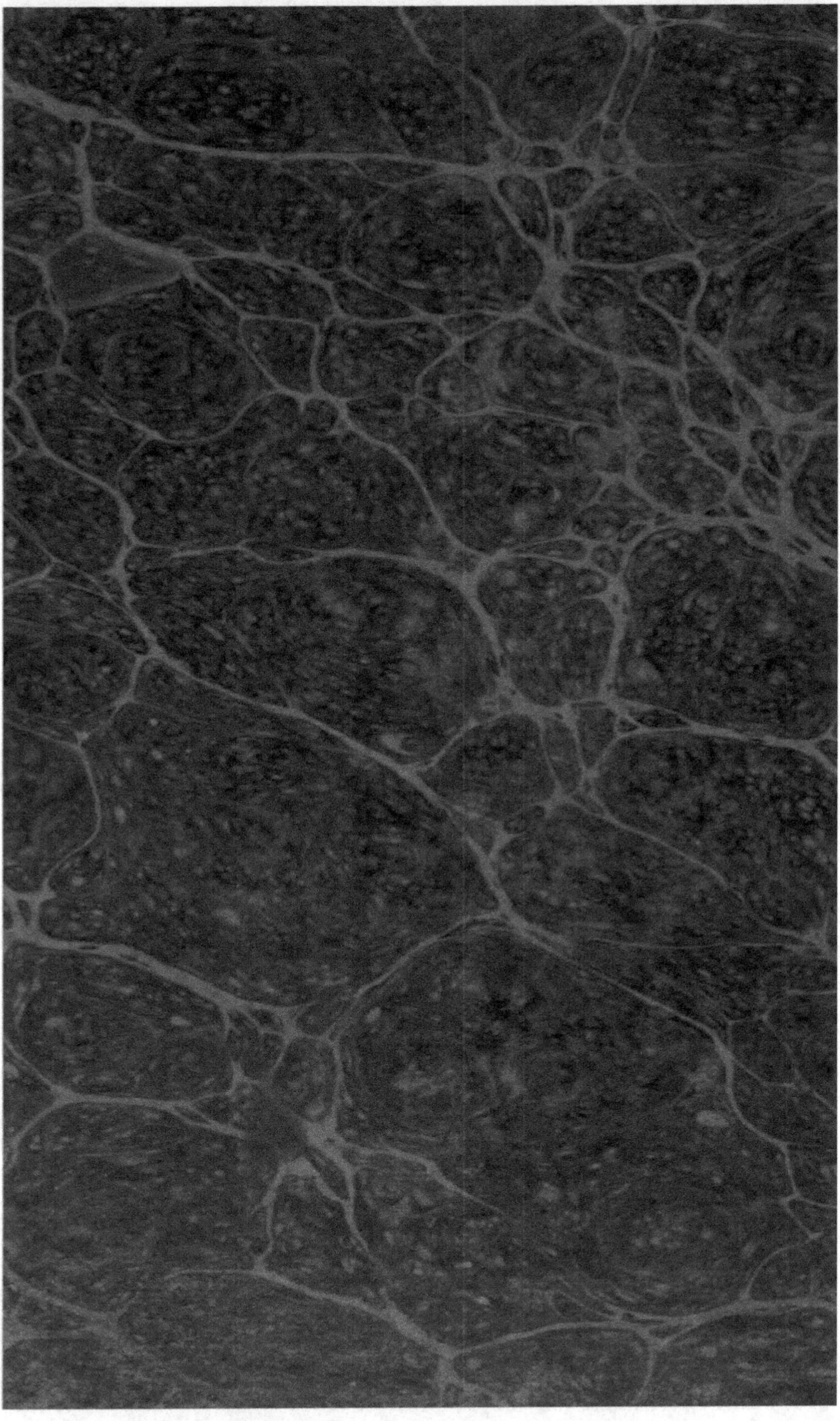

B 11/1

1092674259

Biblioth que Académi

BIBLIOTHÈQUE
ACADÉMIQUE.

TOME Ier DE LA COLLECTION.

BIBLIOTHÈQUE
ACADÉMIQUE,

OU

Choix fait par une Société de Gens-de-Lettres, de différens Mémoires des Académies françaises et étrangères, la plupart traduits, pour la première fois, du Latin, de l'Italien, de l'Anglais, etc.

Mis en ordre par A. SÉRIEYS, Censeur au Lycée impérial de Douai, Professeur d'Histoire, et Secrétaire de la Faculté des lettres, à l'Académie de cette ville.

Dédié à S. M. JOACHIM NAPOLÉON,
Roi des deux-Siciles.

A PARIS,

CHEZ
- DELACOUR, Imprimeur-Libraire, rue J.-J. Rousseau, n°. 14.
- LENORMANT, libraire, rue des Prêtres-Saint-Germain-l'Auxerrois.
- NICOLLE, libraire, rue de Seine, n°. 12.

1810.

A SA MAJESTÉ

LE ROI DES DEUX-SICILES.

SIRE,

Après la passion de la gloire, et surtout celle d'être utile à l'humanité, l'un de vos premiers besoins est de rassembler dans vos palais tout ce que les arts ont de plus admirable; permettez-moi, Sire, d'ajouter à cette magnifique galerie une collection faite pour l'embellir encore. C'est un choix des meilleurs Mémoires des Académies françaises et étrangères, traduits en grande partie, pour la première fois, du Latin, de l'Italien, et d'autres langues vivantes.

Cette entreprise, honorée du suffrage de plusieurs

savans et gens de lettres, qui jouissent de votre estime, aura le bonheur, j'ose l'espérer, d'obtenir aussi le suffrage de V. M.; elle regardera comme une espèce de conquête cette exploitation de mines littéraires, en des pays remplis de vos trophées.

Paris est le dépôt central où l'Italie et l'Allemagne ont apporté en hommage au héros du siècle ce qu'elles avaient de plus parfait dans les beaux-arts. Quand le musée impérial s'enorgueillit de ces nouvelles richesses, pourquoi nos bibliothèques ne recevraient-elles pas aussi le même tribut de l'étranger? Que dis-je? Les muses des pays les plus lointains ne doivent-elles pas à Napoléon le Grand une reconnaissance particulière? Auraient-elles oublié qu'au milieu de ses conquêtes, au milieu des fléaux inséparables de la guerre, ce monarque daigna les protéger, et qu'en arrachant d'une main des lauriers à l'ennemi, de l'autre il prodiguait des fleurs sur l'autel des sciences?

Cette digression n'est point déplacée; parler de

Napoléon premier n'est-ce point parler en même temps de Joachim Napoléon, le digne compagnon de ses travaux et de sa gloire?

Sire, en adoptant cette Bibliothèque académique, vous donnerez une nouvelle preuve de votre amour envers les lettres, amour sacré que votre auguste moitié partage avec tant de bonté. Puisse-t-elle jeter un regard de bienveillance sur ce groupe illustre d'ombres vénérables, dont les écrits ont éclairé le monde!

Et vous, Sire, quand vos immenses travaux administratifs et militaires vous laisseront quelques minutes de repos, daignez parcourir notre collection! Que le jeune Achille, guidé par un nouvel Aristote, trouve dans la lecture de ces Mémoires ce charme qui fait chérir les lettres et ceux qui les cultivent! A peine sorti du berceau, il aimait à manier les armes; cette passion, d'où naissent les héros, ne va jamais seule; c'est dans les ames bien nées la source de toutes les idées libérales; heureux enfant, qui n'a d'autre vœu *à former que celui de voir son auguste parrain et les illustres auteurs de ses jours compter le nombre de leurs années sur celui de leurs bienfaits envers l'humanité.*

J'ai l'honneur d'être, avec le plus profond respect,

De Votre Majesté,

Sire,

Le très-humble et très-obéissant serviteur,

SÉRIEYS.

PRÉFACE.

Les Mémoires des académies peuvent être regardés comme les chefs-d'œuvre en miniature des savans et des gens de lettres les plus distingués. Resserrés dans un cadre fort étroit, s'ils ont moins de prétentions à la célébrité, ils n'en sont pas moins solides et moins dignes d'une gloire durable. Les écrits ordinaires ont pour juges des lecteurs plus ou moins éclairés, au lieu que les Mémoires académiques, lus dans des séances publiques, devant un tribunal où la médiocrité n'a point de défenseur, ont dû éprouver un examen plus sévère.

Mais si ces Mémoires sont d'une si haute importance dans la république des lettres, on ne saurait donc trop les faire connaître et les mettre à la portée de la plupart des lecteurs.

C'est la tâche que vient de remplir une société

de Gens-de-Lettres ; elle a fait une excursion dans toutes les académies dont l'étranger s'honore ; et, pour la première fois, elle a traduit en Français des Mémoires écrits en Latin, en Italien, en Anglais, et les a placés à côté des chefs-d'œuvre de nos académies françaises. Qu'on suppose un banquet où les savans, les Gens-de-Lettres les plus renommés de chaque pays se trouvent réunis et apportent chacun leurs meilleures productions, ce banquet, à coup sûr, excitera le plus vif intérêt : telle est la scène que présente la Bibliothèque académique.

Au moment où les chefs-d'œuvre des arts, transplantés de leur pays natal en France, semblent, pour ainsi dire, s'enorgueillir d'être comptés parmi les chefs-d'œuvre de notre Musée impérial, il manquait à notre littérature cette réunion de richesses disséminées et presque perdues dans les grandes bibliothèques, où l'on se contentait d'aller les consulter au besoin.

Les Mémoires de l'académie royale des Inscriptions et Belles-Lettres de Paris, ceux des académies de Berlin, de Pétersbourg, de Calcutta, de Cortone, etc., *forment un recueil très-intéressant des morceaux de littérature les mieux soignés; ils furent composés par des écrivains d'un goût sûr, d'une vaste et solide érudition, étrangers à toute espèce de passions et de partis; mais ces collections sont devenues si volumineuses, elles sont d'un format si peu portatif, et les matières y sont présentées d'une manière si confuse, si isolée les unes des autres, qu'elles ne se trouvent plus que dans un petit nombre de dépôts littéraires.*

Tirer ces trésors de la foule, mettre sous les yeux et à la portée de tous les lecteurs les plus importans Mémoires de ces immenses collections, les choisir, et de ce choix former le plus petit nombre possible de volumes, sous un format portatif, telle fut la tâche que se proposa l'auteur du plan de la Bibliothèque académique.

Il fut d'abord effrayé des difficultés de son exécution ; mais encouragé par les savans qu'il consulta, il n'hésita plus. Eh ! comment aurait-il hésité, quand S. E. le Grand-Maître de l'Université impériale avait la bonté de lui écrire qu'il regardait cet ouvrage comme très-important et très-utile ? Quand M. le Conseiller d'état, Directeur-général de l'Instruction publique, lui avait, pour ainsi dire, commandé cette entreprise, en insistant fortement sur les avantages qui résulteraient pour la littérature française, de la traduction et du rapprochement d'un grand nombre de Mémoires d'académies étrangères, presque inconnus en France ? Lorsqu'un savant des plus versés dans les langues étrangères daignait lui-même indiquer les meilleurs Mémoires de la Société asiatique la plus renommée ?

Aussi, pour justifier ces encouragemens, et donner une impulsion plus rapide à son ouvrage, l'auteur du plan s'empressa-t-il de s'ad-

joindre des collaborateurs familiarisés avec l'art de traduire et d'écrire. En moins de deux ans, ces abeilles littéraires eurent pompé le suc des fleurs académiques les plus suaves, et leur collection forma un recueil qui captiva les suffrages des savans auxquels il fut communiqué.

Il est vrai que cette société n'avait rien négligé pour rendre cette entreprise digne d'être comptée parmi les productions utiles et honorables. On sait que peu de personnes peuvent lire et entendre parfaitement plusieurs des Mémoires académiques étrangers tels qu'ils sont; il y a tel discours excellent, dont les digressions font autant de Mémoires; l'auteur du plan s'est permis, en respectant le texte littéral des auteurs, de couper ces pièces, et d'en faire d'une seule quatre ou cinq, précédées de sommaires.

Comment, en effet, lire tout d'une haleine un gros discours de trente pages in-4°? En le partageant, nous avons cru lui donner un nou-

vel intérêt ; nous avons fait plus ; quelquefois, au milieu de beautés du premier ordre, se trouvaient des raisonnemens inutiles ou déplacés : ils ont disparu sous notre plume. C'est rendre service à la plupart des lecteurs que de séparer, dans un champ littéraire, l'ivraie d'avec le pur froment. On ne saurait trop former et respecter le goût, particulièrement de la jeunesse.

Une autre opération, qui ne paraîtra pas moins utile à cet ouvrage, c'est de l'avoir enrichi de notes propres à faire entendre des passages un peu obscurs ou difficiles ; elles sont rares, par la seule raison que les bons morceaux de littérature ont rarement besoin d'être commentés. Il arrive cependant que des mots sont tombés en désuétude, et ne sont presque plus connus ; que des pensées fines, mais peu intelligibles, font allusion à des circonstances, à des particularités maintenant ignorées ; il est convenable de verser sur ces ténèbres quelques rayons de lumière.

Ce n'est donc pas une simple compilation que la Bibliothèque académique; *on y reconnaît un travail méthodique et nouveau, qui a dû exiger une masse réelle de connaissances acquises et de profondes recherches.*

Si, dans le milieu du dernier siècle, Berryat *poussa sa collection académique, concernant les sciences, jusqu'à 13 vol.* in-4°, *malgré qu'il n'observât aucun ordre dans le classement des matières, à plus forte raison la* Bibliothèque académique *littéraire, faite avec méthode et clarté, peut-elle espérer un succès proportionné à l'intérêt qu'inspirent le sujet et les circonstances?*

En effet, dans quel temps plus favorable, et sous quels auspices plus heureux cet ouvrage pouvait-il paraître? C'est lorsque le héros qui élève d'immortels monumens à la gloire de ses armées va prodiguer des couronnes aux muses françaises. Que d'illustres auteurs de ces Mémoires auraient concouru pour ces palmes, s'ils eussent vécu du temps de ce grand homme ! Puisse-t-il jeter un regard de bienveillance sur les ouvrages de ces ombres vénérables ! Son suffrage est la plus glorieuse récompense de leurs travaux et le but le plus désirable de nos veilles.

VOYAGES

ET

GÉOGRAPHIE.

CONSIDÉRATIONS SUR LE GLOBE,

Par le Comte de REDERN (1).

NEWTON détermina, dans son cabinet, la figure du globe que nous habitons et ne connaissons qu'en partie; et la France, à qui toutes les sciences ont les plus grandes obligations, a employé ses meilleurs génies et dépensé des sommes considérables pour en vérifier la théorie. Le connaître ne me paraît pas moins intéressant pour le genre humain. Les grandes découvertes du 15e. siècle excitèrent d'abord la curiosité de toutes les nations de l'Europe; la jalousie et la cupidité ont succédé à l'envie

(1) Lu le 24 janvier 1755, jour de la naissance du roi, à l'académie de Berlin.

de connaître, et notre indifférence est aussi grande qu'elle l'était quand nous étions ensevelis dans la plus grande barbarie. Les considérations que je présente sur ce sujet devraient peut-être paraître sous une forme différente : faites il y a déjà plusieurs années, et dirigées vers un point de vue fixe et déterminé, elles ne furent pas destinées pour un discours académique.

Sollicité de vaincre l'éloignement que j'ai toujours eu, et qu'on ne peut avoir assez, de faire imprimer, et de les donner à l'académie, à laquelle appartiennent mes faibles talens, si des efforts continuels pour m'instruire et pour être utile à ma patrie et aux hommes, méritent ce nom; il m'a paru que je devais les laisser telles qu'elles ont été faites pour le bien de ma patrie, afin d'exciter mes compatriotes à s'étendre au dehors, pour s'enrichir par les connaissances et les productions précieuses des parties inconnues de notre globe; pour lier, si j'ose le dire, de plus en plus ses habitans, qui, quoique frères, se méconnaissent parce qu'ils ne connaissent pas assez leur intérêt commun; enfin telles que l'envie de contribuer à l'accroissement des sciences et au bonheur des hommes en général me les a dictées, et que j'ai eu l'honneur de les présenter au roi, qui, dans son cabinet, pèse et mesure ce globe avec autant de profondeur que Newton, mais avec des vues plus grandes, plus élevées, plus vastes, pour le bonheur de ses habitans; qui encourage et protège tous ceux qui proposent des idées qui tendent à ce but; qui ne demande d'autre service que d'employer ses talens et ses travaux pour le bien des hommes, et les récompense comme les rois ordinaires récompensent ceux qui servent leurs passions.

Heureuse situation que la nôtre, messieurs, de jouir de ce plaisir si pur, que l'on goûte à servir les hommes, et du bonheur de lui plaire! Que ce jour que nous célébrons aujourd'hui, ce jour à qui nous devons le plus grand des Prussiens, nous rappelle tout notre bonheur! Qu'il nous rappelle toute l'étendue des devoirs que nous impose la gloire de notre patrie commune; d'une nation dont les Prussiens, j'ose le dire, sont une partie distinguée, de cette nation à laquelle le genre humain doit presque toutes les grandes découvertes: le véritable système de l'univers, la connaissance des lois du mouvement des corps célestes, que *Kepler* trouva, et dont il devina la cause, que *Newton* a calculée avec tant de gloire; celle de la nature de l'air et de plusieurs propriétés des corps en général, par la machine pneumatique, qui partage la découverte de l'analyse de l'infini avec les Anglais, dans le grand homme, fondateur de notre académie, et auteur de ce système merveilleux de conjectures sublimes et heureuses sur la nature, l'ordre, l'harmonie, le but et la chaîne des êtres de l'univers, qui prouvent la sublimité de l'esprit humain, ses efforts et son insuffisance pour sortir des bornes étroites dans lesquelles sont renfermées ses connaissances, la certitude et l'évidence; nation qui peut prendre part, par le chevalier Beheim, à la découverte du Nouveau Monde; à laquelle on doit l'imprimerie, la gravure, la chimie, la science de suivre la nature et de la décomposer; la poudre, le phosphore, une porcelaine plus belle que celle de la Chine, qui a dérobé à la nature le secret avec lequel elle forme les métaux dans les entrailles de la terre, et l'art de donner au cristal artificiel toutes les couleurs dont elle embellit les pierres précieuses; qui a surpris ce ressort caché par lequel la nature paraît vivifier les corps organisés, l'irritabilité, ressort qui, avec celui de la sensibilité, paraissent être les principes matériels du mécanisme merveilleux de la machine humaine, et de celle des animaux, à qui une partie du genre humain devra sa vie, et toute l'Europe la sûreté des richesses et des besoins qu'elle porte et cherche dans les différentes parties de notre globe, par la précision avec laquelle l'homme célèbre, qui fait l'ornement de notre académie, et que je nommerais s'il n'était pas présent (1), a fixé l'art le plus sublime et le plus compliqué, l'architecture navale, qui n'était qu'une pratique aveugle (2), par les tables exactes de la lune, instrument admirable, qui laisse observer en mer, avec la même précision qu'à terre, la distance des astres, et les lunettes parfaites qu'elle offre au navigateur ; secours qui le mettront en état quand, perdu dans l'immensité de l'Océan, il paraît abandonné sans ressource à la fureur des flots, de diriger avec une grande certitude sa route, sur les flambeaux sans nombre avec lesquels le ciel éclairait en vain, jusqu'à présent, son voyage.

Après avoir considéré notre patrie comme

(1) M. Tuler.

(2) M. Bradley a vérifié par plus de deux cents observations la justesse admirable des tables de la lune, que M. Meïer a présentées à la société de Londres, avec le bel instrument pour observer sur mer la distance des astres à la lune.

la mère des sciences et des arts, vous n'exigez pas que je m'étende sur son mérite proprement littéraire. Des savans du premier ordre, et des ouvrages admirables dans tous les genres, s'offrent en foule; et on nous accuse, peut-être avec raison, d'avoir de l'érudition à l'excès, et d'en faire un trop fastueux étalage. Je ne m'arrête pas à ces talens ingénieux que la France nous a fait connaître sous le nom de bel-esprit, et qu'elle nous refuse; ce luxe d'esprit et des sciences, des lettres et des arts, qui en sont l'objet ou devraient l'être, qui, comme le luxe du riche imbécille, ne cherche qu'à donner l'éclat d'une fausse grandeur, du faste et de l'enflure, aux petites choses, parce qu'il ne connaît pas le vrai, le beau, la véritable grandeur, et le juste emploi de ses richesses. La raison, le vrai génie, l'âme douée de toutes les facultés à un degré égal de perfection, ne saurait se livrer avec excès à des talens frivoles, qui n'occupent qu'une petite imagination, ne se proposent que d'amuser en voltigeant sur la superficie des choses, de flatter les passions communes, rétrécissent l'âme, détournent du vrai, et considèrent les êtres sous tous les rapports, excepté sous celui qui les fait connaître, celui des causes et des effets, de l'ordre d'existence que nous remarquons.

Platon qui, dans Socrate, avait vu condamner à la mort et proscrire la raison, par un peuple livré à cet égarement, à ce délire de l'esprit, crut qu'il fallait exclure les poëtes de sa république parfaite, c'est-à-dire de celle d'Athènes, corrigée de ses abus et de ses défauts. Il les aurait vus d'un œil tranquille dans notre patrie, dans une nation où il n'est pas rare de trouver de ces hommes qui, philosophes éclairés autant que citoyens généreux de l'humanité, et vrais héros, ont osé concevoir et tenter des entreprises dont l'exécution paraît aux âmes vulgaires n'être réservée qu'au pouvoir des princes et des peuples.

Quelle foule de grands hommes et de belles actions se présentent à votre esprit ! Je me contente de vous rappeler ce projet si beau, si utile et si nécessaire pour l'astronomie et la navigation, de déterminer la parallaxe de la lune, que la France vient de faire exécuter, parce qu'il nous regarde de plus près, et notre académie. M. de Krosick le tenta ici au commencement de ce siècle (1). Il envoya M. Kolbe au cap de Bonne-Espérance, pour faire les observations correspondantes avec lui. O vous,

(1) En 1705.

juge éclairé de cette grande famille du genre humain, immortel Montesquieu ! daignez me prêter votre génie pour mettre dans tout son jour le caractère de ce peuple dont on n'a qu'à comparer la conduite pour le maintien de sa constitution, de sa liberté, et de la tranquillité du culte religieux, avec celle des autres nations de l'Europe, pour se convaincre que la raison, cette faculté ou force de l'âme d'être la maîtresse d'elle-même, de régler, de diriger ses opérations, et de les entretenir dans un juste équilibre, pour voir le vrai et pour apprécier et conduire avec sagesse la vie humaine, le caractérise et forme dans lui ce caractère moral et philosophique, qui tient un juste milieu entre celui des autres nations de l'Europe, et qui était nécessaire pour maintenir, pendant vingt ou trente siècles, une liberté sans époque, et le gouvernement le plus sage et le plus singulier, que les Grecs avaient tenté vainement dans leurs Amphyctions; peuple auquel l'Angleterre doit sa constitution, sa sagesse, son bonheur, et l'Europe la douceur de ses mœurs et de ses monarchies; qui a brisé les chaînes avec lesquelles les tyrans de l'ancienne et de la nouvelle Rome tenaient dans l'esclavage une grande partie de notre globe, et qui, en donnant des rois à presque tous les peuples de l'Europe, paraît être destiné à produire les hommes qui doivent instruire, éclairer et gouverner le genre humain.

Je reviens à mon sujet, si c'est s'en écarter que de sentir le bonheur de vivre sous Frédéric, de prévoir celui qui nous attend, et de se rappeler ce que nos pères ont fait pour la gloire et la félicité de notre patrie et celle du genre humain, pour nous faire ressouvenir de ce qu'il nous reste à faire. Après que les arts et les sciences sont établis dans un pays; qu'il est peuplé au point qu'il ne reste plus de terres en friche; que, par l'application à la culture, il produit tout ce à quoi son territoire et son climat le rendent propre; que par son industrie, en travaillant les matières crues que son sol ne produit pas, il pourvoit à ses autres besoins, il lui est nécessaire pour s'enrichir, et pour monter au plus haut point de puissance, de richesses et de prospérité, de se défaire du superflu de ses productions et de son industrie, d'établir son commerce dans des pays qui peuvent en avoir besoin, et de suppléer aux choses qui lui manquent en établissant des colonies qui les lui procurent, et lui assurent une consommation sûre de ses propres productions.

C'est en ouvrant la communication, et en étendant le commerce dans les autres parties de notre globe, riches en or, argent, et autres choses précieuses, et que nos climats ne produisent pas, pauvres par leur barbarie et le manque de connaissances et d'industrie, que les puissances maritimes de l'Europe sont parvenues au point de richesses et de grandeur où nous les voyons. Personne n'ignore le changement qu'a produit en Europe la découverte des deux nouveaux mondes. Elle a changé entièrement de face; sa politique et ses mœurs ne se ressemblent plus. Les choses nouvelles qu'on vit, démontrèrent qu'il fallait voir pour connaître : des connaissances plus approfondies et plus justes, l'esprit philosophique, une nouvelle philosophie, les lumières, les sciences, les arts, une communication heureuse, une correspondance perpétuelle et facile entre ses différentes parties, et l'abondance, ont succédé à la barbarie, à l'ignorance, aux ténèbres et au manque des choses les plus nécessaires à la vie, depuis qu'elle a établi son commerce et ses colonies dans les diverses parties de notre globe auparavant inconnues, qui l'enrichissent continuellement de connaissances nouvelles, et des productions précieuses des autres climats.

Henri, prince de Portugal, et Vasco de Gama, donnèrent l'Afrique et les Indes orientales aux Portugais. Colomb, après avoir offert l'Amérique à sa patrie, aux Anglais, Français et Portugais, força les Espagnols, par plusieurs années de sollicitations, de l'accepter; et le pape Alexandre VI partagea généreusement à notre globe toutes les découvertes faites et à faire entre ces deux nations. Les Anglais, Français et Hollandais eurent peu d'égards à cet impertinent partage : ils profitèrent des lumières des grands hommes qui avaient fait les premières découvertes, montrèrent combien était ridicule la prétention de ces deux nations, de tenir sous leur pouvoir les trois quarts de notre globe, et firent tous ces établissemens en Amérique, en Afrique et aux Indes orientales, qui ont rendu leur marine aussi puissante et leur commerce aussi étendu qu'ils le sont de nos jours.

L'électeur Frédéric-Guillaume apprit le premier aux Prussiens ces principes dont dépendent la puissance et la grandeur des peuples, et que le règne glorieux sous lequel nous avons le bonheur de vivre développe dans leur plus grande étendue. Qu'on me permette de retracer en peu de mots le caractère du règne de ce grand homme, et la situation du Brandebourg avant lui. Élevé en Hollande avec des hommes libres, loin de la flatterie de la cour, les héros d'Orange formèrent son âme héroïque. Instruit par les études les plus profondes, et par l'exemple de cette république qui venait de faire reconnaître par l'Espagne et faire assurer par toute l'Europe sa liberté, sa gloire et sa grandeur, il apprit, dès sa jeunesse, que la puissance et la félicité d'un peuple, sous quelque forme de gouvernement qu'il vive, sont le résultat d'une protection éclairée de tous les ordres de la société, que le législateur dirige vers le bien général, et protège d'autant plus qu'ils contribuent au bonheur du tout : très-différent de cet éclat passager d'un gouvernement qui éblouit par quelque saillie malheureuse, et cache sa véritable misère en accélérant sa chute.

L'État dont il reçut le gouvernement était une machine sans mouvement, dont les ressorts les plus essentiels étaient détruits ou manquaient : son génie créateur la disposa pour le mouvement le plus heureux. Les Vénitiens et les Génois étaient en possession du commerce que l'Allemagne fit avant le 15e. siècle par leur moyen, pour obtenir les épiceries et les productions précieuses des climats plus heureux que les siens ; et les villes anséatiques faisaient celui de ses parties septentrionales et des pays du nord : leur commerce les rendit formidables aux Danois, Suédois, et aux princes dans les États desquels elles étaient situées; et les manufactures d'étoffes de laine étaient florissantes dans le Brandebourg, au point qu'elles employaient les laines d'Espagne et d'Angleterre. La barbarie et la superstition dans lesquelles l'Europe était plongée, se dissipèrent tout d'un coup au 15e. siècle. La découverte de l'imprimerie lui donna l'empire des sciences, et celle de la boussole celui des mers, et lui ouvrit la communication avec les parties de notre globe auparavant inconnues.

La découverte des deux Indes changea le cours du commerce, affaiblit et détruisit celui de Venise et de la ligue anséatique ; et la reine Elisabeth, le modèle des rois, l'ornement du trône et de son sexe, comme cette reine, l'objet de l'admiration et de l'affection de tous les Prussiens, que j'ai le bonheur de servir, à qui nous devons Frédéric ; Elisabeth, dis-je, dont le génie s'étendit à tout, et rapporta tout au bonheur de son peuple, profita de la révolution que la cruauté des Espagnols produisit dans les Pays-Bas, pour établir la supériorité des manufactures de l'Angleterre qui firent tomber les nôtres. Les seules villes de Hambourg et de Brême se soutinrent par leur situation avantageuse, et restèrent en possession du commerce que font, dans l'Océan, toutes les provinces que l'Elbe, le Weser et d'autres rivières navigables traversent. Elles furent l'entrepôt du commerce d'Allemagne et des puissances maritimes, dont elles devinrent les commissionnaires, ne pouvant pas donner la protection nécessaire à leurs vaisseaux pour naviguer dans les mers d'Espagne et dans la Méditerranée, ni se soutenir contre la jalousie des puissances maritimes, pour faire, comme elles, des établissemens dans les autres parties de notre globe. L'Allemagne, baignée par l'Océan, la Méditerranée et la mer Baltique, traversée par de grandes rivières, mais désolée par la guerre de trente ans, et divisée par cent différens intérêts, ne sortit pas de chez elle pour prendre part aux grandes entreprises des puissances maritimes, et ne fit aucun progrès dans le commerce extérieur, qu'elle laissa entre les mains des Hollandais, des Anglais et d'autres puissances qui furent assez éclairées pour se l'approprier.

L'électeur *Frédéric Guillaume*, surnommé le grand par son peuple, dans un temps où la liberté et la franchise allemande ne s'étaient point encore familiarisées avec la servitude et la flatterie étrangère ; génie aussi vaste, étendu, élevé, qu'était petit et misérable l'État qu'il tenait de sa naissance parvint au trône, au milieu des troubles et des horreurs d'une guerre qui ravagea toute l'Allemagne, semblable au soleil qui, après avoir dissipé d'épais et sombres nuages, dont les foudres terribles menaçaient d'ébranler la terre dans ses fondemens, paraît, rétablit le calme, ranime la nature et rassure les pauvres humains. Tel fut Frédéric-Guillaume, à l'âge de vingt ans, pour son peuple, ou plutôt pour les tristes restes et débris d'un peuple affligé et désolé par des calamités sans nombre, qui avaient fait un désert du pays. Il le délivra du joug des ministres de l'empereur et des généraux suédois, sous lequel il gémissait, lui rendit la paix, et conquit des provinces plus vastes et plus belles que l'héritage qu'il avait reçu de ses ancêtres, avec une armée formée par lui-même (tige d'où sort ce peuple de héros invincibles sous Frédéric), qui combattait toujours sous ses ordres, et jamais que pour vaincre. Il eût dit à Turenne ce que Annibal dit à Scipion. Porté toujours au bien et à la véritable grandeur, il s'attacha, dès le commencement de son règne, à réformer les abus, les désordres de la guerre de trente ans, par le rétablissement du crédit de l'État et de l'autorité des tribunaux, que la sagesse de ses ancêtres et de la nation avait établis; mit un ordre admirable dans les finances, dans la perception et les dépenses de l'État, autant par le rétablissement des anciens cadastres, et les droits mis avec sagesse sur la consommation, auxquels il fit consentir ses peuples, que par une répartition sage et une destination sûre des fonds, et repeupla ses États par des colonies étrangères. Frappé de la situation heureuse de son pays, traversé par de grandes rivières à portée de l'Océan, et baigné par la mer Baltique, par une étendue considérable de côtes, qui le rendaient propre au commerce le plus actif, à recevoir les productions de tous les différens climats, qu'il pouvait verser dans les vastes pays qu'il séparait de la mer, et s'approprier leurs productions pour les répandre en Europe et dans les autres parties de notre globe, il excita son peuple à la culture des terres, à l'industrie, aux arts et au commerce, source de bonheur, de puissance et de richesses, que la force et la violence font tarir; sources qu'il ouvrit par la sûreté, la liberté, l'abondance des denrées nécessaires pour la vie, l'émulation et tous les encouragemens possibles qui devaient produire des ouvrages dont la perfection et le moindre prix devaient l'emporter sur toutes les nations de l'Europe ; lia ses ports avec celui d'Embden qui n'était pas à lui, mais sur lequel il acquit des droits ; ouvrit la communication de l'Oder avec l'Océan ; porta sa vue sur toute la surface de notre globe, et conçut l'idée d'établir une marine, d'assurer la navigation des mers d'Europe par des traités avec les Puissances Barbaresques, et dans une des îles de l'Amérique.

Nos vaisseaux devaient fournir au pays les marchandises du Levant et des Indes orientales ; troquer en Afrique nos productions et notre industrie contre de la poudre d'or, de l'ivoire, des gommes et des nègres ; transporter ces nègres et nos productions en Amérique, et revenir en Europe avec la poudre d'or de la Guinée, avec l'or et l'argent du Mexique et du Pérou, et toutes les riches productions de ces deux continens. Un règne assez long dans le cours ordinaire, mais trop court pour le bonheur de son peuple, ne lui permit pas d'achever tous ces beaux projets. Une partie de ces vues fut abandonnée sous les règnes suivans, et les Hollandais profitèrent de l'occasion, et achetèrent, ou plutôt reçurent en présent les établissemens considérables qu'on avait faits en Afrique; pour donner à la Prusse, et pour jamais, s'il était possible, une exclusion entière du commerce maritime et des grandes entreprises. J'eusse pu me dispenser de vous rappeler, par ces faibles traits, le règne, le caractère et la mémoire de ce grand homme, si dans les temps que j'osais les tracer pour moi j'avais pu prévoir que l'héritier de son trône, de son génie et de ses vertus serait son historien, et le peindrait du pinceau le plus sublime, ou plutôt se peindrait lui-même.

Les puissances maritimes en possession de pays immenses, dans le cas de celui qui, les deux mains pleines d'or, voudrait en prendre, et serait obligé de jeter ce qu'il tient, occupées à affermir les établissemens qu'elles ont faits, et préférant avec raison l'utilité de faire valoir les découvertes faites, à la gloire d'en faire de nouvelles, ne sont attentives qu'à empêcher que les autres puissances d'Europe ne s'établissent en Afrique ou aux Indes orientales, et en Amérique, ou, en repoussant les découvertes plus loin, ne fassent des établissemens équivalens. Leur jalousie a éteint cette ardeur, qui s'était répandue dans toute l'Europe, de faire de nouvelles découvertes, et d'achever la connaissance de notre globe, dont, malgré les progrès qu'ont faits les sciences, la navigation et le commerce, nous connaissons à peine la moitié.

S'il ne nous est pas permis de nous remettre dans la route que le grand électeur nous a tracée, le règne de Frédéric ouvre des routes nouvelles; des acquisitions heureuses de provinces maritimes, faites depuis ce temps, offrent les plus grandes facilités, et promettent des succès infaillibles. Si la jalousie des puissances maritimes ne permet plus de faire des établissemens dans les vastes pays qu'elles se sont appropriés, notre globe offre des découvertes aussi belles, et les mêmes avantages qu'elles ont trouvés.

Il n'est pas de mon sujet de m'étendre ici sur ce qui nous manque encore de la connaissance de notre hémisphère septentrional. Nous avons l'obligation au capitaine Behring d'être éclaircis sur un point important : le passage entre l'Asie et l'Amérique, où la communication de la mer du Nord avec l'Océan Pacifique n'est plus un problême, et donne la plus grande probabilité pour le passage par le pôle, plus glorieux pour l'Alcide nouveau qui le tentera, que tous les voyages que la soif des richesses a fait faire depuis celui des Argonautes jusqu'à nos jours, et non moins intéressant pour le genre humain : qu'on me pardonne les regrets que je ne saurais refuser à l'homme célèbre à qui nous devons cette découverte.

Le *czar Pierre*, qui eût été l'ornement de l'espèce humaine, s'il avait su réprimer en lui-même cette férocité qu'il voulait dompter dans sa nation, et connaître les charmes des vertus, de l'humanité et de la douceur; qui eût été mis au rang des Orphées et des Amphions, si, comme eux, par des chants doux et harmonieux, il eût éclairé, adouci et policé son peuple, l'en chargea peu de jours avant sa mort. Il surmonta toutes les difficultés, traversa les déserts immenses de la Sibérie, de la Tartarie, se transporta à l'extrémité orientale de l'Asie avec les matériaux nécessaires pour la construction de deux vaisseaux; fit le tour du nord-est de l'Asie par une mer libre, et, après être revenu à *Kamtschatka*, pour réparer ses vaisseaux fracassés par les orages, il se remit en mer pour achever ses belles recherches par la connaissance exacte du nord-ouest de l'Amérique, dont il avait reconnu le peu d'éloignement : des tempêtes horribles le rejetèrent dans le port duquel il était parti ; et, hors d'état de poursuivre ses recherches, il revint cinq ans après son départ de Pétersbourg.

La cour de Russie ayant résolu, dix ans après, d'acheter cette belle entreprise, sur de nouvelles sollicitations qui lui furent faites, il retourna, accompagné de MM. *Spanberg*, de *l'Isle* et *Tschirikow*, lieutenant de sa première expédition, pour reconnaître les autres parties inconnues de la mer Pacifique septentrionale à *Kamtschatka*, connaissant et bravant les dangers des mers orageuses qu'il se proposait de parcourir. Il partit du port d'*Avatcha*; mais son courage et son habileté échouèrent, obligé de céder aux tempêtes horribles qui l'assaillirent. Il fit naufrage dans une île déserte, où, dénué de tout secours, il vit périr la plus grande partie de son équipage, et termina sa glorieuse vie. Une reconnaissance barbare a cru faire assez pour sa mémoire, en donnant son nom à cette île : la pitié et la compassion, sentimens gravés par la nature au fond de notre cœur, agissent de même sur tous les hommes; mais la récompense des vertus et des talens suppose une âme éclairée, douée elle-même de talens et de vertus. Les nations de l'Europe, capables d'apprécier les lumières, les grandes vues, le courage et les actions belles et généreuses, rendront plus de justice à ses glorieux travaux : le nom de *Behring* sera à côté de ceux de *Magellanet*, de *Lemaire*. C'est lui et M. de de *l'Isle*, dont le mérite pour la géographio et la connaissance du globe est connu à tous les gens de lettres, qui nous ont fait connaître les bornes de l'Asie, beaucoup plus avancées vers l'orient qu'on ne le croyait ; ce vaste continent habité par cent peuples divers, très-différens de caractère, de mœurs et de figures, qui se vantent tous de la plus haute antiquité, que nous ne connaissons que très-superficiellement, et dont l'intérieur, d'où sont sortis les conquérans de tous ces vastes empires, de la Chine qui a toujours su soumettre ses farouches vainqueurs à sa sagesse, de l'Indostan, de la Perse, des Sarrasins, de l'Empire Grec, est presque absolument inconnu.

Ses îles ne sont connues qu'en partie, et par des rapports vagues de voyageurs, à qui l'avidité ou la nécessité fait quitter l'Europe, très-peu capables de nous instruire parce qu'ils ne le sont sur rien, annonçant les choses les plus singulières, tant à l'égard de leurs productions, que de leurs habitans, qui sont variés à l'infini, en hommes blancs, jaunes, verts, noirs, à longs cheveux, à laine frisée, velus, à queue, *orangs-outans* ou habitans des bois, sur lesquels il faut suspendre notre jugement jusqu'à ce que l'œil du sage observateur les ait vérifiés, et que les Solon, les Pytaghore et les Platon parcourent le globe pour le faire connaître à ses habitans, et leur apprendre à se connaître eux-mêmes. L'Océan Pacifique septentrional en contient, dans ce vaste espace entre l'Amérique et la Chine, qui sont entièrement inconnues. Celles du Japon renferment le peuple et l'empire le plus singulier, qu'on ne connaît qu'imparfaitement, et qui croit de son intérêt de rester inconnu aux hommes et de ne pas les connaître. La Hollande a arraché à l'Espagne, avec sa liberté, ces îles dont les richesses sont inépuisables, et qui produisent les aromates : elle a fondé cette vaste domination et cette ville superbe qui fait l'étonnement de l'Orient; où le gouverneur d'une compagnie qu'elle a autorisée décide du sort de ses rois despotes et de leurs malheureux esclaves, et qui devait lui servir d'asile, si l'Europe effrayée et en pleurs n'était pas venue à son secours quand Louis XIV, la menaçant de ses chaînes, voulut la forcer de quitter nos climats ingrats, ces marais, ces fanges tirées du sein de la mer, converties dans des campagnes fertiles et riantes, entourées de murs d'airain qui se jouent de la fureur des flots, et couvertes de villes superbes et d'un peuple innombrable monumens éternels de la sagesse et de la liberté, qui unissaient aux vertus austères et à la simplicité de l'ancienne Rome, le commerce, les richesses des Phéniciens et de Carthage. La possession de ces îles fait aujourd'hui le soutien de sa grandeur chancelante.

L'Afrique, brûlée par l'ardeur du soleil et par les vents chargés du feu des vastes plaines de l'Asie, que l'ignorance de l'orgueilleuse Rome, qui donnait au monde les bornes de son empire, croyait presque inhabitable, mais que l'histoire ancienne nous fait connaître comme une des parties de notre globe habitée la première par des nations policées, puissantes et nombreuses, remplie de villes superbes, dont les ruines merveilleuses de l'ancienne Egypte seront des preuves éternelles, et nous rappelleront toujours que l'Europe lui doit ses connaissances, sa sagesse, ses premiers législateurs et ses premiers philosophes; habitée aujourd'hui par des peuples variés à l'infini par la figure, la couleur et tout ce qui peut caractériser l'homme, depuis l'Européen et le Musulman qui se sont rendus maîtres de la plus grande partie de ses côtes, jusqu'au malheureux habitant mangé, s'il faut le croire, par l'insecte dont il se nourrit, au nègre blanc, peuple, s'il existe, de malades, au Caffre hideux, et aux *Beggos*, *Mandrils*, *Quojos*, *Morros*, *Pongos*, *Engokos*, qui demeurent dans les bois, et font douter si l'espèce humaine, susceptible, outre la variation de la figure, de gradation dans son caractère essentiel, la faculté de se perfectionner, ou plutôt de sentir son imperfection, n'est pas aussi variée que la plupart des espèces du règne animal le sont, et feront connaître la chaîne de l'espèce animale, dont l'homme et le polype paraissent être les deux chaînons, qui la font tenir à d'autres ordres d'êtres, ou prouveront dans des êtres, que l'ignorance des anciens se contentait de nommer *des monstres*, et que la nôtre prend pour des animaux anthropoformes, l'influence du climat, des alimens, de la façon de vivre, des mêmes causes qui agissent sur une suite de générations, et la différence de l'homme sauvage dans l'état de la première nature, avec l'homme développé, policé et perfectionné par tous les secours de l'éducation et de la société. Ce vaste continent méconnu, tombé dans l'oubli, regardé aujourd'hui comme un monde nouveau, promet les choses les plus singulières aux philosophes, et montre à la politique, dans ses poudres d'or, et les productions précieuses de ses côtes, ce qu'il renferme dans son intérieur.

Nous ne connaissons pas mieux la vaste Amérique qui s'étend d'un pôle à l'autre, et paraît renfermer dans ses extrémités, dans l'Eskimaux et le Cocahu, les extrêmes de la taille de l'espèce humaine : continent que la nature paraît avoir formé exprès pour le combler de tous les avantages qu'elle n'a accordés qu'avec économie, et en partie aux autres continens, d'une fertilité admirable et d'une variété étonnante dans ses productions, dans lequel l'ardeur du soleil, tempérée par les vents frais de l'Océan Atlantique, et les glaces et les neiges éternelles qui couvrent les cimes orgueilleuses de ses Cordilières, ne fait que rougir l'Américain, quand elle noircit l'Africain dans les mêmes climats. Terre qui paraît la plus nouvelle, quand on considère ses habitans, et la plus ancienne de notre globe pour l'élévation de son sol et la hauteur extrême de ses Andes qui la traversent d'un bout à l'autre, descendent vers les rivages de l'Océan Pacifique, pour former ces plaines admirables respectées de la foudre et du tonnerre, et couvertes toujours d'un nuage léger comme d'une gaze qui les garantit de l'ardeur du soleil et les fait jouir d'un printemps éternel, que l'Espagnol a arrosé du sang du malheureux Péruvien, pleurant dans le plus dur esclavage la destruction barbare de ses riches merveilles et de la monarchie des Enfans du Soleil, qui gouvernaient un peuple innombrable, docile, simple et heureux par le respect religieux pour ses maîtres, dans lesquels il adorait ses dieux, par l'ordre, l'unité et l'harmonie de la monarchie, et le désintéressement, la générosité et les autres vertus républicaines ; rochers énormes qui paraissent soutenir la voûte céleste ; élèvent dans les régions supérieures de l'atmosphère, à presque une lieue (1) au-dessus du niveau de la mer, ces vallées délicieuses qui jouissent dans la zône torride des productions de tous les climats, et de l'air le plus pur, le plus doux et le plus tempéré, et s'abaissent en-

(1) Quito est à quinze cents toises au dessus du niveau de la mer, et le mercure, qui se soutient dans le baromètre à vingt-huit pouces une ligne au bord de la mer, y est à vingt-un pouces une ligne. Le *Chienboraco*, montagne peut-être la plus haute de notre globe, est à trois mille deux-cent dix-sept toises au dessus de la mer. Sa partie couverte de neiges a plus de huit cents toises.

core vers l'Océan pour former ces terres riches et fertiles où l'indomptable Chilien, que l'on croirait être le frère de ces fiers Germains que Tacite a éternisés, et qui méritaient de l'être, refuse le joug de l'Espagnol, et menace de venger l'Amérique; chaîne de montagnes gigantesques, entassées par les Titans pour escalader les cieux, dont la masse énorme, et disproportionnée avec celle du globe, dérange les lois que ses forces centrales dictent à la matière, et qui sont comme le laboratoire dans lequel la nature travaille continuellement à la production de ces richesses qui ont coûté si cher à ses habitans, et feront rougir éternellement l'Europe de sa cruauté et de son avarice.

Nous ne connaissons que les côtes de cet immense continent que l'Indien a abandonné pour se retirer dans l'intérieur des terres; il a conservé sa liberté dans la partie méridionale, les terres Magellaniques, parce que le pays du farouche Patagon n'offre rien à notre avidité, et que *Philippeville*, que l'orgueilleux Philippe II fonda pour le subjuguer et fermer l'Océan Pacifique à toute l'Europe, fut aussitôt détruite que fondée. Il a cédé le riche Brésil au Portugais, qui l'a souillé par des flots d'un sang innocent et par la destruction des *Topinambous* et des *Tapuias*, peuples nombreux, anthropophages, mais innocens et doux, qui le recevaient avec amitié; et il a soumis, dans le Paraguay, sa haine à l'habile jésuite qui a su adoucir sa férocité par la religion, l'établissement de l'agriculture, des arts, et de cette forme de gouvernement dont le Pérou lui offrait les effets merveilleux, la plus propre peut-être à être reçue par l'homme simple et innocent qui sort de l'état de la première nature.

Un des sages que la France envoya au Pérou pour mesurer le globe et déterminer sa figure, nous a fait connaître ces vastes déserts que parcourt le fleuve des Amazones, rivière immense, la première de notre terre par l'étendue de son cours, la largeur de son lit et la quantité de ses eaux; qui ressemble, par son embouchure, à une mer d'eau douce qui se répand dans l'Océan pour en dissoudre les sels et en adoucir l'amertume. L'Amérique septentrionale, occupée par les vastes dominations des Espagnols, des Français, des Anglais (1), et les missions des jésuites

(1) Les Anglais, à l'époque où le comte de Redern écrivait, n'avaient pas encore perdu leurs possessions sur le continent de l'Amérique.

dans la Californie, renferme dans sa partie occidentale, très-peu connue, des colonies peut-être japonaises ou chinoises, des nations beaucoup plus policées que le Huron et l'Iroquois, qu'on a trouvés sur ses côtes orientales : elle s'étend sûrement beaucoup plus vers l'ouest, que les géographes ne le marquent, et cette considération seule devrait faire renoncer aux recherches du passage par le nord-ouest dans l'Océan Pacifique, recherches qui ne prouvent que l'obstination ou l'ardeur avec laquelle un peuple profond et philosophe tâche de surmonter les plus grandes difficultés, et sacrifie tout à une entière certitude et à l'évidence.

L'hémisphère méridional ne nous est connu qu'autant qu'il se trouve lié immédiatement avec l'hémisphère septentrional, et que l'avidité ou la nécessité oblige le navigateur qui fréquente les parties connues de notre globe d'y passer. Nous n'en connaissons avec précision que les côtes des parties méridionales de l'Afrique et de l'Amérique, et quelques îles; le reste ne nous est connu que par des caps et des côtes vues, et des découvertes qu'on n'a pas suivies. Des particuliers ont fait des tentatives, mais leur zèle impuissant, et dépourvu de moyens pour conduire des entreprises de cette nature à leur perfection, n'a eu que des demi-succès, et leurs desseins sont morts avec eux; mais ces tentatives, toutes infructueuses qu'elles ont été pour leurs auteurs, sont d'une grande importance pour les peuples de l'Europe qui, étant exclus par les puissances maritimes, de l'Amérique, de l'Afrique et des Indes orientales, voudraient faire des établissemens équivalens, et achever glorieusement la découverte de notre globe.

Toutes ces recherches faites dans les différentes parties de l'Océan, de l'hémisphère méridional, donnent des vues sûres et précises, en sauvant le risque de chercher des terres où il n'y en a pas. Il n'est plus question de les trouver et de vérifier leur existence, il s'agit de les reconnaître et de les occuper; et le haut degré de perfection auquel sont élevées les connaissances géographiques et physiques de notre globe, l'astronomie et la navigation, procurent des moyens et des facilités que n'ont pas eus ceux qui nous ont précédés.

On peut déterminer avec la plus grande précision la situation et l'étendue de ces terres, en combinant et liant ensemble toutes les différentes navigations faites depuis deux cent cinquante ans, depuis Colomb et Améric Vespuce jusqu'à nos jours. En liant toutes ces navigations on peut démontrer, avec toute l'évidence possible, que l'Océan de l'hémisphère méridional renferme deux continens considérables, non compris les îles. Le premier paraît entourer tout le pôle antarctique, et ne pas s'étendre beaucoup au-delà du cercle polaire, excepté dans la mer du Sud, où il s'avance par une étendue de douze à quinze cents lieues de côtes, vers le tropique du capricorne, et peut-être au-delà, dans les climats les plus riches et les plus beaux. Il peut avoir, depuis le cap de la Circoncision, à moins que ce ne soit le cap d'une île assez considérable détachée du continent, jusqu'aux côtes mentionnées dans la mer du Sud, quinze à seize lieues de longueur, et depuis les terres vis-à-vis du cap Horn, qui paraissent se retirer extrêmement vers le pôle, se séparent peut-être pour former une chaîne d'îles sous le parallèle de la Terre de Feu et de celle des États, et laissent le passage libre sous le pôle, jusqu'aux terres vis-à-vis du cap Dremen, cinq à six cents lieues de largeur. Cette étendue immense de terre peut former plus d'un continent. Les relations des navigateurs qui ont navigué dans ces mers, prouvent une existence de terres de cette étendue, mais ne donnent pas une certitude absolue sur une continuité sans aucune interruption. Le second s'étend par la nouvelle Guinée, ou la terre des Papous, depuis l'équateur jusqu'au quarante-cinquième degré de latitude méridionale, par le cap Diémen, et peut avoir six ou sept cents lieues de longueur sur autant de largeur, entre les cent-vingt-cinq et les cent-soixante-cinq degrés de longitude, premier méridien de l'île de Fer.

La première idée qui se présente à l'esprit, en jetant les yeux sur l'étendue immense de l'océan de l'hémisphère méridional, est de soupçonner qu'il doit renfermer des terres aussi étendues que les continens qui nous sont connus; et celle qui suit immédiatement, c'est que ces terres pouvant s'étendre dans tous les climats, doivent produire à peu près les mêmes choses que nous avons trouvées dans les différens climats des terres connues; que, par conséquent, le commerce, ou les établissemens qu'on peut y faire, doivent procurer les mêmes avantages que l'Europe a trouvés depuis qu'elle est sortie de chez elle, et qu'une hypothèse aussi intéressante mérite d'être constatée par les recherches les plus exactes et les faits les plus certains.

Partager le globe par des bandes parallèles à l'équateur, les parcourir et en faire une recherche exacte, serait l'idée du philosophe qui ne demanderait qu'à connaître. Des établissemens dans ces vastes pays qui s'étendent des climats froids dans ceux où l'on trouve les productions les plus riches et les plus précieuses de la nature, dans des mondes nouveaux et séparés de tous les continens connus et habités, ne sauraient que faire espérer les avantages les plus considérables, les plus grands et les plus singuliers pour l'esprit humain et pour le progrès des sciences, et, à l'égard de l'intérêt politique et du commerce, les mêmes, et peut-être de plus grands que ceux que les Espagnols ont trouvés au Mexique et au Pérou, les Portugais au Brésil, les Hollandais à Batavia, et les autres puissances maritimes, dans leurs établissemens aux deux Indes.

SUR LES ILES DE NICOBAR ET LE FRUIT DU MELLORI;

Par N. Fontana. E.

Les îles de *Nicobar* ou *Nancaveris* sont situées entre les huitième et neuvième degrés de latitude, vers le point le plus occidental de l'île de *Sumatra*. Elles forment, par leur position, le hâvre le plus sûr de l'*Inde*, où toutes sortes de vaisseaux peuvent arriver à une demi-lieue de la côte sans craindre aucun vent, et avec le double avantage de deux issues par lesquelles on peut égalcment arriver et sortir avec la mousson de N.-E. et S.-O. La passe est des plus profondes.

La plus grande de ces îles est nommée *Nancavery* ou *Nancoury*; elle a environ cinq ou six lieues de circonférence, et est plus peuplée que les autres. La seconde s'appelle *Soury* ou *Tchoury*; la troisième, *Tricut*: elles sont toutes dans une position fort resserrée. Il s'en trouve une quatrième, à dix lieues à peu près au N.-E., que l'on nomme *Catchoul*. Il y a dans cette dernière un établissement de missionnaires qui ne convertissent personne, mais qui recueillent des curiosités d'histoire naturelle pour les envoyer, chaque année, à leurs confrères de *Tranquebar*.

La presque totalité de ces îles est inculte ; cependant il en coûterait peu de soins pour fertiliser leurs belles vallées dont le sol est excellent. La noix de cacao, l'*yam* et les patates douces y viennent parfaitement, sans autre préparation que d'émouver légèrement la terre avant d'y déposer la semence ; *Trikut* en est la preuve; cette île, plus basse que les autres, entre les habitans desquelles ses terres sont partagées, est la mieux cultivée de toutes. Les insulaires y ont leurs plantations de noix de cacao et d'*areca*. Ce dernier arbre y croît en plus grande quantité que partout ailleurs.

Les mers environnantes sont abondamment peuplées de poissons exquis, soit à écailles, soit à coquilles ; et l'on trouve sur la plage une collection magnifique des coquillages les plus beaux et les plus rares. Les roches sont pleines de ces nids d'oiseaux qu'on estime tant à la Chine. Il y a aussi de l'ambre gris, mais il est difficile de s'en procurer de naturel, parce que les habitans savent le falsifier, et n'y manquent guère.

Ils ont le teint cuivré, de petits yeux fendus

obliquement ; et ce qui est blanc dans les nôtres est jaunâtre dans les leurs. Leur nez est court et plat, leur bouche grande ; ils ont des lèvres épaisses, les dents noires, de grandes oreilles, dans le lobe desquelles on fait des trous à passer aisément le pouce d'un homme ; peu ou point de barbe. Ils se rasent les sourcils et taillent en rond leurs cheveux, qui sont longs et noirs. Le derrière de la tête est plus plat chez eux que chez nous. Ils ont l'usage de presser avec les mains l'occiput d'un nouveau-né, afin de le lui aplatir ainsi, et que les cheveux soient mieux joints à la tête. Cette méthode fait saillir passablement de la bouche les dents supérieures de devant ; mais avec des dents bien rangées et une tête ronde, on n'aurait point de charmes à leurs yeux. Ils ont le reste du corps bien proportionné, sont plutôt petits que grands, et ne se coupent jamais les ongles. *Kœping*, voyageur suédois, rapporte à ce sujet qu'il vit des hommes avec des ongles semblables à des griffes de chat, et qu'ils faisaient mouvoir de même : mais a beau mentir qui vient de loin.

Les habitans se vêtent d'un morceau d'étoffe long et étroit, fait de l'écorce d'un arbre. Ils se ceignent le milieu du corps avec, le passent entre leurs cuisses et laissent pendre un des bouts par derrière. Tout l'habillement des femmes consiste en un morceau d'étoffe tissue de fil d'écorce d'arbre de cacao, qu'elles nouent au milieu du corps, et qui leur descend à mi-cuisses. Cependant ces indigènes sont extrêmement curieux de parure quand ils paraissent devant des étrangers. Ils ne manquent jamais alors de mettre des chapeaux et de vieilles chaussures que les Européens leur ont donnés. Entre eux, ils sont moins sur la cérémonie, et vont presque nus.

Leurs habitations sont des cabanes ovales, de cinq à six pieds de haut, faites de feuilles de cacao, soutenues par des bambous, et dans lesquelles on entre avec une échelle. Le plancher de ces huttes est moitié planches, moitié bambous fendus. L'âtre où l'on prépare les alimens est placé en face de la porte, dans la partie la plus enfoncée du logis. Six ou huit personnes occupent une cabane en commun. Les plus beaux meubles sont un certain nombre de crânes de sangliers.

L'occupation des hommes est de réparer leurs cabanes ou d'en construire de nouvelles, ce qui leur prend au moins six mois de l'année. Le reste est employé à la pêche, et au trafic dans les îles voisines. La cuisine et la culture de la terre sont l'ouvrage des femmes; elles rament aussi dans les canots lorsque les hommes vont en mer. Ce sont elles qui se choisissent un mari; mais lorsque celui-ci est mécontent de la conduite de sa femme, qu'elle néglige les soins domestiques, est stérile, ou même qu'il s'en dégoûte, il lui est libre de la renvoyer et d'en prendre une autre, comme s'il n'était assujéti par aucun lien. On traite l'adultère en crime extrêmement honteux. C'est surtout une infamie sans égale, et pour laquelle non-seulement la femme est répudiée, mais quelquefois même punie de mort quand les coupables sont de castes différentes. Tant de rigueur n'exclut pas néanmoins certaines voies d'accommodement. Par exemple, c'est une chose des plus communes que, pour la moindre petite feuille de tabac, donnée en public, des gens de même caste se prêtent réciproquement leurs femmes.

Une femme n'est reconnue féconde qu'à son troisième enfant, quoiqu'elle en ait rarement plus de quatre. On attribue aux hommes la cause de cette particularité. Entre les motifs qu'on suppose, l'excès des spiritueux doit être considéré pour beaucoup, parce que l'abrutissement qu'il cause peut influer autant sur les facultés génératrices, que la vie inactive et sédentaire influe sur le développement des organes qu'elle arrête chez ces hommes, qui sont petits et ne vivent guère au-delà de quarante ou quarante-huit ans. Au contraire, les femmes, sur qui pèsent tous les travaux, parcourent ordinairement une carrière plus longue.

Ces insulaires sentent tellement la dépopulation de leurs îles, qu'ils invitent beaucoup de *Malabars* ou de *Bengalais* à se fixer chez eux, et qu'ils vont même jusqu'à les séduire. Dans presque tous les villages on rencontre de ces gens, qu'à la couleur, à l'accent et à la figure on distingue sans peine des indigènes. On les engage à s'établir dans le pays, en leur donnant des terres avec des plantations d'arbres de cacao, d'*arécas*; et au bout d'un certain temps, permission leur est accordée de contracter mariage.

Il n'est point dans l'Orient de peuple qui égale les *Nicobars* en indolence. Leur pêche se fait de nuit en canot. Après qu'ils ont attiré le poisson dans de basses eaux avec de la paille allumée, ils lui lancent des harpons avec tant d'adresse, qu'ils en prennent souvent une grande quantité. Lorsqu'un gros poisson leur tombe entre les mains ils se hâtent d'en donner la moitié, et gardent le reste pour leur usage.

Ils attachent à l'art de lire et d'écrire l'opinion la plus sublime, et pensent qu'il rend tout seul les *Européens* capables d'actions au-dessus de l'humanité : cet art nous donne aussi, à les en croire, le secret de la divination, le pouvoir de contrarier les vents, la force de conjurer les tempêtes, et fait marcher les planètes à nos ordres.

Ce peuple craint le diable comme toutes les nations sauvages. Il y a des gens qui s'imaginent avoir avec lui des entretiens secrets et qui se donnent ensuite pour devins. Où l'ignorance est au comble la superstition doit régner sans partage.

Quelques indigènes s'étaient mis à faire des pots de terre, et moururent peu de temps après; la cause en fut attribuée à cette occupation. Depuis, on aime mieux aller faire provision de pots à quinze ou vingt lieues, que de tenter une entreprise à laquelle ce peuple suppose de si funestes résultats.

Lorsqu'on visite quelqu'un, c'est l'usage de ne se faire ni complimens ni salutations en arrivant; mais au départ celui qui prend congé se confond pendant plusieurs minutes en souhaits magnifiques, articulés avec différentes inflexions de voix, et auxquels celui qui en est l'objet répond incessamment : *callà, callà, condi, condi, quiagé*, c'est-à-dire : Fort bien, fort bien; allez, allez, et revenez dans peu.

On enterre les morts, ou derrière ou tout auprès des cabanes, etavant de déposer le corps dans la fosse, tous les parens et amis présens doivent crier pendant quelques heures. Les femmes, placées autour du défunt, font des hurlemens pitoyables en lui portant les mains sur la poitrine et sur le ventre, qu'on lui a couverts de toile rayée. On inhume le mort avec toute la solennité possible, dans ses plus beaux habits, et avec une grande quantité d'alimens. Lorsque le corps est recouvert, on plante vers la tête un poteau de quatre pieds, où est suspendu un morceau de toile rayée, avec de la farine et des noix d'*aréca* dedans. Ces provisions sont renouvelées encore pendant quelque temps après. C'est aussi l'usage d'abattre un arbre de cacao, à la mort de chaque personne, et d'en semer des noix tout autour de la fosse. Dès qu'un homme n'est plus on cesse de prononçer son nom ; on ne vous le dirait même point quand vous le demanderiez avec instance. Cependant, afin que la douleur qu'on éprouve ne fasse pas une trop forte impression, on s'efforce de la chasser en buvant. Pendant plusieurs jours de suite les hommes, assis à peu de distance du défunt, se livrent à des transports inouis, boivent et invitent quiconque arrive à les imiter. C'est pour cela qu'on ne vient à ces cérémonies funèbres qu'un grand pot de *tod-ding* à la main.

Les phases de la lune sont l'occasion de fêtes et de réjouissances. Les portes sont ornées de branches de palmier ou d'autres arbres, des feuilles de plantain pendent en guirlandes dans l'intérieur des maisons. Hommes et femmes se parent aussi des mêmes ornemens. Enfin, la danse, les chants, les repas partagent la journée, et l'on finit par boire jusqu'à l'abrutissement.

Ils ne connaissent ni jours, ni mois, ni années, et comptent par lunes. Au commencement de la belle saison ils se rendent aux îles de *Carnicobar*, dans de grands canots, et y échangent les produits de leur sol contre les objets de première nécessité qui leur manquent.

Dix ou douze maisons forment un village, et sept à huit cents personnes la population de chacune des îles. Chaque village a son chef ou commandant, comme on l'appelle dans le pays. C'est ordinairement au plus vieil habitant que ce titre est décerné.

Les *Nicobars* ont fort peu d'incommodités. Toute espèce de maladie vénérienne leur est étrangère. La petite-vérole les visite quelquefois, mais elle n'est jamais affluente. Les maux auxquels ils sont le plus sujets, sont les fièvres, les coliques et certaines enflures aux jambes. Lorsqu'une personne tombe malade on la porte immédiatement chez un des prêtres ou sorciers qui fait garder au souffrant, pendant quelques minutes, une attitude indolente, et lui frotte la partie supérieure du corps avec une substance huileuse. Ce remède, qu'on répète plusieurs fois, est indistinctement employé pour toutes les maladies. On n'administre jamais de médicamens intérieurs.

Ces îles n'ont pour tous quadrupèdes que des chiens et des pourceaux. Les naturels, qui ne font cas que des truies, les nourrissent du lait des noix de cacao et de leurs amandes, pour en rendre la chair plus ferme et d'un goût plus exquis; elle l'emporte souvent, à l'œil et au fumet, sur le veau d'Angleterre. Une chose bien digne de remarque, c'est que les forêts de *Carnicobar* qui sont voisines, ont beau être pleines de singes, non-seulement il ne s'en trouve point dans les îles de *Nicobar*, mais qu'ils n'y reproduisent point quand on les y apporte et ne vivent que fort peu de temps.

Depuis juin jusqu'en septembre on voit une multitude de pigeons, qu'attire la maturité des grains dont ils sont très-friands. On trouve aussi fréquemment à cette époque des faisans et des tourterelles. Les fidèles habitans des bois sont des perroquets à bec et à collier noirs. Il n'y a point d'autres volatiles dans ces lieux.

Le climat est pur ; l'on pourrait sans trop de peine lui donner un degré complet de salubrité. Un vent frais de mer rafraîchit incessamment le rivage, tempère les chaleurs et les empêche de devenir jamais excessives. La végétation ne connaît point de repos. Les forêts, naturellement fort épaisses, sont rendues impraticables par les arbustes rampans dont les rameaux s'attachent aux branches d'arbre et les lient étroitement ensemble.

La danse de ce pays est ce qu'on peut imaginer de plus lourd et de plus maussade. La lenteur, la pesanteur des mouvemens, est digne du ton plaintif et monotone qui les conduit. Les *Nicobars* n'ont pour toute musique que leurs voix traînantes et lugubres. Ils se rangent en rond, hommes et femmes, ayant la main appuyée sur l'épaule l'un de l'autre, vont lentement en avant, en arrière, et quelquefois se penchant tantôt à droite, tantôt à gauche.

Toute la musique est renfermée dans le peu de notes suivantes :

Le langage de ces insulaires a pour base principale le *Malai*, auquel on a joint beaucoup de mots corrompus des langues d'Europe et d'autres idiomes. Il n'y a point de termes pour les nombres qui passent quarante. On les exprime par multiplication.

Au milieu des arbres immenses dont le pays abonde, on en trouve un que le goût exquis de son fruit, très-nourrissant, et que le peuple mange comme le Larum, fait remarquer entre tous les autres ; il vient sans culture à trente ou trente-cinq pieds de haut sur douze pouces environ de circonférence ; les plus vieux ont jusqu'à deux pieds. Il est creux du haut en bas, et coupé à distances égales de séparations fermes et très-compactes ; son écorce est lisse, couleur de cendre ; il jette des feuilles en forme de calices, longues de près de trois pieds, larges de quatre pouces, terminées en pointe, dentelées, d'un vert sombre et très-fortes. Les racines hors de terre n'y entrent qu'à huit ou dix pieds du tronc, et s'y enfoncent au plus de deux. La vie d'un homme ne suffit pas toujours pour voir un jeune plant porter du fruit.

Les habitans l'appellent *Larum*, et les *Portugais*, *Mellori*. Il a la forme d'une pomme de pin et est de la grosseur du *Jaca*. Il sort du même bouton que les feuilles et les ouvre par son poids; on le cueille lorsqu'il approche de sa maturité, c'est-à-dire lorsqu'il a perdu sa couleur verte et qu'il tire sur le jaune. Son poids est de trois ou quatre livres.

On met cuire ce fruit à petit feu, dans un pot de terre, jusqu'à ce que la partie médullaire en soit devenue molle et friable; on le fait refroidir à l'air, et l'on retire celle-là avec une coquille. Alors elle est bien claire, d'un jaune pâle. A peine le miel le plus doux égale-t-il sa saveur; mais lorsqu'on laisse cette liqueur pendant long-temps à l'air sans être couverte, elle s'aigrit et se change tout-à-fait en acide. La semence du *Mellori* a le même goût que les amandes douces.

SUR LES ILES

DE NANCOURY ET DE COMARTY;

Par le Lieutenant COLEBROOK.

NANCOURY ou *Soy*, comme on l'appelle quelquefois, est une île située presque au centre de celles de *Nicobar*; elle a environ huit milles de long sur presque autant de large. *Comarty*, autre île voisine, est plus étendue sans offrir peut-être autant de terre ferme, parce qu'elle est creusée par une grande baie que la mer avance dans son centre. C'est un hâvre excellent et vaste, que l'espace qui sépare ces deux îles. L'entrée en est abritée à l'est par une troisième île nommée *Trikut*, sise à près d'une lieue. La passe de l'ouest est étroite, mais assez profonde pour recevoir, par un bon vent, les vaisseaux de la plus grande dimension.

Ces îles sont, à quelques terrains près, entièrement couvertes de bois, et la cime des montagnes abonde en sites d'une beauté souvent romanesque. Le sol est fertile et vraisemblablement capable de produire toutes les variétés de fruits et de végétaux communs dans les pays chauds. Au nombre des productions les plus abondantes sont les noix de cacao, les *papias*, les tilleuls, le tamarin et le *mellori* (1). On cultive avec succès l'*yam* et d'autres racines ; mais le riz y est absolument inconnu. Le *mangostain*, arbre dont le fruit est vanté à si bon droit, vient de lui-même, et l'on trouve dans les bois des pommes de pin d'un goût excellent.

Nancoury et *Comarty* semblent les plus peuplées des îles de *Nicobar*, dont plusieurs sont tout-à-fait désertes. Il y a dans ces deux îles treize villages, dont chacun peut contenir cinquante ou soixante personnes ; ainsi, la population de l'une et de l'autre monterait en tout à huit cents âmes au plus.

Les naturels vivent, ainsi que les habitans des autres îles, sur le rivage de la mer, et ne construisent jamais leurs habitations dans l'intérieur des terres (2) ; leurs cabanes sont de

(1) Voyez page 46, où il est fait mention du fruit de cet arbre, dans l'*Essai sur les îles de Nicobar*.

(2) La grande île de Nicobar doit être exceptée ; il s'y trouve, dit-on, une race d'hommes de couleur et d'usages tout-à-fait différens, et que l'on regarde comme indigènes. Ces gens vivent au milieu des mon-

forme circulaire, terminées en dôme, et couvertes d'herbes ou de feuilles de cacao; elles sont élevées sur des pilotis de six à huit pieds; des planches forment le plancher et les côtés de ces habitations dans lesquelles on monte avec une échelle, et qui sont quelquefois si près de l'eau que la marée enlève les ordures qui abondent dessous.

On plante en tête des villages, et un peu en avant dans l'eau, des balises fort élevées et garnies de paquets d'herbes ou d'écorces d'arbre, en manière d'ornemens; ces objets se découvrent de loin, et servent apparemment de limites. Au reste, les villages sont tellement ombragés par de petits bois épais d'arbres de cacao, qu'il est rare de les voir à quelque distance.

Quoique d'une indolence extrême, les habitans sont en général robustes et bien membrés. Leur figure a quelque chose de celle des *Malais*; et leur couleur est presque la même. Les femmes sont moins grandes que les hommes, mais plus laborieuses. Il y a des gens qui, contre l'usage, se rasent les cheveux ou les

tagnes, d'où ils font de fréquentes irruptions chez les peuples riverains paisibles, dont ils saccagent les habitations.

coupent de fort près, ce qui les fait paraître farouches aux étrangers qui les voyent pour la première fois. Je renvoie pour tout le reste à la description des îles de *Nicobar*, par M. *Fontana*. (Pag. 35.)

Je me contenterai d'ajouter les détails d'une cérémonie extraordinaire qui a lieu chaque année en l'honneur des morts.

Au jour usité on décore les cabanes de guirlandes de fleurs, de fruits et de branches d'arbres, et les habitans de chaque village s'assemblent, couverts de leurs plus beaux habits, dans la maison principale du lieu, pour y passer la journée en festins. Les hommes fument et s'enivrent ensemble, pendant que de leur côté les femmes soignent leurs enfans et préparent tout ce qu'il faut pour la cérémonie funèbre de la nuit. A une certaine heure de l'après-midi, annoncée au son du *soung* (1), les femmes se mettent à pousser tout-à-coup des hurlemens épouvantables, qui se prolongent jusque vers le coucher du soleil. Alors toute l'assemblée marche en procession vers le cimetière, où elle forme en arrivant un cercle au-

(1) C'est un instrument de cuivre qui ressemble un peu au *Surry* du *Bengale*, et dont le son est plus aigu.

tour de l'une des sépultures. Aussitôt on arrache le poteau planté juste au-dessus de la tête du mort; et sa plus proche parente s'avançant, creuse la terre, retire son crâne (1), et le tient à la main. A l'aspect des ossemens, les forces semblent lui manquer; elle gémit, se lamente, et les larmes de la douleur arrosent abondamment le funèbre objet de ses pieux soucis. Cependant elle en détache la terre, enlève ce qu'il peut être demeuré de chair après, les lave bien avec du lait de noix de cacao fraîches, que fournissent les assistans, et, après les avoir frottés d'une infusion de safran, les enveloppe soigneusement dans un morceau de toile neuve, et les rend à la terre. Dès qu'ils sont réinhumés, on replante le poteau, auquel on suspend les hardes et ustensiles du défunt. On passe ensuite successivement aux autres sépultures, et ces horribles et dégoûtantes obsèques se prolongent pendant toute la nuit.

Le lendemain matin, l'on termine la cérémonie par un sacrifice de plusieurs coçhons gras qu'on immole aux mânes des morts, mais

(1) Lorsque j'assistai à cette cérémonie, je vis une fille retirer le crâne de sa mère, qui n'avait été enterrée que peu de mois auparavant.

qui fournissent un copieux repas aux vivans. Chacun se barbouille à l'envi du sang des porcs égorgés ; quelques gens, plus voraces que les autres, vont jusqu'à en manger la chair toute crue. Quoiqu'ils aient plusieurs façons de préparer cet aliment, c'est toujours sans sauce qu'ils le mangent. Ils ont une pâte de *mellori* qui leur sert de pain, et le repas s'achève en buvant force *taury*.

Ces peuples sont hospitaliers et remplis d'honneur, remarquables surtout par leur attachement à la vérité, par l'exactitude qu'ils mettent à remplir leurs promesses. Il n'y a ni fripons, ni voleurs, ni assassins dans leurs îles ; malheureusement ils ne savent que trop se venger d'une offense. Ils combattent avec courage et tuent quiconque les attaque ou les a maltraités (1).

Le seul vice à leur reprocher, c'est l'ivro-

(1) Nous savons qu'une bande de *Malais*, ayant débarqué dans l'île de *Nancoury*, pour la ravager, ils furent tous hachés impitoyablement par les habitans furieux de cet attentat.

On cite encore un autre trait de vengeance qui eut lieu dans l'île de *Carnicobar*, où les habitans tuèrent plusieurs matelots qui les volaient, et, selon toute apparence, voulaient attenter à l'honneur de leurs femmes.

gnerie; mais leur ivresse est généralement enjouée et bénigne. Cependant il arrive souvent que, dans les fêtes, lorsque les gens de villages différens viennent à se rencontrer, un combat suit immédiatement la querelle qu'ils se cherchent; on en vient aux mains, en bataille rangée, et les seules armes qu'on emploie sont de grands bâtons d'un bois noueux et dur. Les combattans s'en frappent du meilleur de leur cœur, jusqu'à ce que, ne se sentant plus en état de donner des coups ou d'en recevoir, on met fin à l'action; et tout le monde recommence à boire.

SUR LES ILES D'ANDAMAN;

Par le Lieutenant COLEBROOK.

LES îles d'*Andaman* sont à l'*est* de la baie du *Bengale* (1), et s'étendent du dixième degré trente-deux minutes, lat. N., au treizième degré quarante minutes; leur longitude est du quatre-vingt-dixième degré six minutes, au quatre-

(1) C'est une chose étonnante, que cette île, qui se trouve sur la route de tant de vaisseaux, soit demeurée inconnue jusqu'à ces dernières années. On ne doit pas moins s'émerveiller de voir qu'au milieu de contrées où la population s'est accrue, où les richesses ont été augmentées par l'industrie des peuples, où l'on rencontre, de temps immémorial, la trace de quelque civilisation, elle soit restée dans l'état de pure nature, dans l'ignorance la plus grossière et dans les ténèbres de la barbarie.

L'aspect sauvage de cette île, le naturel intraitable et féroce de ses habitans, en ont sans doute éloigné les voyageurs. Il est très-probable aussi que plusieurs vaisseaux ont, dans la suite des temps, fait naufrage sur ses côtes; mais il n'y a point d'apparence que jamais personne de l'équipage se soit sauvé.

vingt-douzième degré cinquante-neuf minutes, E. de *Greenwick*.

Le grand *Andaman*, ou la portion de pays ainsi nommée jusqu'à présent, peut avoir cent-quarante mille anglais de long, sur au moins vingt de large. Ses côtes sont échancrées par plusieurs baies profondes qui offrent des hâvres excellens. Cette île est entourée d'un grand nombre d'autres plus petites.

Le petit *Andaman*, plus au Sud que l'autre, est situé à trente lieues de l'île de *Carnicobar*. Il a vingt-huit milles de long sur dix-sept de large, est plus ramassé que l'autre, et n'a aucun hâvre; cependant on trouve un mouillage passable près du bord.

Tous les rivages sont de roc coupé par de petits intervalles, où la côte basse et sablonneúse présente un accès facile aux chaloupes. La rive intérieure des baies est presque toujours couverte de fougère épineuse, et d'une espèce de *rattan* sauvage; des arbres élevés et entremêlés d'arbrisseaux rampans, de plantes parasites et de taillis épais, couvrent tout le reste des terres d'une forêt immense et presque impénétrable. Les autres îles plus petites sont également couvertes de bois. Elles renferment, pour la plupart, des montagnes d'une élévation moyenne; mais l'île principale est remarquable par une montagne d'une masse prodigieuse à qui sa forme a fait donner le nom de *Pic de la Selle*. On l'aperçoit par un beau temps, de vingt-cinq lieues à la ronde, sa hauteur étant à peu près de deux mille quatre cents pieds perpendiculaires.

Il n'y a pas de rivières sur aucun point de ces îles; mais un grand nombre de petits ruisseaux qui s'échappent des montagnes, fournissent de bonne eau et forment, en descendant sur les rochers, de petites cascades variées à l'infini et qui sont ombragées par les bois environnans.

Le sol n'est point partout le même; les substances qui le composent sont : une espèce de terreau noir, de l'argile rouge ou blanche, des terres sablonneuses, d'autres mêlées de cailloux de différentes couleurs. Il y a le long des côtes quelques rocs qui paraissent formés de terre et de sable pétrifiés par les siècles, mais qui sont susceptibles d'être taillés et de servir à la bâtisse. A l'extrémité septentrionale de la grande île, on trouve, dans les montagnes, quelques indices de minéraux, surtout de l'étain, et une espèce de pierre de taille, coupée de raies d'un jaune brillant, et semblables à des veines de poudre d'or.

Les forêts produisent en quantité différentes sortes de bois de construction et autres. Les arbres y viennent d'une grosseur énorme; j'en ai vu un de trente pieds de circonférence. Il y en a aussi d'agrément, comme l'ébénier, le laurier alexandrin; de fruitiers, tels que l'olivier, l'amandier, le *mellori;* mais on trouve peu de sauvageons. L'aloès et le cotonnier y viennent en abondance, ainsi que les bambous, dont les naturels se font des arcs; et une multitude d'arbrisseaux. C'est une chose à remarquer que le cacao, si commun dans les régions du tropique, y est presque inconnu.

Des sangliers, des singes et des rats sont les seuls quadrupèdes qu'on ait encore découverts dans ces îles. Parmi les reptiles qui y abondent, on distingue le serpent vert, centipède de dix pouces de long, très-venimeux; et les scorpions.

Les volatiles qui peuplent les forêts sont principalement des pigeons, des corneilles, des petits perroquets, des martins-pêcheurs, des courlis, des faucons et des chats-huans. On entend fréquemment, pendant la nuit, une espèce de *humming*, dont le chant ne diffère point de celui du coucou.

Les cavernes et les lieux isolés des côtes servent d'asile à ces oiseaux dont on mange les nids, qui sont, en *Chine*, une branche de commerce considérable, par le prix qu'on les y vend (1). Les couvées commencent en décembre, et se prolongent jusqu'en mai. Il n'y a jamais plus de deux œufs, d'un blanc sans tache, à la fois; mais on pense que les nichées se succèdent de mois en mois.

Les hâvres et les passes sont abondamment fournis de poissons d'une grande variété. On en trouve un entre autres, d'une grosseur énorme, et qui ressemble à la baleine. Le rivage est couvert de poissons à coquilles ; des huîtres qu'on rencontre à certains endroits sont d'une excellente qualité.

En fait de madrépores, de coralines, de zoophytes et de coquillages, il n'y a rien qu'on ne voie ailleurs.

Les habitans des îles d'*Andaman* sont peut-être les hommes les moins civilisés de la terre. Leur couleur est de la teinte la plus noire. Ils sont, en général, de petite taille, ont un aspect farouche, le ventre saillant; des membres grêles, sans proportions; et, comme les Africains,

(1) Voyez l'Essai sur les îles de Nicobar, à la note, page 36.

la tête fort laineuse (1), des lèvres épaisses, un nez plat; ils vont absolument nus; les femmes

(1) Ils diffèrent, en ce point, des diverses races qui habitent les îles et le continent de l'Asie. On compte, à ce sujet, qu'un vaisseau rempli d'esclaves africains des deux sexes, ayant été poussé sur les îles d'*Andaman*, ils tuèrent leurs maîtres et tout l'équipage du bâtiment, pour se sauver dans ce pays, qu'ils peuplèrent; mais cette histoire n'est rien moins qu'authentique.

Quelques personnes les regardent comme des cannibales; d'autres (Voyez le Voyage du capitaine Hamilton et tous les Dictionnaires géographiques) prétendent que c'est un peuple innocent et paisible, qui ne se nourrit que de riz et de végétaux.

Quoiqu'on n'ait point prouvé suffisamment que ce fussent des cannibales, cependant leur naturel sanguinaire et cruel, une extrême voracité, l'adresse avec laquelle ils se mettent en embuscade pour surprendre les étrangers, la mort qu'ils ne manquent jamais de donner aux malheureuses victimes qui tombent en leur pouvoir, tout nous porte à croire que la faim doit être le mobile principal de leur conduite. On a cependant trouvé quelquefois les restes ou lambeaux des ennemis qu'ils avaient massacrés.

Alors il devient difficile d'expliquer la guerre à mort qu'ils font aux étrangers, sans adopter l'histoire susmentionnée. Dans le cas où elle serait véritable, ce serait la tradition de leur ancien esclavage et la crainte d'y retomber, qui pourraient porter ces insulaires au traitement que tous les étrangers en reçoivent.

seules se couvrent quelquefois d'une espèce de ruban étroit ou de frange, mais uniquement comme parure, car elles ne témoignent pas la moindre honte d'être vues sans. Les hommes sont astucieux, adroits et vindicatifs; ils expriment fréquemment leur haîne pour les étrangers avec une voix élevée, menaçante, accompagnée de marques de défiance, et le mépris qu'ils en font, par les gestes les plus grossiers. D'autres fois, ils se montrent paisibles et soumis, dans une vue perfide. Alors ils affectent d'entamer un entretien amical, ne manquant point d'acquiescer à toutes vos pro-

Ces îles, à ce qu'il semble, ont été connues des anciens. (Voyez les Mémoires du major *Rennel*, introduction, page 39.) Je crois que *Marco Polo* en fait mention, et voici comment il en est parlé dans d'anciennes descriptions de la Chine et de l'Inde, par deux voyageurs mahométans, qui visitèrent ces contrées dans le neuvième siècle : Au-delà de ces deux îles (Nadjabalus, probablement celles de *Nicobar*) est la mer d'*Andaman*. Le peuple de cette côte mange la chair humaine toute crue. Il a la peau noire, les cheveux frisés, une contenance et des yeux épouvantables; ses pieds ont presque une coudée de long, et il va tout nu; il n'a point d'embarcations, sans quoi il dévorerait tous les passagers qu'il pourrait saisir. (Eusèbe Renaudot a traduit de l'Arabe les ouvrages que nous citons.)

positions, et tout-à-coup, poussant un grand cri, font sur vous une décharge de leurs arcs. A l'apparition d'un bâtiment ou d'une chaloupe, ils se mettent d'ordinaire en embuscade derrière de gros arbres et envoient un de leur troupe, ordinairement le plus vieux, sur le rivage de la mer, pour tâcher, à force de démonstrations amicales, d'attirer les étrangers sur le bord. Si, par malheur, l'équipage s'aventure à aborder sans armes, ils quittent subitement leur poste, fondent sur lui et l'attaquent. Ils déploient beaucoup de résolution dans ces escarmouches, se jettent quelquefois à la mer, pour saisir leur proie; ils tirent même de l'arc en nageant.

Si quelque chose dégrade la nature humaine, c'est à coup sûr leur manière de vivre; ils passent, comme les animaux, leur vie à chercher des alimens, sans avoir songé encore à cultiver la terre. Leur existence repose entièrement sur ce qu'ils peuvent ramasser ou tuer.

Chaque matin ils se frottent de boue de la tête aux pieds, ou se roulent dans la fange, à l'exemple des buffles, pour éviter le tourment des insectes, et se barbouillent ensuite leur tête laineuse d'ocre rouge ou de vermillon. Dans cette parure ils vaquent à leurs diverses occupations. Les femmes supportent le poids le plus lourd du vil emploi d'aller en quête d'une nourriture journalière. Elles courent, lorsque la marée se retire, ramasser des poissons à coquilles, tandis que les hommes chassent dans les bois ou qu'ils entrent dans l'eau pour percer les poissons à coups de flèches. Ils sont extraordinairement adroits à cette pêche d'un genre tout particulier, et qu'ils font aussi de nuit, à la lueur d'une torche. Dans leurs excursions au fond des bois, quelquefois la prise d'un sanglier les dédommage de leurs peines et leur fournit un ample repas. Ils font rôtir les viandes ou le poisson, sur une espèce de gril de bambous, et les mangent sans sel ni épices quelconques.

Ce peuple s'abandonne quelquefois à une loquacité fort vive. Il est passionné pour les chansons et la danse, auxquelles les femmes prennent part. Son langage est plutôt doux que guttural; et la musique, tout en récitatif et en chœur, n'a rien qui déplaise à l'oreille. C'est aux gens de ces îles que s'applique ce qu'a dit *Voltaire* d'une singulière danse républicaine qu'il prétend avoir vu exécuter en *Angleterre*, et *où, dansant à la ronde, chacun donne des coups de pieds à son voisin, et en reçoit autant*. Ils ont enchéri sur cela ; ils sautent en rond, et chacun donne alternativement à quelqu'autre des coups de pieds dans le derrière, ou se frappe le sien, de ses propres pieds, *ad libitum*. On se salue en levant une jambe et en portant la main sur la partie inférieure de la cuisse.

Leurs habitations sont bien les plus misérables huttes qu'on puisse imaginer, et ce que l'homme peut faire de plus grossier. Elles se composent de trois ou quatre bâtons plantés en terre, et liés ensemble par le haut, en forme de cône, couverts d'un chaume de branches et de feuilles d'arbres. On laisse sur le côté une ouverture par laquelle on peut juste se glisser. Le sol est jonché de feuilles sèches, qui servent à se coucher.

Les canots sont des troncs d'arbres creusés avec le feu et des outils de pierre, car le fer manque absolument à ces insulaires, qui n'ont que quelques ustensiles apportés par les navigateurs, ou des débris de vaisseaux naufragés. Ils se servent aussi, pour traverser les hâvres, ou pour passer d'une île dans l'autre, de radeaux de bambous.

Nous remarquerons, au sujet des armes, que leurs arcs sont singulièrement longs, et d'une forme particulière. Les flèches ont une pointe de forte arête ou de défense de sanglier, quelquefois d'un simple morceau de bois affilé et durci au feu : ces trois choses sont également meurtrières. Ils se servent encore du bouclier et d'une ou de deux autres armes qu'on leur a vues. Leurs ustensiles de pêche et autres n'offrent presque rien à dire. Ils ont des filets de grandeurs différentes, pour le petit poisson ; et une sorte de paniers d'osiers, dans lesquels ils portent sur le dos tous les alimens qu'ils ramassent. On trouve peu de poterie chez eux.

La température des îles d'*Andaman* est plus douce que celle du *Bengale*. Au mois de mai, une mousson de sud-ouest amène des pluies qui tombent avec violence jusqu'en novembre. Alors un vent nord-est lui succède ; de grandes ondées l'accompagnent également ; mais bientôt elles font place au plus beau temps du monde, qui dure le reste de l'année. Ces vents ne varient guère ; il n'y a que les bises de terre et de mer qui les interrompent parfois. La marée est régulière ; le flux qui vient de l'ouest s'élève à huit pieds au plus ; mais sur la côte nord-est, l'eau monte, à la nouvelle et à la pleine lune, jusqu'à huit degrés trente-trois minutes. La variation de l'aiguille est de deux degrés trente minutes sud-est.

DESCRIPTION DE LA CAVERNE (1) DE L'ILE ÉLÉPHANTA;

Par J. GOLDHINGHAM, *Écuyer*.

LA caverne *Éléphanta*, située dans une petite île du hâvre de *Bombay*, a attiré avec justice l'attention d'une foule de curieux. C'est un éléphant de pierre noire et de grandeur naturelle, placé à l'entrée, qui a probablement donné à l'île le nom qu'elle porte. La caverne est à environ trois-quarts de mille du rivage, et l'on y arrive par un sentier qui traverse une belle vallée bordée à droite et à gauche de montagnes verdoyantes. Un silence majestueux, interrompu par la seule voix des colombes qui appellent leurs compagnes absentes, règne éternellement, et dispose l'esprit à contempler la scène qui s'approche.

La caverne est taillée dans une montagne de

(1) C'est un temple souterrain. L'Inde en offre plusieurs de cette espèce.

pierre, et sa voûte supportée par des rangées régulières de colonnes d'ordres différens de tous ceux connus parmi nous. Des figures gigantesques sont sculptées en relief sur les murs, et, ainsi que les colonnes, taillées dans le roc vif. Les unes et les autres attestent moins l'habileté de l'artiste que son admirable patience. Plusieurs colonnes ont été renversées et des figures mutilées par les *Portugais*, qui, pour exécuter mieux ce bel exploit, traînèrent à grand'peine des canons sur le sommet de la montagne. La superstition ne respecte rien dans ses fureurs destructives.

Le mur du fond est chargé de sculptures; et l'attention se fixe d'abord sur un buste colossal, à trois figures. Celle du milieu est de face, d'une composition riche, magnifiquement coiffée, et a le cou garni d'une multitude d'ornemens précieux. La tête de gauche est de profil, et sa coiffure ne le cède point à celle de la première. L'une des mains tient une fleur, l'autre un fruit semblable à la grenade; et l'on voit à l'un des poignets certain anneau tout pareil aux bracelets que les *Hindous* portent de nos jours. La pose n'est nullement désagréable. Quant à la figure de droite, elle est différente, quoiqu'aussi de profil. Son front saillit, ses yeux sont fixes ; des serpens remplacent les cheveux; et l'on voit distinctement un crâne humain sur la coiffure. Une des mains saisit un monstrueux *Cobra de Capella* (le serpent coiffé); l'autre en tient un plus petit. Tout est calculé pour jeter l'épouvante dans l'âme du spectateur. Ce buste a dix-huit pieds environ de haut, et la figure du milieu peut être large de quatre.

Les côtés de la niche sont soutenus par des statues gigantesques qui s'appuient sur un nain.

De chaque côté on trouve une autre niche de vastes dimensions. Au milieu de celle à droite, repose un colosse à figure de femme, qui n'a qu'un sein, mais quatre bras. La main droite la plus en avant est appuyée sur un boeuf, l'autre tient un *Cobra de Capella* ; et l'on observe un bouclier de forme circulaire dans la main gauche. La tête est richement parée. A droite est une statue d'homme, en pied, portant un instrument fourchu en forme de trident ; à gauche, une autre de femme qui tient une massue ou espèce de sceptre. Près du colosse principal, est un beau jeune homme; sur un éléphant, et au-dessus de cette figure, un personnage à quatre têtes, porté par des cygnes ou des oies; et à l'opposite, un homme avec quatre bras, monté sur les épaules d'un autre homme, et ayant un sceptre en main. On voit encore au haut de la niche une multitude de petites figures, dans des attitudes différentes. Elles paraissent supportées par des nuages.

Le personnage le plus marquant du groupe de la niche à gauche, est un homme d'environ dix-sept pieds de haut, qui a quatre bras; à sa gauche, se trouve une femme de la hauteur de quinze pieds à peu près, aux jambes et aux poignets de laquelle on voit aussi des anneaux circulaires pareils à ceux que portent à présent les *Hindous*. Les cheveux ont aussi quelque ressemblance avec les leurs, par la manière de les arranger. L'attitude de ces figures est moelleuse, et exprime bien la douceur. On remarque encore par terre une statue à quatre têtes, portée par des oiseaux, et une autre, qui a quatre bras et est montée sur les épaules d'une troisième statue. Plusieurs petites figures servent d'accompagnement, une entre autres qui, le genou en terre, semble s'adresser à la principale, porte un *crise* (1) parfaitement semblable à ceux maintenant en usage. La plupart

(1) C'est une espèce de poignard en usage dans l'Inde.

des petites figures d'homme ont un aspect bizarre, qui vient de leur coiffure toute pareille à nos perruques.

Il y a de chaque côté de ces groupes une petite chambre obscure; peut-être furent-elles, dans les temps anciens, interdites à tous autres qu'aux purs brahmans; les chauves-souris, les araignées, les scorpions et les serpens en ont pris possession.

A gauche du dernier groupe dont j'ai parlé, et plus près des murs latéraux du souterrain, on en voit un autre : c'est un homme conduisant une femme vers une figure majestueuse, assise dans l'angle de la niche. Il a le même ornement de tête que nos juges en exercice. L'air de la femme, et son attitude, expriment fortement la modestie jointe à une résistance timide, tandis qu'un homme placé derrière la presse d'avancer. Quelques autres personnages plus petits entrent dans la composition de ce groupe.

Il est curieux d'observer que toutes les figures de femmes ont, comme les *Hindoues* de nos jours, des anneaux aux poignets et aux jambes, et que, par suite de la même ressemblance de costume, les simulacres d'hommes en portent seulement aux poignets.

A l'opposite de la dernière niche, et à cinquante pieds plus près de l'entrée, on en trouve encore une de pareille grandeur; elle contient une figure qui arrête puissamment l'attention: c'est le colosse, à mi-corps, d'un homme qui a huit bras. Une espèce de ceinturon, composé de têtes humaines, fait le tour d'un de ses bras gauches; une main droite tient un glaive prêt à frapper certaine figure agenouillée sur un billot soutenu dans la main gauche correspondante à celle qui lève l'arme; mais ces deux statues sont tellement mutilées, qu'il est impossible de dire rien de précis à leur égard. Il y a encore un *Cobra de Capella* qui se lève de dessous l'un des bras. Parmi les singuliers ornemens qui décorent la tête, on remarque un crâne d'homme. Au-dessus du colosse, plusieurs petites figures peignent, les unes la douleur et les autres la joie. Il y en a beaucoup de mutilées comme la principale; celle-ci porte le caractère d'une impitoyable férocité.

En passant aux autres parties de la caverne, on observe près d'une des petites chambres sus-mentionnées, un homme assis à la manière encore en usage chez le peuple d'à-présent. Il a un taureau couché à ses pieds, et à sa gauche une femme assise comme lui, mais entre deux serviteurs. Chaque angle de la niche est rempli par une garde colossale. Il y a de l'autre côté une niche parallèle; mais les sculptures singulièrement dégradées, et l'obscurité du lieu, empêchent de rien discerner. J'ai cependant aperçu une figure d'homme assis ayant un serviteur de chaque côté.

A droite et à gauche de l'entrée, on trouve des niches pleines de sculptures fort maltraitées. Dans l'une, c'est un homme à huit bras qui sont tout-à-fait détruits, et dans le fond un personnage à quatre têtes, porté par des oiseaux, avec un autre d'une taille fantastique, à qui l'on a donné quatre bras. L'autre niche est remplie par un cheval caparaçonné à la mode actuelle du pays, et par son cavalier.

A moitié de la caverne, à gauche, on rencontre une pièce d'environ trente pieds carrés, renfermant le *Lingam*. Elle est ouverte des quatre côtés, et chaque ouverture est soutenue de çà et de là par deux statues de dix-sept pieds de haut, et chargées d'ornemens divers.

La portion que nous venons de décrire de ce monument admirable du génie de l'homme et de sa patience, est longue de cent-trente-cinq pieds, et presque aussi large; il y a de côté et d'autre des compartimens formés par des masses de roc et de terre qui semblent s'être détachées de la voûte. Celui de droite est le plus spacieux, et contient plusieurs morceaux de sculpture, dont le plus remarquable est un monstre de grande dimension, dont la tête d'éléphant est ajustée sur un corps d'homme. Le *Lingam* est encore renfermé dans ce lieu. Il y a au-dessus des figures certains signes sculptés, que j'ai regardés comme des caractères.

Le compartiment opposé renferme aussi des sculptures, entre autres encore un personnage à tête d'éléphant sur un corps humain. Non loin de là, on trouve dans un creux obscur du roc, de l'eau excellente, qui, toujours garantie de l'action du soleil, conserve une fraîcheur inaltérable. Elle est justement estimée par ceux que la curiosité amène sous un ciel brûlant. On débite beaucoup de fables sur cette fontaine.

Quoique les figures soient toutes si gigantesques, l'œil se plaît à y reconnaître quelque entente des proportions. J'en mesurai trois ou quatre; en les examinant d'après l'échelle que nous jugeons la plus juste, il s'en trouva qui s'en écartaient moins que ne font nombre de gens qui passent dans notre esprit pour bien faits.

L'île dans laquelle on trouve ces antiquités est à cinq milles et demi environ de *Bombay*, dans la direction de l'est ; elle ne peut point avoir plus de cinq milles de tour ; et un joli village, situé près du lieu où l'on aborde, renferme tous les habitans, dont le nombre, enfans et femmes compris, ne s'élève guère qu'à cent.

Ces insulaires prétendent que leurs ancêtres, voulant fuir les mauvais traitemens des *Portugais*, vinrent dans cette île de celle de *Salset*, qui lui fait face, et se mirent à cultiver le riz et à élever des chèvres, pour leurs besoins, comme ils font encore eux-mêmes aujourd'hui. Ils n'ont point de barques, mais on en troque avec eux contre des bois qu'ils coupent sur les montagnes voisines. Ce peuple innocent, fidèle à la simplicité de ses mœurs, vit heureux et content sous ses arbres des Banians.

Toutes les conjectures qu'on a faites et qu'on fait encore sur la *caverne Éléphanta* diffèrent entre elles. Ceux qui attribuent sa construction aux *Égyptiens*, aux *Hébreux*, ou bien à *Alexandre-le-Grand*, me semblent, malgré toute la déférence qui leur est due, s'être donné bien de la peine inutile ; car s'il y a assez de ressemblance entre la physionomie des *Égyptiens* et celle des *Juifs*, pour les porter à en tirer une telle conclusion, cette même ressemblance me jette dans une hypothèse plus importante qu'elle éclaircit : c'est que les systêmes de ces peuples ne sont que *la copie* d'un *original* trouvé dans *cette partie du monde.*

La ressemblance frappante qu'on peut voir entre les *Hindous* vivans et les figures décrites ci-dessus, portera non-seulement les gens à qui l'histoire et des observations oculaires font croire que ce peuple est de temps immémorial en possession de ses usages, à attribuer la construction de l'édifice à ses ancêtres; mais ce rapport de physionomie convaincra du fait ceux qui ne sont pas bien familiarisés avec la mythologie de l'*Inde*; car il ne faut point une science très-vaste pour reconnaître dans ce monument un temple consacré en particulier à *Siva* le *destructeur*, ou celui qui fait *changer.*

Il n'y a point de doute que le buste ne soit les trois grands attributs personnifiés de cet *être*, pour lequel les anciens *Indiens* nourrissaient la plus profonde vénération, et dont ils se faisaient l'idée la plus sublime. La tête du milieu représente *Brahma*, ou l'attribut de la création; celle à gauche, *Vichnou*, ou le conservateur; et la troisième, *Siva*, ou l'attribut du changement et de la destruction.

Bien des personnes ont pensé que la figure qui n'a qu'un sein était une *Amazone*; cependant je la regarde comme une image de l'épouse de *Siva*, montrant la puissance agissante de son seigneur; non-seulement comme *Baoùáni* ou le courage, mais aussi comme *Isani* ou la déesse de la nature; car on lui prête l'un et l'autre sexe; et elle préside à la génération ainsi que *Dourga*. Nous trouvons ici le taureau d'*Isouára* (un des noms de *Siva*) et la figure armée d'un trident. Le beau garçon sur un éléphant, c'est, je pense, *Cama* le dieu de l'amour. L'image aux quatre têtes, portée par des oiseaux, représente *Brahma*; et celle qui a quatre bras et est montée sur les épaules d'une autre, est *Vichnou*.

Les deux statues principales de la niche à gauche, offrent peut-être *Siva* et sa déesse *Parvati*. Nous retrouvons encore ici comme auparavant, *Brahma* et *Vichnou*, renversés sur la terre.

On a beaucoup parlé du terrible colosse aux huit bras. Les uns l'ont pris pour *Salomon*, menaçant de partager en deux l'enfant de la prostituée; d'autres, avec plus de raison à leur sens, prétendent qu'il représente le tyran *Cansa* qui attente aux jours du dieu enfant *Crichna* que nourrissait le pasteur *Arranda*. Quant à moi, je crois y voir le troisième attribut ou le *destructeur en action*, trop bien représenté pour s'y méprendre. La scène éloignée où l'on voit des figures plus petites exprimer la tristesse et la joie, pourrait être l'image des régions infernales. Le personnage prêt à être détruit ne me semble point un enfant, mais une personne faite. Il est vrai que si le *destructeur* était d'une taille humaine, la figure en question se trouverait à son égard dans les proportions de l'enfance; mais puisqu'il est d'une grandeur démesurée, une créature humaine, parvenue à l'entière croissance, ne doit sembler qu'un enfant au prix de lui. C'est ainsi, je crois, que les gens sont tombés dans l'erreur, chose fort commune en semblables cas.

L'homme et la femme assis, et le bœuf couché aux pieds de celui-là, représentent *Siva* et sa déesse : c'est ainsi qu'on les figure encore dans les *pagodes*.

Personne ne doit se tromper sur le compte du corps humain à tête d'éléphant ; ce ne peut être que *Ganésa*, le dieu indien *de la sagesse*, fils aîné de *Siva*, et qu'on représente jusqu'à présent sous cette même forme.

J'imagine qu'il est à conclure de tout cela que c'est un temple *indien*. Le seul *Lingam* est un témoignage irrécusable du culte qu'on y rendait à *Siva*. Je ne parle point des autres choses dont l'évidence a dû frapper quiconque possède bien la mythologie de l'*Inde*.

Ce qu'il y a de plus difficile, c'est d'assigner une époque à la construction de ce temple. Elle fut sans doute postérieure au grand schisme qui divisa le culte *indien*, et qui arriva, selon le *Puranas*, au même temps où nous reportons la création. Quoi qu'il en soit, nous ●●ons des données sur des princes puissans qui gouvernèrent le pays où se trouve notre édifice, à des dates plus récentes. Nous en connaissons surtout particulièrement un, qui usurpa le pouvoir en l'année 90 de l'ère chrétienne, et qui est célèbre par sa passion pour l'architecture. On hasarde quelquefois de pires hypothèses que celles de lui attribuer la construction du monument dont j'ai parlé ; cependant, je ne crois pas possible que les seules sources qui nous soient ouvertes jusqu'à présent fournissent, dans une matière aussi obscure, aucune conclusion décisive.

DES DEVOIRS D'UNE VERTUEUSE VEUVE HINDOUE.

Il s'est glissé dans les compilations *européennes* tant d'erreurs qui démontrent le défaut de jugement dans le choix des autorités, et ces bigarrures de faux et de vrai tendent tellement à propager des faits erronés, que nous croyons indispensable de recourir, en toutes choses, aux écrits originaux; c'est l'unique moyen de faire briller la vérité en confondant le mensonge; et c'est aussi la marche que je vais suivre en traitant des devoirs d'une vertueuse veuve *hindoue*.

« La veuve s'étant baignée d'abord, se couvre
» de deux vêtemens propres, et, tenant quel-
» ques herbes de *Cusa*, boit un peu d'eau
» dans le creux de sa main; puis, portant
» dessus du *Cusa* et du *Tila* (1), elle regarde à

(1) Sesanum.

» l'orient ou au nord, pendant que le *Bah-*
» *mana* profère le mot mystique *Om*. Ensuite
» elle s'incline vers *Néruyana*, et dit (1):
» Dans ce mois, ainsi nommé dans tel *paccha*,
» durant tel *tit hi*, moi (ici elle articule son
» nom et celui de sa famille (2)), puissé-je
» rencontrer *Arandhati* (3), et résider dans *Sou-*
» *arga !* Que les ans de ma demeure y soient
» aussi nombreux que les cheveux d'une créa-
» ture humaine ! Puissé-je jouir avec mon
» époux de la félicité céleste, et sanctifier mes
» aïeux paternels et maternels, ainsi que les
» ancêtres du père de mon mari ! Puissé-je,
» louée par les *Apsarafes*, être heureuse avec
» mon seigneur, pendant le règne de quatorze
» *Indras !* Que l'expiation des péchés de mon
» mari soit faite, eût-il tué un *brahmana*,
» brisé les liens de la reconnaissance, ou assas-
» siné son ami. C'est pour cela que je monte

(1) Ce formulaire s'appelle Sancalpa.

(2) Sotra, famille ou race. Il existe aujourd'hui quatre grandes familles de brahmanas, qui sont partagées en une multitude de branches, depuis le célèbre massacre des *kchatrigas* par Parasu Rama. Les *kchatrigas* se prétendent satras, conjointement avec les brahmanas.

(3) Femme de Vasichta.

» sur le bûcher de mon époux. Et vous, je » vous invoque, conservateurs des huit parties » du monde, ô soleil ! ô lune ! air ! feu ! » éther (1) ! eau ! terre ! et vous aussi, mon âme ! » *yama !* jour ! nuit ! crépuscule ! et toi, con- » science ! soyez témoins : je suis mon époux » sur le bûcher funèbre (2). »

« Ayant répété le *sancalpa*, elle fait trois » fois le tour du bûcher, et le brahmana pro- » fère les *mandras* suivans : »

« Om ! que ces femmes qui sont de vertueuses » épouses, se parent avec du collyre, portent » du beurre clarifié, et se précipitent dans les » flammes plutôt que de demeurer veuves ; » qu'elles oublient la maternité et les douceurs » de l'hymen, pour s'immortaliser en passant » par les flammes ! »

« Om ! que ces femmes aussi pures que

(1) Acasa.

(2) On rapporte dans plusieurs morceaux, que la femme se met sur le bûcher avant qu'on l'ait allumé ; mais le rit cité est conforme au texte de Bagarathan :

Lorsque le corps est près d'être consumé, la vertueuse veuve, qui se tient auprès, se précipite dans le feu.

Na'reda a youdichl'hira.

» belles se livrent aux flammes avec le corps
» de leurs maris ! »

Pauranica Mantra.

« Avec cette bénédiction, elle monte sur le
» bûcher en feu, en proférant le mystique
» *namò namah.* »

Lorsque les cérémonies prescrites sont remplies par la veuve, le fils ou quelque autre parent du défunt applique la première torche suivant le formulaire prescrit à sa tribu dans le Grihyas (1).

Le *sancalpa* est évidemment calqué sur les mots d'*Angiras*.

« La femme qui s'abandonne aux flammes
» avec les restes de son mari, égalera *Aron-*
» *dhati*, et résidera dans *Souarga*. »

« En accompagnant son époux, elle habi-
» tera aussi long-temps *Souarga* que les trente-
» quatre millions de cheveux demeureront
» sur un corps humain. »

« Comme celui qui chasse aux reptiles ar-
» rache les serpens de leur repaire, ainsi en
» retirant son mari de l'enfer, elle goûtera
» avec lui le bonheur céleste. »

(1) Extraits ou compilation des livres sacrés.

« Elle sanctifie, en mourant avec son époux,
» ses ancêtres paternels et maternels et les
» aïeux de l'homme à qui elle donna sa virgi-
» nité ».

« Une telle femme, qui adore son mari,
» compagne de sa félicité céleste, la plus
» grande, la plus admirée, goûtera près de lui
» les jouissances du ciel durant le règne de
» quatorze *Indras.* »

« Quoique son mari ait tué un *Bahmana*,
» rompu les liens de la gratitude, ou égorgé
» son ami, elle expie son crime. »

Angiras.

Les *Mantras* sont adoptés d'après l'autorité du *Brahme Purána.*

« Lorsque le bûcher est prêt, que l'épouse
» vertueuse s'entretienne du plus sublime des
» devoirs d'une femme. *Celle qui est fidèle et*
» *pure se brûle avec la dépouille mortelle de*
» *son mari.* Fortifiée dans sa résolution en
» entendant ces mots, et remplie de tendresse,
» elle accomplira le *Pitri'mheda yága*, (1) et
» montera au *Souaga.* »

Brahme Purána.

(1) Action de se brûler avec son mari.

Il est convenu que le devoir d'une veuve est de se brûler avec son époux ; elle a néanmoins l'alternative :

« De vivre après sa mort, comme Brahma-
» chàri, ou de se livrer aux flammes. »

Vichnou.

Les austérités dont il est question consistent dans la chasteté, des actions pieuses et des actes de mortification.

« L'usage du *Tamboula*, de la parure, et des
» vases de métal pour la préparation des ali-
» mens, est interdit à l'*yati*, au *brahmachàri*,
» et à la veuve. » *Prachétas.*

« La veuve ne doit point faire plus d'un
» repas par jour, ni dormir sur un lit ; autre-
» ment son mari tomberait de *Souarga*. »

« Elle ne pourra manger que des alimens
» simples, et doit faire journellement des of-
» frandes de *Tarpana*, de *Cousa*, de *Tila* et
» d'eau. »

« Dans *Vaisae'ha cartica* et *magha*, elle
» enchérira sur le devoir usuel de l'ablution,
» des aumônes et du pélerinage. Elle doit en-
» core faire, dans ses prières, un fréquent usage
» du nom de Dieu. »

Le *Smri'ti.*

La veuve qui se dédit après s'être vouée au devoir d'une *sati*, encourt la peine du déshonneur.

« Si la femme, regrettant la vie, se retire du
» bûcher, elle est déshonorée; mais elle peut
» encore se purifier par le jeûne appelé *Praja-*
» *patya* (1). »

Apastamba.

Quoiqu'on laisse l'alternative aux veuves, les législateurs *indiens* sont très-portés à les encourager à se brûler avec le corps de leur mari.

Voici comment *Harita* définit une femme de bien : « Celle dont la tendresse partage la
» joie et le chagrin d'un mari, qui pleure, qui
» languit en son absence, et meurt lorsqu'il
» cesse de vivre, est une femme vertueuse et
» fidèle. »

Harita.

(1) Il dure douze jours. Pendant les trois premiers, on ne peut prendre qu'un modique repas toutes les vingt-quatre heures, et dans le jour ; durant les trois suivans, un seul également, mais pendant la nuit. Les trois d'après, on ne peut manger que ce qu'on vous donne sans l'avoir demandé ; enfin, les trois derniers sont consacrés à un jeûne rigoureux.

« Ayez pour une honnête femme autant de
» vénération que pour *Dévatas*, car ses vertus
» peuvent étendre l'empire du prince sur les
» trois mondes. »

Matsya Puràna.

« Quoiqu'un homme meure malheureux
» par la désobéissance de sa femme, si celle-ci,
» par amour, par dégoût du monde, ou par
» crainte de vivre abandonnée, ou enfin de
» douleur, s'abandonne aux flammes, elle de-
» vient digne de vénération. »

Mahà Bhàrata.

Les obsèques sont défendues pour les suicides; mais le *Rigvéda* déclare expressément :
« Que la femme qui se brûle ne commet point
» de suicide. Après un deuil de trois jours, le
» *Sraddha* doit être accompli (1). Cela est
» prouvé par la prière que le *Rigvéda* ordonne
» à cette occasion. »

Le deuil du mari devrait différer de celui de la femme, dans certains cas. Voici la décision du *Bharichya Puràna.*

(1) La brièveté du deuil est honorable. Les longues douleurs appartiennent à la basse classe.

« Lorsqu'une veuve se place avec le corps
» du défunt, sur un même bûcher, quiconque
» accomplit le *Criya* pour son époux doit en
» faire autant pour elle. »

« Quant à la cérémonie d'allumer le bûcher
» funèbre, et au *Pinda*, quiconque l'allume
» doit présenter aussi le *Pinda*.

Va'yu Purána.

Il est certaines circonstances qui font interdire à telle veuve l'acte de *Sati*.

« Celle qui a un enfant en bas âge, qui est
» enceinte, dont la grossesse est douteuse, ou
» qui est impure, ne peut point, ô princesse!
» monter sur le bûcher funèbre. »

« Ainsi parle *Narèda* à la mère de *Sagara*. »

« La mère d'un jeune enfant ne doit point
» abandonner le soin de sa progéniture pour
» monter sur le bûcher. La femme qui est im-
» pure (par une cause périodique) ne peut
» point non plus se livrer aux flammes, ainsi
» que celle qui n'est point encore purifiée après
» l'enfantement, ou qui est enceinte (1); néan-

(1) Quelques écrivains ont dit qu'une femme enceinte à la mort de son mari, pouvait se brûler après ses couches. Cette assertion erronée est positivement démentie par les autorités locales.

» moins une mère peut se brûler lorsqu'on
» pourvoit aux besoins de son enfant. »

Vri Haspti.

Lorsqu'un *Brahmana* meurt en pays éloigné, il n'est point permis à sa femme de se brûler.

« Une *Viprà* ou Brahmani ne peut point
» monter sur un second bûcher. »

Gotama.

Dans les autres classes, le décès d'un homme en pays lointain n'exclut point cette preuve de fidélité, et on la nomme *Anougamana.*

« Une femme, à la nouvelle que son époux
» est mort dans un pays éloigné, doit se brûler
» avec empressement; c'est ainsi qu'elle attein-
» dra à la perfection. »

Vyà sa.

« Que la femme dont le mari serait mort
» dans un voyage, entre dans les flammes en
» pressant ses *sandales* contre sa poitrine. »

Brahme Puràna.

On n'entend point l'expression de *sandales* dans un sens exclusif.

« Toute veuve qui n'est point *Viprâ* ne doit
» rien prendre qui ait appartenu à son mari,
» et doit monter sur le bûcher ; mais une
» *Viprâ* ne peut point monter sur un second
» bûcher : cela n'appartient qu'aux autres
» classes. »

Socra.

Dans deux des cas qui font exception, on diffère les obsèques en faveur de la femme qui veut, en se brûlant, donner à son époux un témoignage de sa fidélité. Les voici :

« Si l'épouse fidèle n'est éloignée que d'une
» journée de chemin, et qu'elle désire mourir
» avec son mari, le corps ne sera point brûlé
» avant son arrivée. » Et le *Bhavichya Purâna* permet que : « le corps soit gardé un jour, si la
» femme dont l'époux meurt se trouve alors à
» la fin de son troisième jour d'impureté. »

Les commentateurs préviennent les objections que pourraient fournir quelques circonstances de temps, et lèvent toutes difficultés en concluant d'après plusieurs textes, que :

« Mourir avec ou après son mari, étant le
» devoir d'une veuve *Naimittica* et *Câmya*,
» on doit le lui permettre dans le mois inter-
» callaire. »

Car *Daccha* enseigne que :

« Toutes les fois qu'il s'agit d'une action et » *Naimittica* et *Câmya*, elle doit être faite » sans consulter la saison. »

On voit quel soin ils mettent à prévenir toute difficulté.

« *Dritaràchtra*, dans l'état de *Samadhi*, » dépouilla la forme terrestre pour arriver au » *Mocti* ou béatitude qui l'attendait. Dès que » les feuilles et le bois furent allumés pour » réduire son corps en cendres, on vit sa femme » *Gàndhàri* se précipiter dans les flammes; » maintenant encore il est glorieux pour la » veuve d'un homme qui meurt dans *Casi*, et » qui obtient *Macti*, de suivre ses restes sur le » bûcher. »

Il est inutile de suivre davantage les commentateurs à travers leurs distinctions frivoles et les pénibles éclaircissemens de difficultés cachées.

Toutes les principales cérémonies de ce terrible rit sont contenues dans les instructions précédemment citées; mais il s'est introduit plusieurs pratiques qu'aucun rituel n'autorise : une veuve qui se déclare dans l'intention de se brûler avec le corps de son mari, est obligée de faire preuve de son courage.

On est d'accord que celle qui se rétracte après la cérémonie commencée, doit être contrainte par ses parens d'accomplir le sacrifice.

Cela peut expliquer les circonstances décrites par quelques personnes qui furent témoins de cette scène douloureuse.

D'autres cérémonies, rapportées par des témoins oculaires, se trouvent prescrites dans plusieurs rituels.

« Parée de tous ses joyaux, ornée de *minium*
» et d'autres parures d'usage, avec une petite
» caisse de *minium* à la main, la veuve ayant
» fait le *puja* ou *adoration* au *Dévatas*, et ré-
» fléchissant ainsi : *Cette vie est néant ; mon*
» *seigneur et maître est tout pour moi :* elle
» tourne autour du bûcher en feu, offre ses
» joyaux aux *Brahmanas*, en présent, console
» ses parens, témoigne à ses amis les attentions
» de la politesse, et prenant à témoins le soleil
» et les élémens, distribue à volonté le *minium*,
» répète trois fois le *Sancalpa*, et entre dans
» les flammes. Là, serrant le corps dans ses
» bras, elle s'abandonne au feu en s'écriant :
» *Satya ! Satya ! Satya !* »

Les assistans jettent sur elle du beurre et du bois. On leur enseigne que, par cette action, ils acquièrent un mérite dix millions de fois plus grand que le mérite d'un *Asouamèdha*, ou de quelque autre grand sacrifice. Ceux qui accompagnent le cortége depuis la maison du défunt jusqu'au bûcher, gagnent en quelques enjambées la récompense qu'on obtient pour un *Asouamèdha*. Ce sont de graves auteurs qui promettent de semblables indulgences. Je n'en fais mention ici que parce qu'elles semblent attester qu'heureusement les martyrs de cette superstition n'ont jamais été bien nombreux. Il ne faut, pour prouver la rareté des sacrifices de veuves, qu'en appeler à la mémoire des personnes qui habitent l'*Inde*. Il en est peu d'exemples dont elles puissent se souvenir. S'ils avaient été fréquens, la superstition n'aurait point été jusqu'à promettre ses indulgences même aux simples spectateurs.

OBSERVATIONS

SUR

LES HABITANS DES MONTAGNES

DE GARROU,

Faites durant les années 1788 et 1789;

Par J. Eliot, *écuyer:*

Chargé, en l'année 1788, de recueillir des notions exactes sur les montagnes de *Garrou*, qui bordent le *Bengale* au N.-E., j'emportai quelques pièces d'écarlate pour me concilier, en les distribuant, l'amitié d'un peuple qui n'avait eu jusqu'alors aucune relation avec des Européens.

On regarde, en général, les montagnards de plusieurs contrées de l'*Inde* comme de véritables brigands, sans lois, sans moralité, saisissant avec avidité toutes les occasions de piller les pays faibles, et portant avec eux la mort et la dévastation partout où ils le peuvent faire impunément. Néanmoins, c'est une chose prouvée à *Boglepore*, que, si l'on ne doit jamais s'attendre à tirer un parti utile des habitans de la montagne, on pourrait du moins les rendre meilleurs à force de les encourager et de les bien traiter. Ils passent même pour susceptibles d'un grand degré de civilisation. J'ai tiré de mes observations sur les *Garrous*, une conclusion qui n'est pas moins à leur avantage. Je me bornerai donc au récit des choses dont j'ai fait l'expérience durant mon séjour parmi eux, en abandonnant le lecteur au jugement qu'il en portera lui-même. Cependant, à titre du premier *Européen* qui les aie connus, je me permettrai quelques remarques sur les objets dont la particularité le demande.

En se dirigeant vers les montagnes on en découvre, à peu de distance, trois chaînes qui s'élèvent les unes au dessus des autres. L'effet en est admirable; mais elles disparaissent à mesure que le voyageur s'avance, et bientôt on ne voit plus que celles de *Gonasser*, qui sont les plus basses et paraissent extrêmement petites. Mais si l'œil est affligé par cette disparition, la fertilité du sol, la richesse de la verdure, l'en dédommagent amplement. De quelque côté que vous portiez vos regards, ils rencontrent des objets qui les charment. L'imagination s'agrandit du spectacle d'une infinité de hameaux semés dans la plaine, et que des bouquets d'arbres différens défendent contre les feux de l'atmosphère.

Ghosegong, sur la rive occidentale de la *Natie*, fut le premier point vers lequel je dirigeai ma course. On rencontre au pied de ce canton, une infinité de *Garrous* établis dans trois villages appelés *Ghosegong*, *Gonie* et *Borak*. Les chefs du peuple de chacun s'y nomment *Bouneh*. C'est un nom commun aux *Rajas* du *Bengale*, lorsque le roi est à *Gour*, et dont j'ignore l'étymologie. Ce n'est point la seule chose que le défaut d'un interprête compétent ait fait échapper à ma connaissance.

Oudassy Buneh, celui des *Garrous* qui a le plus d'empire sur sa secte, est regardé comme le premier personnage du canton. Cependant son chef légitime est *Momi*, femme dont l'usage avait rendu le pouvoir transmissible à son époux; mais celui-ci, jeune, sans énergie, incapable de soutenir les prérogatives de son rang, le laissa usurper à *Oudassy*. Il alla même jusqu'à souscrire avec sa femme à cette usurpation. Si quelque chose doit étonner, c'est qu'*Oudassy* ne soit ni violent, ni artificieux; au contraire tout penchant au mal lui est étranger. L'on vante sa douceur; et son plus grand soin s'applique à rendre au peuple une justice équitable; surtout à le maintenir dans l'union.

On découvre le village de *Ghosegong* après avoir passé de petites bruyères dont il est entouré. Ses *Tchaongs* ou maisons, peuvent avoir de trente à cent cinquante pieds de long, et de vingt à quarante environ de large.

Les villageois et les peuples de la cime des montagnes appellent les *Garrous; Couinch Garrous;* mais ceux-ci ne prennent aucune dénomination particulière. Je n'ai point eu le loisir de m'assurer de la différence qu'il peut y avoir dans les noms des diverses peuplades de *Garrous.*

Le sol est une terre noire légère, mêlée de parties rouges, et dont la végétation rapide prouve assez la fertilité. Le riz qu'elle donne est, en quelques endroits, aussi long que celui de *Bénarès.* Les grains de moutarde ont deux fois la grosseur de ceux recueillis dans les *Pergonnahs* du *Bengale.* L'huile l'emporte autant sur celle des autres contrées, que les fruits dont on la tire surpassent en beauté leurs mêmes fruits. On recueille aussi de très-bon chanvre; mais je ne saurais déterminer sa supériorité sur celui de quelques autres *Pergonnahs* de l'*Inde*,

Tout ce que je puis dire, c'est que le marché de *Calcutta* n'offre rien qui approche du chanvre cultivé sur la lisière des montagnes. Les pâturages rivalisent presque en bonté avec ceux de la plaine de *Plassy*.

On trouve plusieurs rivières, dont les plus remarquables sont celles de *Natie*, *Maharicy*, *Sommasserry* et de *Mahadeo*; à l'ouest de la première est situé *Ghosegong*, et à l'est *Soffour*. On trouve *Abrahamabab* ou *Bigombarry*, aussi à l'est du *Maharicy*; du même côté du *Sommasserry*, le village d'*Aughour*; et *Borradoouarra* est à l'ouest du *Mahadeo*.

Toutes ces rivières ont un lit de sable ou de gravier, mêlé de pierres à chaux et de fer. Le *Mahadeo* charrie beaucoup d'une espèce de charbon qui sert à faire de l'huile, que l'on extrait ainsi : après avoir empli un pot de terre de ces charbons, on en clot la bouche avec de grandes herbes qui servent de couloir; on le renverse dans une poêle profonde, percée au fond de manière à recevoir le cou du vase; et pour qu'il ne touche point à terre, il faut élever la poêle sur des briques. Enfin, elle doit être remplie de fumier de vache sec, au moyen duquel le vase étant bien chauffé, les charbons qu'il renferme distillent en une heure toute leur huile dans un vase placé dessous à cet effet. Les montagnards et les villageois regardent cette huile comme un spécifique pour les maladies de la peau. C'est, disent-ils, un *Faquir* qui leur en apprit la fabrication et l'usage.

Il y a peu de poissons dans les rivières; mais, en récompense, des lacs voisins en fournissent abondamment. On trouve dans les premières une infinité de tortues, que le peuple offre toujours en sacrifice avant de les manger.

Les *Garrous* sont bien faits, robustes, propres à toutes sortes de travaux, pleins de courage; leur regard est fier. Ils ont le nez aplati des Cafres, de petits yeux généralement bleus ou bruns, les sourcils fort étendus, la bouche grande, des lèvres épaisses, la figure ronde et courte; leur peau brune est d'une teinte plus ou moins foncée. Quant au vêtement qu'ils portent, il se compose d'une ceinture brune, rayée de bleu dans le milieu, et large d'environ trois pouces, qui, après leur avoir ceint le corps au-dessus des hanches, passe entre leurs cuisses et va s'attacher par-derrière. L'un des bouts se ramène par-devant où on le laisse pendre à peu près de huit pouces; il est quelquefois orné de morceaux d'ivoire ou de pierres blanches, taillés en forme de tuyaux de pipe d'un demi-pouce de long, et placés en rangée, ou de morceaux de cuivre semblables à des boutons et à de petites balances; quelques-uns reçoivent la forme d'une cloche. Il y a des gens qui portent sur la tête un ornement de trois à cinq pouces de large enjolivé comme le pan de la ceinture; il sert à leur dégager la figure de leurs cheveux et leur donne l'air extrêmement farouche. D'autres nouent leur chevelure sur le sommet de la tête assez négligemment; et quelques-uns se la rasent de fort près; mais les *Bounehs* portent un turban; ils ont de plus un petit sac qui leur sert de bourse, pendu à la ceinture, et un réseau qu'ils y attachent auprès, dans lesquels ils mettent tout ce qu'il leur faut pour allumer une pipe.

Les femmes sont bien ce que j'ai vu de plus laid et de plus difforme. Qu'on se figure sur des corps raccourcis et trapus de grosses vilaines têtes bien hommasses, on aura leur portrait. Elles ont les traits si mâles, qu'à peine observe-t-on quelque différence entre leur figure et celle des hommes. Ces femmes s'habillent d'une pièce d'étoffe grossière, rouge, rayée de blanc et de bleu, large d'environ seize pouces, dont elles s'enveloppent le milieu du corps et qui leur couvre les cuisses en partie, sans jamais descendre jusqu'au genou. Or, il arrive que cette étoffe venant à grand'-peine s'attacher sur le flanc gauche, laisse, quand elles marchent, leur cuisse gauche presque entièrement exposée aux regards; leur gorge ne l'est pas moins. Elles portent au cou des colliers d'ornemens semblables à ceux de la ceinture des hommes, et leur font faire trente ou quarante tours plus irréguliers les uns que les autces. Enfin, elles se chargent les oreilles d'une multitude d'anneaux de cuivre d'un diamètre de trois à six pouces. J'en ai compté jûsqu'à trente dans chacune de leurs oreilles. On pratique, pour les y contenir, une fente dans le lobe; on y passe un anneau, puis un autre; et à mesure que le poids agrandit l'ouverture, on en introduit de nouveaux, jusqu'à ce que le nombre ci-dessus y soit suspendu; mais il y a, pour en alléger la pesanteur, un ruban qu'on fait passer par-dessus la tête. Les femmes se nouent aussi les cheveux; elles se servent pour cela d'un ruban large de trois pouces, ou plus généralement d'un simple cordon. Celles des *Bounehs* se couvrent la tête d'un morceau d'étoffe commune de treize ou quatorze pouces de large sur deux pieds de long, dont elles laissent pendre l'extrémité par-derrière avec leurs cheveux qui leur flottent sur le dos. Les femmes travaillent comme les hommes; j'en ai vu certaines porter d'aussi lourds fardeaux que ceux-là pourraient le faire. Il n'y a pas jusqu'aux femmes même de *Bounehs*, dont les mains ne présentent les marques des plus pénibles travaux.

Les *Garrous* font usage de toutes sortes d'alimens; ils mangent jusqu'aux chiens, aux grenouilles, aux serpens. Le sang de tous les animaux, cuit à petit feu dans le creux d'un bambou vert, seulement jusqu'à ce qu'il ait pris un œil verdâtre sale, leur offre un mets délicieux. Ils portent à l'excès l'amour de la boisson; et dès qu'un enfant peut avaler, ils le font boire. Ils ont différens spiritueux, entre autres une infusion de riz qu'on laisse tremper dans l'eau trois jours avant que d'en faire usage; cette liqueur a leur prédilection. Si les *Garrous* trouvent des alimens en tout, du moins la préparation n'en est ni longue ni dispendieuse; excepté le riz qu'ils font bien bouillir, et les intestins qu'on met cuire en étuvée, ils ne laissent guère que chauffer leurs mets, et mangent la viande toute crue, ou peu s'en faut.

Dans les temps de disette ils se nourrissent de plusieurs plantes, ou de la partie intérieure de certains arbres, délayée dans l'eau, bouillie, congelée, et qui sent, dit-on, la canne à sucre : son usage tient lieu de grains.

Les maisons des *Garrous*, appelées *Tchaongs*, sont construites sur pilotis de trois ou quatre pieds ; elles ont depuis trente jusqu'à cent cinquante pieds de long, et de dix à vingt de large. La couverture de chaume est soutenue par des pans de bois liés ensemble avec des cordes, ou plus souvent, et même presque toujours, avec des brins de grandes herbes ou des tiges de canne. Ce toit, qui consiste en nattes d'herbes très-fortes, est ce qu'on peut imaginer de mieux fait, de plus régulier, de plus proprement exécuté dans ce genre ; mais je n'entends parler que des toits des maisons de *Bounehs*. La carcasse est formée de huit gros pans de bois mis au centre et de quelque trente autres qu'on dresse sur les côtés. On couvre ensuite cette charpente de petits bambous creux, fendus, aplatis et tressés en nattes ordinaires : tels sont les murs. A l'une des extrémités de la maison, l'on pratique une plate-forme ouverte où les femmes restent le jour, et où elles travaillent. On en construit une autre plus petite sur un des côtés ; elle est ordinairement grande de six pieds carrés, fermée tout autour, découverte et élevée ; c'est là que les enfans jouent. L'intérieur des *Tchaongs* se divise en deux, une partie sans plancher pour le bétail, l'autre pour les gens, avec un plancher élevé. Ce plancher est fait comme les murs ; mais les bamboux qu'on y emploie sont plus forts. L'âtre, ou cuisine, est établi au milieu sur une couche assez épaisse de terre ; et, dans un coin, se trouve une petite trappe par laquelle les femmes font passer toutes les ordures. Aussi le dessous des *Tchaongs* est-il toujours encombré de fange : il n'y a pour l'enlever que les porcs, qui, fort heureusement, sont en grande abondance dans ce pays.

Les *Garrous* ont leurs vêtemens couverts de punaises semblables à celles qui infestent nos lits. J'ai singulièrement souffert de cette vermine pendant mon séjour dans les montagnes.

Ce n'est guère en aussi peu de temps que j'en ai passé chez les *Garrous*, qu'on peut approfondir le naturel et connaître exactement les usages d'un peuple. Néanmoins je me crois, en raison du commerce intime que j'ai eu avec celui-ci, capable d'entrer dans quelques détails à son sujet.

Le regard fier des *Garrous* semble dénoter un caractère cruel; mais la douceur de leurs inclinations détruit l'idée peu avantageuse qu'on s'était faite d'eux au premier abord. Ils sont de plus intègres dans leur trafic, surtout gens de parole, et qui remplissent leurs engagemens avec fidélité. Dans l'ivresse, ils se livrent à tous les excès de la joie: hommes, femmes, enfans dansent jusqu'à ce qu'ils ne puissent presque plus se soutenir. Voici leur manière de danser: vingt ou trente hommes se rangent les uns derrière les autres se tenant par la ceinture, et se mettent à sauter en rond, tantôt sur un pied, tantôt sur l'autre, en chantant avec la musique, dure, baroque, discordante, et malgré cela très-expressive. Les instrumens sont des *tomtoms* et des chaudrons d'airain; les musiciens, des enfans et des vieillards. Ceux-ci frappent sur les premiers, ceux-là sur les seconds. La danse des femmes est la même que celle des hommes; mais elles étendent les bras et lèvent continuellement une de leurs mains en mesure, pendant qu'elles baissent l'autre: elles tournent aussi quelquefois avec une rapidité extrême. Les hommes ont encore des exercices militaires à l'épée et au bouclier. Leur adresse y est singulière, et ils développent une grande agilité. Les danses qui ont pour objet de célébrer quelque fête, se prolongent deux ou trois jours; et, tel est l'excès avec lequel ils se régalent et boivent pendant ces réjouissances, qu'il faut ensuite un ou deux autres jours pour les désenivrer entièrement. Mais on doit remarquer que jamais chez eux l'ivresse n'est la source des querelles.

Ce sont les parties contractantes qui arrangent les mariages : rarement les pères et mères. Lorsque les parens de l'un des prétendus s'opposent à l'union que ceux-ci ont résolue, les parens de l'autre, ou même des gens qui ne lui appartiennent en rien par le sang, contraignent par voie de fait les opposans à se rétracter ; et s'ils y mettent de l'obstination, on les bat à qui mieux mieux jusqu'à ce qu'ils consentent au mariage de leurs enfans; car c'est un devoir chez ce peuple que de secourir en semblable occasion ceux qui manquent d'assistance. Dès que tout le monde est d'accord, on prend jour pour le contrat, ou plutôt pour la visite de la demoiselle à son futur ; visite de compliment, dans laquelle on convient de l'époque du mariage, et l'on dresse les articles. Ils n'ont pour objet que de régler en quoi consistera la fête, et quel monde on y invitera. Cela fait, on passe la nuit en réjouissances. Les invitations de noce sont faites par un chef de *Tchaong*, qui envoie un *paûn* aux habitans de de tel autre *Tchaong*, que les époux ont jugé à propos; car on ne peut point en inviter un sans prier tous les autres. L'homme qui leur porte le *paûn* notifie l'objet de sa venue et se retire. Si l'invitation est agréée, on y fait le lendemain une réponse affirmative, sinon l'on n'en fait aucune, parce que les *Garrous* n'aiment point à refuser directement.

Au jour de la célébration les conviés se rendent chez la mariée qui doit aller chercher son futur. Lorsque tout le monde est arrivé, que le vin est prêt, etc., les chants et la danse commencent; la coupe de la joie circule de main en main, vidée incessamment et toujours emplie de nouveau, pendant qu'une troupe de femmes va laver la mariée à la rivière. On la ramène bientôt: elle est parée de ses plus beaux atours; et lorsque cette cérémonie est achevée, on en fait part à la compagnie. La musique cesse; la danse est interrompue: chacun veut se rendre utile. Les uns se chargent des provisions, les autres prennent les liqueurs ; celui-ci porte les tambours ; celui-là enlève les chaudrons. Le prêtre tient un coq et une poule ; il ouvre la marche ; on part. La mariée le suit immédiatement au milieu d'une troupe de femmes, et le cortége arrive au logis du futur ; elle y entre, s'assied près de la porte avec les femmes. Les hommes entrent ensuite et vont se placer directement en face. Les chants retentissent de nouveau, le plancher s'ébranle sous les bonds des joyeux conviés. Cependant, on appelle le marié ; mais en vain. Il est allé s'enfermer dans un autre *tchaong*. Aussitôt les hommes se mettent à sa recherche comme s'il avait disparu, et qu'il s'enfuît. On fait des perquisitions partout. Soudain un grand cri apprend qu'il est retrouvé ; on le conduit à son tour à la rivière ; on le ramène, on le revêt de son habit de guerre. Alors les femmes remmènent la future à sa demeure au milieu de laquelle on la place. On vient en avertir la compagnie dans le *tchaong* du marié ; chacun reprend ce qu'il y avait apporté ; l'on se met en devoir de sortir : c'est le signal d'une scène de douleur. Les père et mère et toute la famille du marié se mettent à crier ; leur affliction s'exhale en hurlemens lamentables, et l'on est obligé d'user de quelque violence envers eux pour les séparer de leur enfant. Enfin l'on quitte ces lieux, et le père de la fille ouvre la marche; tout le monde suit un à un, le marié étant au milieu du cortége. Un cri général accompagne l'entrée dans la maison de l'épousée. On place son mari à sa droite. La danse et les chants se renouvellent pour quelques instans; mais le prêtre impose silence: tout se tait. Il s'avance en face des époux assis, et leur fait plusieurs questions auxquelles ils répondent avec les assistans: *Nommah* (1) (bon). Il continue pendant quelques minutes; on lui apporte le coq et la poule, qu'il saisit par les ailes, et montre à l'assemblée, en faisant de nouvelles demandes, auxquelles on répond toujours *Nommah*. Ici, laissant aller les deux animaux, il leur jette quelques grains, et lorsqu'il les voit occupés à manger, il saisit l'instant favorable et leur décharge à chacun un coup de bâton sur la tête, et l'assemblée dit encore *Nommah*, après les avoir considérés quelque peu. Aussitôt le prêtre arme ses mains d'un couteau qu'on lui apporte, tranche le croupion du coq, retire ses intestins, et l'as-

(1) Je crois que ce pourrait bien être le mot *Naïgah*, salutation et respect.

semblée s'écrie : *Nommah.* Il traite de même la poule. L'assemblée pousse un cri et répète en chœur : *Nommah.* La crédulité du peuple tire de cette cérémonie un augure ou favorable ou contraire. Si le coup de bâton tire du sang de la tête des animaux, ou qu'il en sorte, soit par la rupture des intestins, soit avec ces mêmes intestins, l'union des époux est jugée malheureuse. Après la cérémonie les époux boivent et présentent le vase aux assistans. La joie reprend son empire, et tout se termine par un grand festin et par des réjouissances prolongées.

C'est en assistant aux noces de *Loungrie*, la plus jeune fille du chef *Oudassy*, que j'ai appris ces particularités du mariage des *Garrous*. *Loungrie* n'avait que sept ans, et son époux, fils d'un homme du peuple, comptait déjà sa vingt-troisième année. Il s'appelait *Bogloun*, et je dois remarquer que cette alliance, aussi disproportionnée par l'âge des époux que mal assortie par leur rang, était pour le jeune homme une faveur inappréciable de la fortune. La plus jeune fille d'un *Bouneh* est l'héritière présomptive de sa dignité, malgré tous les aînés qu'elle puisse avoir, et cette dignité passant au mari de cette fille, *Bogloun* acquérait, par son hymen avec *Loungrie*, des droits irrécusables au rang de *Bounéh*. Mais une chose plus étrange encore, c'est que *Boglown* mort, *Loungrie* doit épouser son frère; à défaut de frère de feu son mari, le père de celui-ci, et que lorsqu'il sera devenu trop vieux, elle peut le quitter pour s'unir à qui bon lui semblera.

Les morts sont brûlés au bout de trois jours, dans un *dingy*, espèce de petit bateau placé sur une pile de bois, avec une huitaine des montans du *tchaong* du défunt. C'est le plus proche parent qui met le feu au bûcher à minuit précis. On creuse ensuite à la même place, une fosse où les cendres sont déposées; on la couvre d'une petite cabane de chaume dans laquelle il doit y avoir une lampe qui brûle toutes les nuits un mois durant, et même davantage. On entoure après cela la cabane avec des barrières, et l'on suspend aux quatre coins, à de grandes perches, la défroque du mort, qui en est ôtée au bout de six semaines, et qu'on accroche au bas, où elle reste jusqu'à ce que les intempéries de l'atmosphère l'aient réduite en lambeaux. Cet enterrement, qui est celui d'un homme du peuple, est terminé par des chants, des danses, des réjouissances, et un repas où les assistans s'enivrent.

Aux funérailles d'un homme de qualité, on

sacrifie un jeune boeuf dont la tête est brûlée avec le corps du défunt; on orne le bûcher d'étoffes et de fleurs. Lorsque c'est un simple *Bouneh* qu'on inhume, on coupe la tête d'un de ses esclaves pour la brûler avec lui; mais si le *Bouneh* est homme de la première distinction, ses esclaves sortent des montagnes, saisissent un *Hindou*, lui tranchent la tête et la brûlent avec les restes de leur maître. Les sépultures des *Bounehs* sont décorées de figures d'animaux placées auprès; et l'on pare souvent les barrières de fleurs nouvelles.

La religion tient beaucoup de celle des *Hindous*. Les *Garrous* adorent *Mahadéva*, et à *Bahdjân*, la lune et le soleil. Dans certaines occasions où ils ne savent point auquel des deux adresser leur hommage de préférence, le prêtre jette un grain quelconque dans un vase d'eau en invoquant le nom du soleil. Si le grain s'enfonce, le soleil devient l'objet de leur culte; s'il surnage, le prêtre en laisse tomber un autre pour la lune en prononçant son nom; et ainsi de suite jusqu'à ce que la submersion d'un grain indique la divinité qu'ils doivent adorer. Toute cérémonie religieuse est précédée d'un sacrifice. Les animaux qu'on immole le plus volontiers sont le boeuf, la chèvre, le porc, le coq et le chien. Lorsqu'on offre une victime pour la délivrance d'un malade, elle doit être proportionnée à l'excès de fatalité qu'on attribue au mal. Les *Garrous* croyent la médecine impuissante sans l'entremise céleste; et cette faveur ne s'obtient que par des sacrifices.

En face d'un treillage servant d'autel, fait de deux bambous perpendiculaires, de bâtons croisés, de cordes, et élevé au milieu d'un emplacement de six pieds carrés, recouvert d'un lit de terre rouge, on pratique à une distance à peu près égale, une autre place presque moitié moins grande, au centre de laquelle on creuse un petit fossé couvert aussi d'une couche de la même terre. Ensuite on fixe dans le sol, non loin de l'autel, du côté des montagnes, les extrémités de deux autres bambous fendus et cintrés en voûte l'un derrière l'autre; on élève dessous une petite éminence; on les recouvre de chaume, et l'on place dessous une certaine quantité de riz bouilli. Lorsque tout est préparé de la sorte, le prêtre s'avance vers la fosse ayant le peuple derrière lui, marmotte quelques paroles à voix basse, saisit la victime qu'on amène, la fait tenir par quelques gens et lui tranche la tête. Si elle n'est point séparée du corps au premier coup, on en tire un mauvais augure, et le sacrifice est réputé sans effet. Cependant le sang de la victime est recueilli dans un bassin et porté sous la voûte avec la tête de l'animal. Lorsqu'ils sont placés près de l'éminence on apporte une lampe allumée, qu'on met près de la tête. Alors toute l'assemblée se prosterne; on étend un drap blanc sur la voûte, et leur dieu vient prendre ce qu'il lui plaît. Il doit y avoir en même temps du feu allumé entre l'autel et la voûte. Au bout d'une heure on enlève le drap, les provisions sont accommodées, on fait cuire la victime, et les assistans se réjouissent en les mangeant.

A *Ghosegong*, le formulaire des sermens a quelque chose de vraiment solennel. Les *Garrous* jurent sur une pierre qu'ils commencent par saluer, et, joignant les mains, les élèvent et attachent leurs regards sur les montagnes, en invoquant *Mahadéva* de la manière la plus imposante, et en le prenant à témoin de la vérité de leurs discours. Puis ils touchent la pierre, s'inclinent sur elle avec toutes les démonstrations du plus grand effroi, invoquent encore *Mahadéva*, déclarent la chose pour laquelle ils font leur serment, regardent les montagnes de nouveau aussi fixement que la première fois, et tiennent leur main étendue sur la pierre. Dans quelques-unes des montagnes, les habitans tiennent un os de tigre dans leurs dents avant de proférer les termes par lesquels ils jurent ; d'autres ont une poignée de terre à la main ; enfin, il y en a qui se mettent sous les armes pour faire un serment. Ils croient tous que leur dieu habite les montagnes. Rien ne contraste plus que cette croyance avec l'idée terrible qu'ils ont de la Divinité, leur crainte de ce même dieu, et surtout la terreur de ses châtimens, pour les excès commis dans les fréquentes excursions hors des montagnes.

Les peines civiles sont pécuniaires, et les *Bounehs*, juges de tous délits, les imposent sans appel ; mais l'adultère, le meurtre et le vol doivent être jugés par les chefs du voisinage assemblés en conseil, et sont punis de mort sur-le-champ. L'argent des amendes est spécialement affecté à des festins où l'ivresse ne manque jamais de présider.

Lorsqu'il s'agit de prendre une résolution importante, les *Garrous* s'assemblent en habit de guerre qui consiste en une seule pièce d'étoffe bleue qui leur couvre une partie du dos et s'attache sur la poitrine où les bouts se réunissent ; leurs armes sont le bouclier et le sabre : ils s'asseyent en cercle, leur sabre piqué en terre devant eux. Si l'on se décide à la guerre, la résolution est exécutée sur-le-champ ; mais lorsque le conseil a en d'autres matières à discuter, on termine la séance par un gala, des chants, des danses, et l'on finit toujours par s'enivrer.

Ce sont les chefs qui débattent le sujet de la délibération, et leurs femmes ont, dans ces circonstances, autant et quelquefois plus d'autorité qu'eux-mêmes.

La répartition des impôts se fait avec de petits bâtons. Lorsque les *Garrous* ont quelque tribut à payer, chaque homme du peuple met dans un vase autant de ces petits bâtons qu'il peut fournir d'objets demandés. L'on additionne ensuite la totalité des bâtons, et le déficit est rempli par les *Bounehs*.

J'ai dit plus haut qu'il était d'usage d'offrir des sacrifices pour la cure des maladies. J'essayai d'étudier la médecine de ces lieux ; mais sans succès. Cependant on y guérit assez bien les blessures pour croire qu'il y a des simples d'une grande vertu ; le vitriol bleu, appliqué tout de suite, est aussi d'un usage très-fréquent dans ce cas. Ce traitement paraît avoir été apporté du *Bengale*. La peau de serpent, appliquée sur la partie souffrante, est encore regardée comme un remède souverain pour les maladies de la peau.

On a vu que les *Garrous* ajoutent peu de foi à la médecine; mais en récompense ils croient bien fermement à la magie, aux sorts, aux talismans. Le nez d'un tigre pendu au cou d'une femme est, disent-ils, un puissant secours dans les souffrances de l'enfantement; ils affirment que ce nez délivre aussi des vertiges et de tous les accidens de ce mal.

Les femmes sont confinées dans leurs *tchaongs* pendant un mois avant leurs couches; mais six jours après leur délivrance on les conduit à la rivière, et on les y baigne avec l'enfant nouveau-né.

L'inoculation est fréquente chez les *Garrous*, et semble ne leur être connue que depuis peu d'années. Je crois que ce fut *Djoïnaraine*, *Zémindar* ou *Chipour*, qui l'introduisit chez eux. Ils mouraient accablés de ce fléau sans pouvoir se porter les secours d'urgence, lorsque des marchands étrangers témoins de leur misère surent déterminer les *Bounehs* à envoyer une députation au *Zémindar*. Celui-ci leur manda son médecin privé, homme, à ce qu'on dit, fort habile, et qui leur enseigna l'inoculation ; depuis ce temps ils font venir chaque année un homme de l'art qui les inócule. Pendant son séjour chez eux ils en prennent soin comme de leur propre père, et le récompensent ensuite fort libéralement. Ce médecin paye, pour la permission d'y venir, une somme assez forte au *Zémindar*, qui est très-circonspect dans le choix des gens à qui il l'accorde.

Les *Garrous* sont sujets à une espèce de folie particulière ; ils disent des personnes qui en sont atteintes, qu'elles ont été changées en tigre, parce qu'elles prennent en effet l'allure de cet animal, et fuient comme lui toute société ; elles s'arrachent les cheveux, se déchirent les oreilles à force de tirer leurs anneaux.

On croit que ce mal vient de la friction d'une plante malfaisante sur le front; mais l'expérience m'a montré le contraire. Je croirais plutôt que ces vertiges sont produits par l'ivresse fréquente et par les transports journaliers auxquels ils se livrent : car il se passe au bout d'une semaine ou deux. Pendant tout le temps que durent ces vertiges, les personnes qui en sont atteintes souffrent difficilement qu'on les fasse boire et manger. Je demandais à un homme qui avait eu des accès de cette frénésie, comment son mal avait commencé, et ce qu'il avait senti jusqu'à sa guérison : « J'éprouvai d'abord, me dit-il, un étourdissement qu'aucune douleur n'accompagnait ; » mais je ne sais rien de ce qu'il m'est arrivé » ensuite. »

La langue des *Garrous* a quelque affinité avec celle du *Bengale*. J'avais fait une collection de mots assez considérable pour dresser un vocabulaire ; mais je l'ai malheureusement perdue à *Berhampouter*, dans un de mes bateaux qui coula bas.

On trouve au pied des montagnes la peuplade des *Hadjins*, dont les mœurs approchent beaucoup de celles des *Garrous*, et la religion, du culte *Hindou* ; car ils ne tueraient point une vache pour tout au monde. Leurs habitations sont généralement construites comme celles de *Riottes*, mais mieux faites et entourées d'une basse-cour remarquable par sa netteté. Les barrières en sont faites de bambous fendus, aplatis et joints ensemble. Les rues des villages répondent parfaitement à la propreté des maisons. Les hommes ont l'humeur sombre, sont bien faits, braves, ressemblent beaucoup aux *Garrous* ; mais ils ont le regard plus doux. Leur costume est le même que celui des principaux paysans du *Bengale*; il consiste dans le *Douty*, l'*Egpotâh* et le *Pugry*, c'est-à-dire en une ceinture, un manteau et un turban.

Les femmes sont remarquables par leur propreté; elles s'habillent d'une pièce d'étoffe à laquelle elles font faire une douzaine de fois le tour de leur corps, et qu'elles laissent tomber en gros plis jusqu'à la cheville du pied. Ce vêtement leur couvre la poitrine, passe sous les bras, et a ses extrémités retroussées à la manière dont les natifs du *Bengale* arrangent leurs ceintures. Ces femmes ont les cheveux noués sur la tête, et des boucles d'oreilles comme les *Garrows*, mais sans aucun ornement de cou.

Telle est la somme des remarques que j'ai faites sur les mœurs et coutumes des *Garrows*. Trop certain de leur imperfection, je borne mon espoir à les voir tourner au profit du peuple qu'elles ont pour objet. Il nous avait été jusqu'alors tout-à-fait inconnu; et peut-être cet essai conduira-t-il un jour à des recherches plus exactes.

DISCOURS ANNIVERSAIRE,

Prononcé le 24 février 1791,

Par Sir WILLIAM JONES, *président.*

MESSIEURS,

Nous avons fait dans nos cinq dernières assemblées annuelles, un examen général des nations descendues, comme nous le prouvâmes alors autant que le permettait la matière, de trois peuples primitifs, l'*Indien*, l'*Arabe* et le *Tartare*. Nous venons de parcourir l'*Asie* en tous sens, sinon avec des sentimens toujours d'accord, du moins avec toute l'unanimité d'opinion qu'on puisse attendre d'un corps nombreux, dont chaque membre doit penser par lui-même et n'adopter un fait obscur qu'entraîné par la force de l'évidence. Nos voyages semblent terminés. Nos recherches historiques resteraient incomplètes si nous refusions notre attention au grand nombre de peuplades limitrophes qui ont habité long-temps les frontières de l'*Arabie*, de la *Perse*, de l'*Inde*, de la *Chine* et de la *Tartarie*, au-delà des tribus sauvages dont la partie montueuse de ces vastes régions est remplie, ou si nous passions sous silence les habitans plus civilisés des îles que les géographes rattachent à l'*Asie*.

Partons d'*Idumé* près du golfe d'*Elanitis*. Après avoir fait le tour de l'*Asie* en nous écartant de notre route toutes les fois que l'intérêt de nos recherches aura pu l'exiger, nous revenons au point d'où nous sommes partis. Cependant efforçons-nous de rencontrer dans ce long trajet un seul peuple qu'on puisse regarder, après un mûr examen de sa langue, de sa religion et de ses mœurs, comme également étranger aux *Indiens*, aux *Arabes*, aux *Tartares* purs ou mêlés. S'il nous souvient toujours que chaque petite famille détachée de la mère patrie dans le premier âge, sans lettres, presque sans idées qui s'étendent au-delà des besoins urgens de la vie, conséquemment avec peu de mots, a fixé sa résidence, tantôt sur une chaîne de montagnes, tantôt dans une île ou souvent dans une contrée immense et jusqu'alors inhabitée; si nous considérons de plus qu'il lui a suffi de quatre à cinq siècles pour peupler sa nouvelle patrie, et pour se créer un autre langage où l'on ne retrouvera peut-être aucune trace de celui que parlaient ses ancêtres, à coup sûr nous n'atteindrons point notre but.

Au dire de plusieurs personnes, *Edom* ou *Idumée*, et *Erithra* ou *Phenice*, signifiaient originairement la même chose. Ces noms étaient formés de mots qui exprimaient une couleur rouge. Quelle que soit leur dérivation, ce qui semble indubitable, c'est qu'il y avait anciennement dans *Idumée* et dans *Median*, une race d'hommes appelés *Erythréens* par les anciens auteurs grecs les plus estimés. Ils étaient bien différens des *Arabes*, et le concours de plusieurs témoignages de poids nous engage à reporter leur origine aux *Indiens*.

M. *d'Herbelot* rapporte la tradition suivante, qu'il traite néanmoins de fable. Une colonie de ces *Iduméens* partit des rives septentrionales de la mer d'*Erythra* et fit voile vers l'*Europe* à travers la Méditerranée, dans le même temps assigné par les chronologistes, au passage d'*Evandre* en *Italie*, à la tête de ses *Arcadiens*. Et les *Grecs* et les *Romains* descendent de cette double transmigration.

Nous ne devons pas étayer notre opinion sur

des traditions vagues et suspectes. Mais *Newton*, qui en fait de science n'avance jamais rien qu'il ne puisse démontrer, ni rien dans l'histoire qui ne lui semble d'une évidence sans réplique, dit, sur les autorités que nous avons soigneusement examinées après lui : « Les voyageurs » *Iduméens* emportèrent avec eux les arts et » les sciences, au nombre desquelles étaient » l'astronomie, la navigation et les lettres. Car » celles-ci furent connues dans *Idumée*, et l'on » donna des noms aux constellations avant le » temps de *Job* qui en parle. » *Job*, ou l'auteur du livre qui porte son nom, était certainement Arabe. La langue dans laquelle est écrit ce livre sublime en fait foi. Mais on attribue partout et à si juste titre à l'*Inde*, la gloire d'avoir propagé les lettres dont elle aurait été le berceau, qu'*Hérodote* et *Strabon* se trompent grossièrement, ou ces hardis *Iduméens* qui avaient adapté des noms aux étoiles, et qui se hasardèrent à entreprendre des voyages de long cours dans les vaisseaux qu'ils savaient construire, n'étaient qu'une branche de la grande famille *indostanique*. En tout cas, il n'y a pas lieu de les croire une quatrième race particulière. Mais c'est avoir assez parlé d'eux pour l'instant : nous aurons lieu d'en dire quelque chose encore en revenant aux *Phéniciens*.

Après avoir traversé à son embouchure la mer terrible qui roule un lit de corail entre les côtes des *Arabes* ou de ceux qui parlent la langue d'*Ismaïl* dans sa pureté, et les côtes des *A'djèmys*, ou de ceux qui estropient cette même langue, nous ne trouvons dans l'*Arabie* la trace certaine d'aucun peuple qui ne descende d'*Arabes* purs ou mêlés. Peut-être qu'autrefois on trouvait les *Troglodytes* dans la péninsule ; mais les *Nomades* ou pâtres errans semblent les en avoir chassés depuis long-temps. Quant à ces *troglodytes*, nous verrons bien clairement qui ils étaient, si, perdant quelque peu de vue la marche que nous avons à suivre, nous faisons une excursion rapide dans les régions nouvellement connues de l'*Afrique* septentrionale, au nord de la Mer Rouge.

La langue écrite des *Abyssiniens*, et que nous nommions *éthiopienne*, n'est qu'un dialecte de l'ancien *chaldéen*, une sœur de l'*arabe* et de l'*hébreu*. Nous en trouvons la certitude non-seulement dans l'identité d'une foule de mots, mais encore, ce qui est une preuve bien plus concluante, dans les rapports de syntaxe qui existent entre ces divers idiomes. Nous voyons en même temps qu'elle s'écrit de gauche à droite comme toutes celles de l'*Inde ;* que les voyelles y étant unies aux consonnes, comme dans le mot *Dévanàgari*, elles forment un système syllabique aussi clair que facile; mais il est disposé avec moins d'art qu'on n'en trouve dans l'ordre alphabétique adopté maintenant dans les grammaires *samskrites*. On peut en conclure que l'arrangement inventé par *Panini* ou par ses disciples, est moderne en comparaison. Je ne doute même point sur un léger examen que j'ai fait de vieilles inscriptions de colonnes et de lieux souterrains qui m'ont été obligeamment envoyées de toutes les parties de l'*Inde*, que les caractères du *Nagari* et de l'*Éthiopien* n'offrent à la première inspection une grande ressemblance dans leur forme. C'a longtemps été mon opinion, que les *Abyssiniens*, d'origine *arabe*, n'ayant point de signes particuliers pour peindre la parole, empruntèrent ceux des idolâtres noirs appelés par les *Grecs* *Troglodytes*, parce qu'ils habitèrent d'abord des cavernes naturelles ou des montagnes que leurs soins avaient creusées. Ceux-ci furent probablement les premiers habitans de l'*Afrique*, où, dans la suite des temps, ils élevèrent des villes magnifiques, fondèrent des écoles pour le progrès des sciences et de la philosophie, inventèrent des caractères symboliques, s'ils ne les ont point eux-mêmes empruntés. Tout cela bien examiné, je pense que les *Éthiopiens* de *Meroë* sont le même peuple que les premiers *Égyptiens*; conséquemment, ainsi qu'on peut s'en convaincre sans peine, le même que les *Indiens* originaires.

Nous devons à l'ardent et intrépide M. *Bruce*, dont les sentimens sur la langue et le génie des *Arabes* diffèrent absolument des miens, ce qui n'empêche point ses Voyages d'être, à mon avis, satisfaisans et agréables d'un bout à l'autre, plus de renseignemens exacts et importans sur les peuples voisins du Nil, depuis sa source jusqu'à ses bouches, que toute l'*Europe* n'en aurait pu fournir auparavant; mais il a négligé de faire des rapprochemens entre les sept langues sur lesquelles il a donné un Essai. Je n'ai point le loisir de les comparer: je me contenterai donc d'une observation que je hasarde d'après son autorité. Les dialectes des *Cafots*, des *Gallas*, des deux races d'*Agous* et des *Falachas*, tous peuples qui dûrent user dans l'origine d'un idiome *chaldéen*, n'ont point été conservés par l'écriture: celui des *Amhariks* ne l'a été que dans les temps modernes: ainsi ils ont dû varier long-temps et éprouver des altérations considérables, qui peut-être causent notre incertitude sur l'origine des diverses tribus qui les parlèrent autrefois. Ce qu'il y a de tout-à-fait remarquable et que MM. *Bruce* et *Bryant* ont prouvé, c'est que les *Grecs* ont également nommé *Indiens*, et les peuples du midi de l'Afrique, et ceux parmi lesquels nous vivons maintenant. Une autre observation curieuse à faire, c'est que, selon *Éphore* cité par *Strabon*, ils donnaient encore à tous les habitans méridionaux de la terre la dénomination d'*Éthiopiens*, se servant ainsi de ce nom et de celui d'*Indien* comme de termes génériques, et qui se confondaient. Mais il faut que nous quittions les *gymnosophistes* de l'*Éthiopie* qui semblent avoir professé la doctrine de *Bouddha*, pour entrer dans le grand Océan *Indien*, dont leurs frères *Asiatiques* et *Africains* ont probablement été les premiers navigateurs.

Nous n'avons presque rien à remarquer sur les îles voisines de l'*Yemen*; elles sont peuplées en grande partie de *Mahométans* sur la langue et les usages de qui elles n'offrent aucune particularité qui diffère de l'exposé que j'en ai fait. Cependant avant de dire adieu à l'*Arabie*, je dois vous assurer, au sujet des colons d'*Omman* et de *Scythie*, à ce qu'on s'imagina établis autrefois dans ces lieux, qu'après avoir parcouru toutes les provinces de l'*Yemen*, depuis *Aden* jusqu'à *Maskat*, je n'y ai rencontré que des nations usurpatrices *Arabes*, ou *Abyssiniennes*.

Je passerai ici sous silence quelques îles dispersées entre l'*Irân* et ces contrées : elles sont sans utilité pour nos recherches présentes. Quant aux *Kurdes* et à toutes les hordes indépendantes qui habitent les branches du *Taurus*, les rives de l'*Euphrate*, celles du *Tigre*, elles n'ont, je crois, ni écriture, ni traditions certaines de leur origine. Les voyageurs s'accordent à dire qu'on rencontre dans le *Dyarbékir*, une nation errante qui parle encore le *Chaldéen* de l'Ecriture-sainte. Je pense bien que les *Turkomâns* vagabonds ont pu retenir quelque chose de leur idiome *tartare*; mais puisqu'on ne trouve, depuis le golfe *Persique* jusqu'aux rivières de *Kur* et d'*Arras*, aucune trace de peuple étranger aux *Arabes* ou aux *Persans*, j'en conclurai que celui dont les voyageurs nous parlent n'existe point dans les montagnes de l'*Irân*. Retournons à celles qui séparent ce pays de l'*Inde*.

Les principaux habitans de ces montagnes sont nommés, aux lieux où elles s'avancent vers l'occident, *Parsici*; *Parvéti*, d'un mot samskrit connu, où elles tournent à l'orient; enfin *Paropamisus*, où elles joignent au nord le mont *Imaüs*. Autrefois le nom de *Deradas* les distinguait parmi les *Brahmans*. Il semble que les tribus nombreuses d'*Afghans*, de *Patans*, jointes aux *Balodjas*, qui donnent leur nom à un district montagneux, les ont ou détruits ou chassés. On a lieu de croire fermement ici que ces *Afghans* descendent des *Juifs*; car ils se vantent parfois de cette noble origine, que cependant ils cachent plus souvent encore, et que les autres *Musulmans* soutiennent avec assurance, parce que *Hazaret*, qui semble être l'*Azaret* d'*Esdras*, est au nombre de leurs possessions. Leur langage les porte principalement à ces prétentions; car il est de toute évidence que c'est un dialecte du *chaldéen* de l'Écriture.

Maintenant nous nous avançons vers la rivière *Sindhou*; et dans le pays à qui elle donne son nom, nous trouvons près de son embouchure un district nommé *Sangada* dans le journal de *Nearchus*. C'est là que M. d'*Anville* place avec raison le séjour des *Sanganiens*, nation barbare et de pirates dont les voyageurs modernes font mention. Elle est fort bien connue maintenant de nos compatriotes des *Indes occidentales*. M. *Malet*, résident *anglais* à *Puna*, m'a procuré, sur ma demande, un *alphabet sanganien* et un Essai sur ce langage qui paraît dérivé du *samskrit* comme les autres dialectes *indiens*; ses lettres sont une espèce de *nagári*. Je ne doute point, sur la description que j'ai reçue de la *personne* et des manières de ces gens, que ce ne soient, ou les *Paméras*, comme les appellent les *Brahmans*, ou le rebut de l'*Inde*, séparé de temps immémorial du reste de la nation. Il paraît bien certain que le singulier peuple appelé *Égyptien*, et par corruption *Gypse*, traversa la Méditerranée immédiatement au sortir de l'*Egypte*. On trouve tant de mots samskrits dans son langage dérivé d'autres langues, et dont M. *Grellmann* donne un ample vocabulaire, qu'on peut hardiment révoquer en doute l'origine *indienne* de cette nation. Quant au vocabulaire, son authenticité semble établie par une foule de mots *gypses*, tels que : *angar*, du charbon; *cachth*, du bois; *par*, une éminence; *bhou*, la terre; et cent autres qui n'ont aucune ressemblance avec les mots *indostaniques* vulgaires qui y répondent. Cependant nous reconnaissons ceux-là pour du samskrit pur, et rarement altéré, ne fût-ce même que dans une seule lettre.

Un de mes amis, homme fort ingénieux, à qui j'avais communiqué ce fait remarquable, m'inculqua la pensée que ces mêmes mots avaient peut-être été pris de l'ancien *Egyptien*, et que les *Gypses* étaient des *Troglodytes* habitans des rochers voisins de *Thèbes*. Mais nous n'avons point d'autres preuves d'une si singulière affinité entre l'ancien dialecte de l'*Egypte* et celui de l'*Inde*. Il semble donc plus probable de croire que les *Gypses*, appelés par les *Italiens Zingaros* ou *Zinganos*, sont les mêmes que *Zinganiens*, ainsi que M. d'*Anville* écrit ce nom. Il est possible que ce peuple ait débarqué dans quelqu'une de ses expéditions de pirates, sur les côtes de l'*Arabie* ou de l'*Afrique*, d'où il aurait fait une irruption en *Egypte*. Enfin il peut avoir quitté cette contrée ou avoir été chassé de là en *Europe*.

Je dois encore à la complaisance de M. *Mallet*, une relation sur les *Boras*. C'est une race d'hommes remarquable, qui habite principalement les cités de *Guzarat*. Ils sont *Musulmans* de religion ; mais ils conservent la physionomie, les mœurs et le génie *juifs*. Partout où ils se trouvent, ils forment des confréries. Ce qui les distingue surtout, c'est l'adresse de leur esprit mercantile, la parcimonie ; leur aptitude continuelle au gain. Du reste ils s'avouent dans une ignorance complète de leur propre origine ; mais il semble probable qu'étant arrivés sur les confins de l'*Inde* avec leurs frères les *Afghans*, ils ont appris, avec le temps, à préférer des occupations lucratives et sans danger, dans des villes populeuses, à des guerres continuelles, et à une existence pénible au sein des montagnes. Quant aux *Moplas*, établis à l'ouest de l'empire des *Indes*, j'ai vu de leurs livres écrits en *arabe*, et je suis persuadé qu'ils descendent, avec les *Malais*, d'*Arabes* marchands et gens de mer depuis l'ère musulmane.

Sur le continent de l'*Inde*, entre la rivière de *Vipasa* ou *Hyphasis*, à l'ouest, les monts *Tripura* et *Camarupa*, à l'est, et *Himalaya*, au nord, on trouve plusieurs peuplades sauvages, qui conservent plus ou moins cette férocité primitive qui porta leurs ancêtres à fuir les habitans des plaines et des vallées. Ils sont nommés, dans les plus anciens livres *samskrits*, *sacas*, *ciratas*, *colas*, *gulindas*, *barbaras*, et sont tous connus des *Européens*, qui cependant ne savent pas toujours leurs vrais noms. Pour moi, plusieurs pélerins *Hindous*, qui avaient traversé les habitations de ces peuples, m'en ont fait les plus exactes descriptions ; et j'ai de fortes raisons de croire qu'ils descendent de la tige *indienne*. Néanmoins, quelques-uns d'entre eux sont mêlés avec des *Tartares* vagabonds, dont le langage semble avoir servi de base à l'idiome des *Mogols* nos contemporains.

Nous revenons aux îles de l'*Inde*, et nous abordons d'abord dans celles situées au sud-est de *Sèlan* ou *Taprobane*. Quant à *Selan* même, les idiomes, les lettres, la religion et les monumens anciens de ses différens peuples, nous apprennent que de temps immémorial elle fut habitée par une race *indienne*, et qu'elle s'étendit peut-être autrefois beaucoup plus à l'ouest et au sud, en sorte qu'elle enfermait dans ses bornes *Lancà*, ou le point équinoxial des astronomes *indiens*. Nous ne pouvons point douter avec raison que cette famille entreprenante n'ait établi des colonies dans les autres îles du même océan, depuis les *Malayadonipas*, qui prennent leur nom de la montagne de *Malaya*, jusqu'aux *Moluccas* ou *Mallicas*, et probablement encore bien au-delà. Le capitaine *Forest* m'a assuré qu'il avait trouvé l'île de *Bali*, célèbre dans les poëmes historiques de l'*Inde*, peuplée en grande partie d'*Hindous*, adorateurs des mêmes idoles qu'il vit dans cette province, et que celle de *Madhurà* devait avoir été nommée ainsi, comme un lieu fort connu au nord de la péninsule, par une nation instruite dans le samskrit. Ne nous étonnons point que M. d'*Anville* n'ait point pu définir la raison pour laquelle le *Jabadios* ou *Yavadouipa* de *Ptolémée* a été rendu dans l'ancienne version latine, par *île de Barley*; mais nous devons admirer l'esprit de recherche, la patience laborieuse des *Grecs* et des *Romains*, à qui rien de remarquable ne semble avoir échappé. *Yava* signifie *Barley* en *samskrit*. Quoique ce mot ou ses dérivés réguliers ne puissent s'appliquer maintenant qu'à *Java*, néanmoins l'habile géographe *français* donne des raisons puissantes pour prouver que les anciens l'appliquaient à *Sumatra*. De quelque manière que les *Européens* écrivent le nom de la susdite île, c'est à coup sûr un mot *indien* renfermant l'idée d'*abondance* ou d'*excellence*; mais nous ne saurions que faire à l'étonnement général où l'on est de ce que ni les nationaux, ni les plus savans de nos *Pandits*, ne la connaissent sous aucune dénomination semblable; cette contrée offre pourtant encore aujourd'hui des traces certaines d'une connexion originaire avec l'*Inde*.

Par la relation d'un membre instruit et ingénieux de notre société même, nous avons découvert, sans recourir aux suppositions étymologiques, qu'il se trouve une foule de termes *samskrits* non altérés dans les principaux dialectes des *Sumatrans* ; que dans leurs lois, il y a deux réglemens sur les *cautions* et les *intérêts*, qui semblent pris mot pour mot des législateurs *indiens*, *Nared* et *Harita*. Enfin ce qui est plus remarquable, c'est que le systême des lettres en usage chez les peuples de *Rejang* et de *Lampoun*, ressemble au *Devanagari*, par l'art de la classification. Mais il manque à leurs alphabets une lettre qu'on chercherait en vain dans les idiomes de ces insulaires.

Si M. *Mardzen* a prouvé, comme il le croit fermement, et comme nous le supposons de bonne foi, nous qui connaissons son exactitude, qu'on rencontre les traces visibles d'une langue antique dans tous les dialectes des mers du Sud, depuis *Madagascar* jusqu'aux Philippines, et souvent jusqu'aux îles les plus éloignées et découvertes depuis peu, nous en conclurons, d'après les aperçus renfermés dans sa description de *Sumatra*, que tous ses dialectes ont eu pour père commun le *samskrit*. N'ayant après cette observation rien d'important à ajouter à l'égard des îles de la *Chine* et du *Japon*, je quitterai la lisière orientale, la plus lointaine de ce continent. Retournons aux contrées soumises maintenant à la *Chine*, entre les confins septentrionaux de l'*Inde* et les vastes domaines de ces *Tartares* encore indépendans.

Les peuples du *Potoyd* ou *Tibet* étaient *Hindous*. Ils associèrent les hérésies de *Bauddha* à leur religion mythologique. Nous devons ces connaissances aux recherches de *Cassiano*, qui a long-temps habité parmi eux, et dont les enquêtes sur leur langue, leur écriture, les dogmes et cérémonies de leur culte, sont insérées par *Giorgi*, dans sa curieuse et prolixe compilation. Elle est en neuf cents pages rocailleuses. J'ai eu la patience de la lire d'un bout à l'autre.

Les caractères indiens paraissent ceux employés par ce peuple; mais son langage a maintenant le défaut de s'écrire avec plus de lettres qu'on n'en prononce. En voici la raison. Cette langue était anciennement la *samskrite*, par conséquent polysyllabe; mais le *Chinois* ayant exercé sur elle l'influence de ses usages, elle ne se compose plus, à ce qu'il semble, que de monosyllabes, et pour les former eu égard à leur dérivation grammaticale, il est devenu nécessaire de supprimer dans le discours familier plusieurs lettres que nous retrouvons dans les livres. C'est ainsi que nous avons pu découvrir par l'écriture, nombre de mots et de phrases *samskrits*, méconnaissables à la prononciation. Les deux gravures du livre de *Giorgi* sont d'après les dessins d'un peintre du *Tibet*, et exposent le système de la mythologie *indienne* et *égyptienne*. L'entière explication de ces figures allégoriques aurait fait plus d'honneur à l'auteur instruit, et mériterait plus de confiance que ces bizarres étymologies, toujours ridicules, et souvent grossièrement erronées.

Les *Tartares* étaient, comme ils l'avouent franchement, absolument illettrés avant d'avoir embrassé la religion de l'*Arabie*. Tout ce que nous pouvons conjecturer, c'est que les natifs d'*Oïghour*, de *Tancut* et de *Kata*, qui avaient un systême alphabétique, et qui, a-t-on souvent répété, cultivèrent les arts libéraux, n'appartiennent point à la famille des *Tartares*, mais à celle de l'*Inde*. J'appliquerai la même remarque aux peuples que nous appelons *Barmas*, et que les *Pandits* connaissent sous le nom de *Brahmatchinas*, et qui semblent être les mêmes que les *Brahmani* de *Ptolémée*.

Ce furent probablement des *Hindous* errans, descendus du Nord de la péninsule orientale, et qui apportèrent avec eux les lettres dont on fait maintenant usage dans *Ava*. Elles ne sont qu'un *Nagari* rond, emprunté des caractères carrés, avec lesquels le *Pali*, ou langage sacré des prêtres de *Bouddha*, était écrit anciennement dans cette contrée; langage allié de bien près au *samskrit*, si nous voulons nous en rapporter au témoignage de M. *de la Loubère*. Cet observateur, quoique toujours pénétrant, et en général digne de foi dans ses récits, est accusé par *Carpanius*, d'avoir pris les lettres du *Barma* pour celles du *Pali*. Un jour que, sur son autorité, je parlais des dernières à un jeune souverain d'*Aracan*, qui lit avec facilité les livres des *Barmas*, il me reprit poliment, et m'assura que le *Pali* écrit par les prêtres était un caractère beaucoup moins moderne.

Tournons à l'Est vers les possessions *asiatiques* de la *Russie* les plus éloignées. En suivant leur circuit au Nord-Est, nous arriverons droit aux *Hyperboréens*, qui semblent, d'après tout ce qu'on connaît de leur ancienne religion et de leurs moeurs, devoir être regardés, ainsi que les *Massagètes* et d'autres peuples confondus généralement avec les *Tartares*, comme d'anciens *Goths* descendant de race *indostanique*. En effet, j'avance hardiment que les *Goths* et les *Indiens* eurent dans l'origine un idiome commun; qu'ils donnèrent les mêmes noms aux étoiles et aux planètes; adorèrent de fausses divinités semblables; offrirent également du sang en sacrifice et partagèrent leurs idées sur la récompense et les châtimens après la mort. Je me garderai de soutenir avec M. *Bailly*, que les *Finlandais* soient *Goths*, parce qu'ils ont le mot *ship* (vaisseau) en leur langue, qui diffère absolument de la gothique dans tout le reste.

Les publicistes de la prière au Seigneur, en plusieurs langues, présentent le *Finlandais* et le *Laponais* comme analogiques, et le *Hongrois* comme sans rapports avec eux. Mais c'est une erreur, s'il est vrai qu'un auteur *russe* ait découvert depuis peu le premier siège du *Hongrois* entre la mer *Caspienne* et l'*Euxin*, là où l'on trouve celui des *Laponais*; et puisque les *Huns* sont reconnus pour *Tartares*, nous en pouvons conclure que tous les idiomes du Nord, le *Gothique* excepté, ont une origine *tartare*, chose de laquelle on tombe généra-ment d'accord à l'égard des branbres du *sclavon*.

Je n'ai point étudié l'*Arménien*, dans lequel je ne pouvais trouver aucun écrit original ; ainsi je n'en dirai rien de positif ; mais les meilleures informations possibles, prises au *Bengale*, m'ont convaincu que sa base était l'ancien *Persan* dérivé, comme le *Zend*, de la souche *indienne*, et qu'il avait subi des changemens progressifs depuis que l'*Arménie* avait cessé d'être province de l'*Irân*. Ses lettres actuelles semblent modernes par comparaison ; et quoi qu'en dise le savant éditeur du Traité de *Carpanius*, sur la Littérature d'*Ava*, en les comparant aux caractères du *Pali*, si elles ne sont point prises du *Pahlavi*, supposition plus naturelle, du moins doivent-elles avoir été inventées par quelque *Arménien* lettré, vers le milieu de la cinquième centurie. *Moïse* de *Khoren*, l'homme le plus capable de débrouiller ce fait, a inséré dans son ouvrage historique des Recherches sur le dialecte de l'*Arménie* ; nous en extrairons quelques remarques curieuses si l'occasion le demande. Quant aux races d'hommes qui habitent les branches du *Caucase* et les limites septentrionales de l'*Irân*, je leur appliquerai l'observation générale précédemment faite, que des tribus féroces et courageuses que l'amour de la liberté a fait se retirer dans les régions montueuses, ont dû, après s'être formées petit à petit en nations particulières, se créer un langage également particulier en adaptant de nouveaux mots aux idées nouvelles; à moins que leur langue n'ait été fixée auparavant par des écrits, ou qu'elle ne se soit trouvée assez étendue.

Strabon dit que les jeunes filles d'*Arménie* sacrifiaient dans le temple de la déesse *Anaïtis*, la même, d'après les autorités connues, que la *Nahid* ou *Vénus* des *Perses*; car il est très-probable qu'il n'y avait qu'une religion prédominante dans tout l'empire de *Cyrus*.

Après avoir voyagé autour du continent et dans les îles de l'*Inde*, nous revenons aux côtes de la *Méditerranée*. Les premiers peuples de l'antiquité qui appellent notre attention, ce sont les *Grecs* et les *Phrygiens* qui, bien que différens de mœurs en quelque chose, et peut-être aussi de langage, ont une affinité certaine de dialecte et de religion; les *Doriens*, les *Ioniens* et les *Éoliens* ayant quitté l'Europe, dans laquelle on est universellement d'accord qu'ils avaient passé de l'Egypte. Je ne puis rien ajouter à ce qu'on a avancé dans les discours précédens; en outre, puisqu'il ne reste point de monumens écrits de l'ancienne *Phrygie*, tout ce que je puis observer, et sur l'autorité des Grecs, c'est que le principal objet du culte mystérieux en usage dans cette contrée, était la *Mère des dieux*, ou la *Nature personnifiée*, comme chez les *Indiens*, sous mille formes et sous mille noms différens. Elle est appelée *Ma* en *Phrygien*, et on la représente dans un char traîné par des lions, un tambour à la main, et sur la tête une couronne en forme de tour. Ses mystères auxquels le livre de la loi *mosaïque* semble faire allusion, sont fêtés à l'équinoxe d'automne, en *Phrygie*, où, représentée sous l'une de ses formes, on la nomme *Ma*; elle y est adorée sous toutes, comme la mère par excellence. On la figure quelquefois dans les temples assise sur un lion, avec un diadème ou une mitre garnie de tourelles. Un tambour s'appelle *Dindina*, tant en *samskrit* qu'en *Phrygien*, et le titre de *Dindymène* semble plutôt dérivé de ce mot que d'un nom de montagne. La *Diane* d'*Éphèse* était certainement la même sous la figure de la nature reproductrice; et l'*Astarté* des *Syriens* et des *Phéniciens*, auxquels nous retournons à présent, était encore, et je n'en puis douter, la même divinité sous une autre appellation.

Après tout cela, j'ose vous assurer que le

savant ouvrage de *Selden* et de *Jablonski*, sur les dieux de la *Syrie* et de l'*Égypte*, recevrait plus de lumières du petit livre *samskrit* intitulé *Tohandi*, qu'il n'en pourra devoir à tous les fragmens de mythologie orientale épars dans l'immensité de la littérature *grecque*, *romaine* et *hébraïque*. Nous avons dit qu'à l'exemple des *Hindous*, les *Phéniciens* adoraient le soleil, en affirmant que l'eau avait été la première des créations. Non-seulement nous ne saurions douter que la *Syrie*, *Samarie* et la *Phénicie*, ou cette langue étendue de terre sur les bords de la Méditerranée, n'aient été peuplées jadis par une branche de la tige *indienne*; mais nous pensons qu'elles ont été habitées dans la suite par cette race que nous appelons *Arabe* aujourd'hui. Dans toutes trois, la plus antique religion fut l'*assyrienne*, comme *Selden* la nomme. Le *Samaritain* et le *Phénicien* semblent avoir eu d'abord les mêmes caractères; mais le *Syriaque*, dont il nous reste des débris considérables, et le *Punique*, sur lequel *Plautus* nous a laissé un essai lumineux, sont indubitablement, d'après les monumens découverts depuis peu, d'origine *arabe* ou *chaldaïque*.

Les terres des premiers *Phéniciens* s'étendaient jusqu'à *Idumée*, par qui nous commençâmes.

Ainsi nous avons parcouru la circonférence de l'*Asie*. Mais nous ne devons point passer sous silence un peuple fort extraordinaire, qui échappa, ainsi que l'observe plus d'une fois *Barrow*, à l'exactitude d'*Hérodote*; j'entends les *Juifs*, dont l'affinité avec les *Arabes* est démontrée par leur langue, mais qui, dans leurs mœurs, leur littérature, leur histoire, ont totalement différé du reste du monde.

Barrow leur applique les épithètes justes, mais sévères, de *malins*, d'*insociables*, d'*opiniâtres*, de *destructeurs*, de *sordides*, d'*inconstans*, de *turbulens*. Il les peint animés pour l'intérêt de leurs concitoyens d'un zèle qu'ils portent jusqu'à la fureur, mais ennemis implacables des autres nations. Cependant malgré la sottise perverse; la stupide arrogance et l'atrocité brutale de leur caractère, ils ont le précieux mérite de s'être conservé un systême raisonnable et pur de religion, au milieu du polythéïsme, des solennités ou inhumaines ou obscènes, et du labyrinthe ténébreux d'erreurs, inventés par l'intérêt, adoptés par l'ignorance, et qui ont exercé leur pouvoir sur toutes les générations contemporaines.

Quoique des recherches théologiques n'appartiennent point au sujet que je traite, je dois ajouter que la collection de morceaux que nous appelons par excellence les Écritures, contient, abstraction faite de leur origine divine, plus de vrai sublime, plus de beautés du premier ordre, de faits historiques importans, une moralité plus pure, des traits d'éloquence et de poésie plus sublimes qu'on n'en saurait trouver dans la même masse de livres écrits en telle langue et dans tel âge que ce soit. La suite de compositions qui lie les deux parties formant l'Écriture sainte, ne ressemble aucunement, soit par la forme, soit par le style, à tout ce qu'ont produit la *Grèce*, l'*Inde*, la *Perse*, et même l'*Arabie*. Ces ouvrages sont d'une antiquité qui ne saurait admettre de doute, et l'application naturelle des choses qu'ils contiennent, à des événemens arrivés long-temps après, donne bien lieu de regarder ces livres comme l'œuvre du génie inspiré par la Divinité. Toutefois, une propriété exclusive et qui ne peut point être disputée à l'homme, c'est sa croyance. Je me regarderais donc comme la dernière des créatures si je nourrissais l'idée de forcer les esprits libres des autres à recevoir mes opinions : ainsi je me borne à croire ce qu'on peut concéder sans difficulté : c'est que les premiers historiens *hébreux* sont aussi dignes de foi que ceux de l'antiquité ; et je me propose de montrer dans notre prochaine réunion annuelle, jusqu'à quel point les anciens auteurs confirment le résultat de nos recherches sur la généalogie des nations. Après avoir démontré la question selon la stricte méthode des anciennes analyses, je résumerai tout l'argument avec concision, en renfermant en sept discours une masse d'évidence dont je remplirais sept gros volumes sans autre peine que de tenir la plume, si je n'avais pas incessamment en vue l'amour de la briéveté ; car, pour emprunter l'expression d'un de nos poëtes : « J'implore votre indulgence pour ce que j'ai produit, mais vous me devez des remercîmens pour ce que j'ai supprimé. »

DE L'ANCIENNE ILE

DE TARSCIS, D'OPHIR;

Par M. DE FRANCHEVILLE (1).

L'ÎLE de Tarscis, n'ayant été connue jusqu'ici que dans l'Ecriture sainte, a exercé depuis plusieurs siècles un grand nombre de savans dont les opinions peuvent se réduire à neuf.

La première est celle qui place *Tarscis* à Tarse, capitale de la Cilicie. On prétend, dans la deuxième, que c'est l'Asie mineure; dans la troisième on prend l'Espagne et la Bétique pour Tarscis, et particulièrement l'île de Cadix, autrefois Tartessur; la quatrième veut que Tarscis soit Carthage; la cinquième est celle qui croit trouver du rapport entre Tarscis et Angola, sur la côte occidentale d'Afrique; la sixième la relègue aux Indes orientales; la septième va chercher Tarscis en Amérique, en s'y rendant par la Mer Pacifique; la huitième con-

(1) Acad. de Berlin, t. XVII.

sidère *Tarscis* comme un nom général employé par les Hébreux pour désigner toutes sortes de pays éloignés, au-delà de la mer ; la neuvième est celle qui, dans l'incertitude de savoir où placer *Tarscis*, la prend pour tout l'Océan. Tels sont les divers sentimens qui ont jusqu'ici partagé les savans ; et dans ce nombre, il faut compter le célèbre jésuite *François de Ribera*, *Samuel Bochart*, le très-docte *Vatable*, *saint Jérôme*, et *Lippévrier*.

Il est marqué au Chap. 10 de la Genèse, suivant l'Hébreu, que « Les enfans de Javan, » fils de Japhet, sont Elisca, Tarscis, Kittim » et Dodanien, et que c'est de ceux-là que » sont descendus les peuples qui partagèrent » entre eux les îles des nations. »

C'est dans ce passage que je trouve l'origine de cette terre inconnue, qui doit être une île, et une île ainsi nommée, parce qu'elle fut peuplée par des descendans de *Tarscis*, fils de Javan.

J'y trouve encore que Javan, père de *Tarscis*, ayant été fils de Japhet, l'île à laquelle ses premiers habitans donnèrent le nom de *Tarscis*, ne peut être située qu'en Europe, qu'on sait avoir été peuplée par la famille de Japhet. On voit déjà par-là combien peu sont fondés ceux qui ont cherché cette île en Afrique, dans les Indes et en Amérique.

Il y a plus; l'île de *Tarscis* n'était pas seulement en Europe, elle était en même temps dépendante de la Grèce; car Javan, père de *Tarscis*, est reconnu sans difficulté pour l'auteur et la tige de tous les Grecs. De là vient que l'Ionie s'appelle en hébreu Javan, et que dans les prophéties Alexandre le Grand est désigné par le titre de Javan, « Parce qu'il fut le chef et » comme le roi de toute la Grèce, au moyen » du commandement général des troupes grec- » ques, qu'il se fit donner par les députés des » villes assemblées à Corinthe, après la mort » de son père. »

L'île de *Tarscis* étant en Europe, et dépendante de la Grèce, elle devait aussi être voisine de la terre de Kittim, parce que cette terre fut peuplée par les descendans d'un frère de *Tarscis*. Aussi voit-on dans l'Ecriture les terres de Kittim et de Tarscis nommées ensemble, et même substituées l'une à l'autre, à raison de leur voisinage, comme dans ces endroits d'Isaïe, chap. 23 : « Hurlez, ô nations de Tarscis, car » elle n'est plus.... Ceci leur a été découvert » du pays de Kittim... *Habitans de Tyr*, » passez en *Tarscis*.... Vierge fille de Sidon,

» lève-toi, traverse en Kittim. » Or, cette terre de Kittim était la Macédoine, puisque « Alexandre le Grand allant faire la guerre à » Darius, roi de Perse, partit du pays de Kit- » tim, suivant le chap. 1 du 1er liv. des Ma- » chabées, et que Philippe et Persée, les der- » niers de ses successeurs, sont appelés tous » deux rois de Kittim, au chap. 8 de ce même » livre. » Voilà donc l'île de Tarscis non-seulement dépendante de la Grèce, mais dans la proximité de la Macédoine.

Si la Macédoine était Kittim, si Kittim était voisine de *Tarscis*, les deux autres fils de Javan devaient pareillement avoir peuplé d'autres parties de la Grèce. En effet, les noms de ses deux fils, *Elisca* et *Dodonim*, se reconnaissent, l'un dans les Elisiens ou Elidiens, qui occupent la partie la plus méridionale de la Grèce, l'Elide; l'autre dans les Dodaniens ou Dodoniens, fameux par leur oracle de Dodone, qui prit naissance des honneurs divins qu'ils rendirent à leur fondateur Dodanim, après sa mort. Ils avaient eu pour leur partage la partie la plus occidentale de la Grèce.

En suivant ces inductions, je dis que *Tarscis*, étant une île voisine de la Macédoine, ne pouvait être que dans la mer Egée. En ce cas, elle devait avoir elle-même dans son voisinage plusieurs autres îles qui formaient ce qu'on appelle aujourd'hui l'Archipel. Et c'est précisément ce que fait entendre la Genèse, quand elle dit : « Les descendans de Tarscis et de ses frères partagèrent entre eux les îles. » N'est-ce pas aussi ce qu'Isaïe paraît désigner (ch. 23) : « Hurlez, ô navires de Tarscis .... hurlez, vous » qui habitez dans les îles. » (Et ch. 60) : « Les » îles s'attendront à moi, et les navires de » *Tarscis* les premiers, pour amener tes fils » avec leur argent, etc. » Et David encore, lorsque prévoyant la gloire de son fils Salomon, il dit (Psaume 72) : « Les rois de Tarscis et » des îles lui présenteront des dons. » Or ces termes marquent tout à la fois que Tarscis n'était pas seulement voisine d'autres îles, mais qu'elle en était encore la principale et la plus renommée.

Si Tarscis était l'île la plus célèbre de l'Archipel, elle n'a pu manquer d'avoir des liaisons avec la ville de Tyr, qui se trouvait comme elle dans la Méditerranée, et qui était la plus fameuse de l'antiquité par la puissance de sa marine, par l'étendue de son commerce, et par son opulence. C'est aussi pour cela qu'au ch. 10 du 1er liv. des Rois, et au 9e du 11e des Chro-

niques, il est dit que « La flotte de Tarscis na-
» vigua pour Salomon, de concert avec la flotte
» d'Hiram, roi de Tyr. » Voici d'autres passages à l'appui de cette supposition. La destruction de Tyr, prédite par Isaïe, est annoncée particulièrement aux navigateurs de Tarscis, comme un événement qui leur sera funeste.
« Hurlez, ô navires de Tarscis, car elle (Tyr)
» n'est plus; hurlez, navires de Tarscis, car
» votre force est détruite. Ceux de Tarscis,
» dit Ezéchiel (ch. 27), ont trafiqué avec toi
» de toutes sortes de richesses, faisant valoir
» tes foires par leur argent, leur fer, leur
» étain et leur plomb. Les navires de Tarscis
» t'ont célébrée dans leurs chansons, à cause
» de ton commerce. » Voilà donc une étroite liaison entre Tyr et Tarscis, une navigation de proche en proche, telle qu'on doit la supposer entre une île de l'Archipel, aux côtes de la Phénicie. Il ne faut donc point la chercher en Espagne, à Carthage, encore moins aux Indes, au Pérou, et sur les côtes d'Angola.

Jetons les yeux sur une carte de la Méditerranée; nous y verrons à la tête de l'Archipel, vis-à-vis la Romanie, qui est l'ancienne Thrace, une île appelée Tasso, séparée du continent par un canal de quatre milles d'Italie.

Or, je ne saurais douter que cette île, vu sa situation au voisinage de la Macédoine et de la Grèce, ne soit l'île de Tarscis, dont on est depuis si long-temps en peine. Il est même assez remarquable que, dans l'étendue de tant de siècles, à travers les successions de tant de peuples, le nom de cette île ait si peu changé; car on y reconnaît encore celui des *Tassiens* ou *Tasiens*, ses premiers habitans, que les abbés *Banier* et *Lenglet* disent avoir été les descendans de Tarscis, qui, après avoir occupé les îles, s'étaient répandus en Macédoine et sur les côtes de l'Eubée, aujourd'hui l'île de Négrepont.

Fondant ma découverte sur la situation de cette île, sur l'origine de ses premiers habitans, descendus de Tarscis, et sur l'analogie de son nom, je trouve l'ancienne Tarscis dans cette île de Tasso. Mais on me dira peut-être que cette dernière n'a rien qui puisse justifier la première; que ce n'était qu'une île pauvre, habitée par de misérables pêcheurs, ou qui produisait tout au plus du sel; qu'elle n'eût eu que peu ou point de célébrité. Je sens toute l'attention que mérite ce doute; et pour le lever, je rapporterai ce qu'en ont dit quelques auteurs anciens et modernes.

Hérodote en parle au second livre de son

Histoire, sous le nom de l'île de *Thasis*; il dit que « C'est une île de la mer Egée, aux envi-
» rons de la Thrace, vis-à-vis l'embouchure
» du fleuve Nessus, ayant une ville du même
» nom, qui fut bâtie par les Phéniciens, les-
» quels parcourant toute l'Europe par terre et
» par mer, vinrent jusqu'à cette île. » Il ajoute :
« qu'elle avait anciennement une montagne
» riche en métaux, qui, à force d'être creusée et
» fouillée, fut renversée de fond en comble. »

Virgile a connu l'île de Thasus, ou du moins l'excellente qualité de ses vins blancs, qu'il célèbre au second livre de ses Géorgiques :

Sunt Thasiæ vites, sunt et Mareotides albæ.

Diodore de Sicile en fait mention sous le nom de l'île de *Thasos*. « La première année,
» dit-il, de la soixante-dix-neuvième olym-
» piade, qui répond à la quatre cent soixante-
» quatrième avant l'ère chrétienne, les Athé-
» niens ramenèrent à leur obéissance ceux de
» Thasos, qui s'étaient révoltés contre eux, à
» l'occasion de leurs mines. Quarante ans après,
» pendant la guerre du Péloponèse, Brasidès,
» général des Lacédémoniens dans la Thrace,
» prit Amphipopolis et plusieurs villes des en-
» virons, dont les principales furent Syme et

» Galepse, deux colonies sorties de l'île de » Thasos. Seize ans après, Thrasibule, général » des Athéniens, conduisit à l'île de Thasos » quinze vaisseaux, avec lesquels il réduisit » les citoyens de la ville, et leur tua deux cents » hommes. Les ayant ensuite menacés d'un » siége en forme, il les obligea de reprendre » leurs bannis, qui favorisaient Athènes; et y » ayant laissé une garnison athénienne, il en » fit des alliés de sa république. Quarante-huit » ans après, les habitans de Thasos s'établirent » les uns après les autres dans un lieu qu'on » appelait *Crinès*. Philippe, roi de Macédoine, » prit cette habitation nouvelle sous sa pro- » tection. Deux ans après, Philippe étant passé » à Crinès, il y augmenta le nombre des ci- » toyens, et la nomma Philippe de son nom. » Il fit travailler aux environs à des mines » d'or qui, avant lui, étaient inconnues ou » négligées, et il les amena, par ses soins, jus- » qu'à lui rapporter annuellement la valeur de » plus de mille talens. S'étant fait par ce moyen, » en très-peu de temps, un trésor considé- » rable, il éleva bientôt le royaume de Macé- » doine à un très-haut point de gloire et de » puissance. Ce fut dès-lors qu'il fit battre une » monnoie d'or qui portait son nom. »

Voilà ce qu'on trouve dans *Diodore de Sicile*, tout défectueux qu'il est. Que de choses curieuses n'y trouverait-on pas encore, si des quarante livres de son histoire il n'y en avait malheureusement vingt-cinq de perdus!

Strabon, contemporain de *Diodore*, a cru que les insulaires de Paros avaient bâti Thasos.

Pline l'ancien va nous dédommager de la stérilité de *Strabon*. Il nomme cette île Thassus, Thasus, Thasos, Taxus, et ses habitans Thasiens. Voici ce qu'il en dit :

« L'île de *Thassus* est à cinq milles de celle de Stalimène ; elle n'est sujette à personne, et on l'appelait Aëria ou Æthria. De Thassus au port d'Abdère, qui est en Thrace, on compte vingt milles ; soixante-deux jusqu'au mont Athos ; autant jusqu'à l'île de Samothrace. Par delà l'Albanie et l'Ibérie, on entre dans la contrée des *Thassiens* et *Triariens*, qui s'étend jusqu'au mont Pariedrus (dans la grande Arménie), et après laquelle on entre dans les déserts et les montagnes de la Colchide. » (Liv. 6, chap. 10.)

Il paraît par ce passage, que la famille de *Tarscis*, en quittant l'Arménie, y avait laissé une colonie, avant de passer dans l'Asie mineure.

« Thassus est dans le cinquième parallèle,
» de même que la Macédoine. Sous ce climat,
» le gnomon, ou l'aiguille de sept pieds, rend
» six pieds d'ombre, le jour de l'équinoxe, à
» midi. Le plus long jour y est de quinze heu-
» res. (Liv. 4, ch. 34.) C'est aux Thasiens
» qu'est due l'invention des vaisseaux de mer
» longs et couverts. (Liv. 7, ch. 56.) Outre les
» meilleurs raisins de notre Italie, les autres,
» dont on fait cas, ont été apportés de l'île de
» Chio et de Thasus. (Liv. 14, ch. 2.) On a
» toujours eu en grande estime les vins de
» Thasos et de Chio. (Liv. 14, ch. 7.) La vigne
» ayant la vertu d'attirer le goût des plantes
» qui en sont voisines, les Thasiens, par cette
» raison, pour avoir un vin médicinal, auquel
» ils donnent le nom de Phthorium, plantent
» aux pieds des vignes, du concombre sau-
» vage, de l'ellébore et de la scammonée.
» (Liv. 14, ch. 16.) En fait d'avelines, espèce
» d'amandes, on n'estime que les Thasiennes
» et celles d'Alba-Longa. (Liv. 15, ch. 22.)
» Tous les anciens chefs-d'œuvre de marbre
» sont faits de marbre de *Taxus*, qui est une
» des îles de la mer Egée, ou de celui de l'île
» de Mitylène; mais ce dernier est un peu plus
» brun que l'autre. (Liv. 36, ch. 6.) »

C'est avec raison qu'*Antoine Dupinel* traduit dans ce dernier passage *Taxus* par l'île de Tasso.

Dans les nombreux traités de *Plutarque*, je n'ai rencontré que deux fois le nom de l'île de *Thasos*; car je ne compte pas les endroits où il cite quelque auteur *Thasien*. Mais dans la vie de *Cimon*, général des Athéniens, racontant son expédition contre l'île de Thasos, il dit : « Après avoir dompté les Thraces, et assujéti » aux Athéniens toute la Chersonèse, *Cimon* » vainquit dans un combat naval, les Tha- » siens, qui avaient secoué le joug d'Athènes; » et leur ayant pris trente-trois vaisseaux, il » devint maître de leur ville, s'empara des » mines d'or qu'ils avaient dans le continent, » opposé, pour les donner à sa république, et » enleva ce territoire aux Thasiens. » Il faut bien remarquer que ces mines d'or n'étaient point dans cette île, mais vis-à-vis, dans la terre ferme.

L'autre passage de *Plutarque* se rapporte au temps où cette île était devenue province romaine; sur quoi *Plutarque*, qui vivait dans ce temps-là, dit : « Un Thasien, non-content » de primer entre ses concitoyens, par les » honneurs et l'autorité dont il est revêtu,

» s'afflige de ne point porter la robe patricienne;
» et, s'il la porte, de n'être pas un préteur ro-
» main; et, s'il est préteur, de n'être pas consul;
» et, s'il est consul, de n'avoir été nommé que
» le second, et non pas le premier. » Cela prouve qu'au temps dont il s'agit, les Thasiens étaient admis aux dignités du sénat romain.

Polycène, dans son Traité sur les Stratagêmes, dit, à l'occasion de la guerre que fit Cimon aux Athéniens, que « Ces insulaires
» soutinrent leur révolte contre les Athéniens
» avec un acharnement dont on a peu d'exem-
» ples. Comme s'ils avaient eu à se défendre
» contre des ennemis cruels et barbares, dont ils
» eussent eu à craindre les dernières extrémi-
» tés, ils décrétèrent peine de mort contre le
» premier qui proposerait de se rendre aux
» Athéniens. Le siége dura trois ans, et fit
» souffrir à ces malheureux citoyens tous les
» maux les plus cruels de la guerre, sans pou-
» voir vaincre leur opiniâtreté. Les femmes
» secondèrent leurs efforts avec la même ar-
» deur; et comme on manquait de cordages
» pour faire agir les machines, elles donnèrent
» toutes de bon cœur leurs chevelures pour
» être employées à cet usage. La famine étant
» devenue extrême dans la ville, il mourait

» tous les jours un grand nombre d'habitans.
» Un généreux Thasien, Hégétoride, qui
» voyait avec douleur périr ses concitoyens,
» entreprit de les sauver au péril de sa vie.
» S'étant mis la corde au cou, il vint se pré-
» senter à l'assemblée, et demanda qu'on le fît
» mourir si on le jugeait à propos, mais qu'on
» sauvât le reste du peuple par sa mort, en
» abolissant la loi meurtrière qu'ils avaient
» publiée contre leur propre intérêt. Les Tha-
» siens, touchés de sa grandeur d'âme, abolirent
» la loi et n'eurent garde de le faire mourir. Ils
» se rendirent à *Cimon*, qui leur laissa la vie
» sauve, se contenta de démanteler leur ville,
» et se saisit de leurs mines d'or, qui étaient
» sur la côte de la Thrace opposée à l'île. »

Pausanias est le dernier des anciens que je citerai à l'occasion de cette île. « Vous voyez,
» dit-il, dans le temple de Jupiter olympien,
» deux statues de l'empereur Adrien, faites de
» marbre de *Thase*. Ceux de *Thase* ont aussi
» fait don d'un Hercule de bronze avec son
» piédestal. Ces peuples sont d'origine phéni-
» cienne; car, sortis de Tyr et des autres en-
» droits de la Phénicie, ils s'embarquèrent
» avec *Thasus*, fils d'Agénor, pour aller cher-
» cher Europe. L'Hercule qu'ils ont dédié à

» Jupiter olympien est haut de dix coudées;
» il tient de la main droite une massue, et de
» la gauche un arc. (Liv. 5, Voyage de l'Elide,
» t. II, p. 351.) »

Voici ce que *Pausanias* ajoute de cette île, où il avait été. « J'ai ouï dire à Thase que, du
» commencement, l'Hercule qu'ils honoraient
» était l'Hercule de Tyr; mais que, dans la
» suite, ayant eu commerce avec les Grecs, ils
» avaient aussi honoré leur Hercule, fils d'Am-
» phitrion. Parmi ceux à qui l'on a érigé des
» statues, dans le bois sacré d'Olympie, vous
» voyez Tellon de *Thase*, vainqueur au com-
» bat du ceste, dans la classe des enfans. On ne
» sait de qui est la statue; plus loin, vous en
» trouvez quatre que les Eléens ont érigées à
» Philippe de Macédoine, à son fils Alexandre,
» à Séleucus et à Antigone. Non loin de ces
» rois est Théagène de *Thase*, fils de Timos-
» thène; il en naquit Théagène qui, à l'âge de
» neuf ans, comme il revenait de l'école et
» qu'il passait par la place publique, prit tant
» de goût pour une statue de bronze qui y était,
» qu'il la mit sur son épaule et l'emporta chez
» lui: c'était la statue d'une divinité. Le peuple,
» irrité de ce vol, voulait massacrer le jeune
» Théagène; un grave citoyen dissipa cette

» multitude et empêcha qu'on ne maltraitât le » jeune enfant; il lui ordonna seulement de » rapporter la statue, etc. »

Dans la suite, on dressa une statue en l'honneur de ce jeune Théagène; on le considéra comme une divinité à qui les malades adressèrent leurs vœux.

Je n'ai pas prétendu donner l'histoire entière de cette île; je crois en avoir assez dit pour les conclusions que je vais en tirer; mais je dois relever auparavant quelques erreurs des auteurs que j'ai cités. *Strabon* dit que *Tarscis*, qui donna son nom à cette île, était de Paros; mais les marbres de Paros, si connus sous le nom de marbres d'Arundel, qui contiennent des faits moins importans, n'auraient pas oublié cette circonstance. D'ailleurs cette tradition n'est pas préférable à celle qu'Hérodote avait reçue long-temps auparavant.

Quelle apparence aussi qu'avant les noms de *Thasos* et de *Thassus*, cette île ait eu ceux d'Aëria et d'Æthria, comme le dit *Pline?* Il aura confondu Thassus avec quelque autre, et peut-être tout à la fois avec l'île de Crète ou de Rhodes qui, suivant son témoignage, eurent les noms d'*Aëria* et d'*Æthrea*. Après tout, l'erreur de ces deux écrivains, pour n'avoir eu ni l'un ni l'autre aucune connaissance de *Tarscis*, ne peut tirer à conséquence. Il en faut dire autant de *Pausanias*, qui attribue la fondation de Thasos à Thasus, un fils d'Agénor. Enfin, *Samuel Bochart*, *Emmius*, et d'autres savans modernes dans les langues et dans l'histoire, auraient encore dû ignorer moins que les autres que l'île de Tasso ou de Thasos, comme l'appelaient les Grecs, avait tiré son nom et l'origine de ses premiers habitans, de ce même *Tarscis*, fils de Javan.

Parmi les modernes, je me bornerai aux témoignages de trois écrivains, qui peuvent donner quelque idée de l'état actuel de l'île de *Tasso*. *George Schelderus*, de Ratisbonne, dans un Dictionnaire historique latin, plus ancien que le *Moreri*, dit au mot *Thassus* : « C'est une île de l'Archipel, du côté de la Thrace, aujourd'hui appelée *Thasso*, située entre les bouches du fleuve Nessus et le mont Athos. Elle est couverte d'arbres, assez fertile et fort peuplée. Elle a une ville du même nom, dans une plaine, le long du grand golfe du Nord, et ce port est à deux milles (d'Allemagne) du continent de la Macédoine. La ville est riche par les mines d'or et d'argent du continent voisin, etc. »

Riccioli rapporte, dans sa Géographie réformée, une table alphabétique de l'Archipel, où l'île de Tasso est placée sous ce nom, à son rang; mais en même temps il y est dit qu'elle s'appelait anciennement Thassus, et qu'elle a quarante milles d'Italie de tour.

Boschini n'a rien laissé à désirer à ce sujet, dans son Archipelago. Il remarque d'abord que cette île est à quatre milles (d'Italie) du continent de la Romanie. Son circuit, continue-t-il, est de trente-cinq à quarante milles, et le terrain en est fort inégal, en partie plaines et en partie montagnes. Du côté méridional, les montagnes ont des carrières d'où l'on tire un marbre admirable. Il y a des vignobles dont le vin est excellent. Il y croît aussi un grand nombre de pins et de sapins. On y voit des monceaux d'écumes de métaux, qui montrent que cette île avait autrefois de bonnes mines. En effet, Philippe, roi de Macédoine, et Alexandre le Grand, en tiraient quatre-vingts talens tous les ans. Il s'y établit anciennement une colonie de Phéniciens, qui y bâtirent la ville à laquelle ils donnèrent le nom de l'île. Elle y subsiste encore, mais dans un état bien différent de sa première splendeur, quoiqu'elle soit assez peuplée. »

Après avoir ainsi rapproché ces différens

témoignages anciens et modernes, je vais prouver qu'ils renferment les caractères les plus convenables à l'île de *Tarscis*, et par conséquent les plus propres à constater ma découverte, en la portant au dernier degré d'évidence.

1°. L'île de *Tasso* a eu des mines. C'est ce que disent *Hérodote*, *Diodore*, et autres; c'est ce que prouvent ces monceaux d'écumes de métaux qu'on y trouve encore, suivant *Boschini*. Il a plu à *Bochart*, pour fonder ses vaines étymologies de Crise et de *Thas*, de supposer que les mines de *Thasso* étaient d'or. Mais comme les trois auteurs nommés ne spécifient point ces mines, et qu'en parlant de celles du continent, *Plutarque* et *Diodore* les ont spécifiées, on peut inférer de là que les *Thasiens* n'eurent de mines d'or qu'après avoir acquis celles du continent voisin; qu'ainsi celles de leur île pouvaient être des mines d'un tout autre métal. Or, du temps d'Ezéchiel, l'île de Tarscis avait précisément des mines de toute espèce, à l'exception de l'or, puisque ce prophète, parlant à la ville de Tyr (Ch. 27), dit : « Ceux de *Tarscis* ont trafiqué avec toi de toutes sortes de richesses, faisant valoir tes foires par leur argent, leur fer, leur étain et leur plomb. » A quoi Jérémie ajoute (Ch. 10.), que l'argent qui est étendu en lingots est apporté de *Tarscis* pour être mis dans les mains du fondeur et de l'ouvrier. » Il n'est point là question d'or, comme on voit. Ainsi, voilà un très-grand trait de ressemblance entre l'île de Tasso et celle de *Tarsçis*, l'une et l'autre ayant eu des mines, et des mines de divers métaux, à la réserve de l'or.

2°. Suivant *Pline*, *Pausanias* et *Boschini*, l'île de *Tasso* a des carrières d'un marbre admirable, dont on a fait les plus beaux ouvrages de l'antiquité. Et *Tarscis*, en Hébreu, signifie *fouillant le marbre*, des mots CHATHAR, fouir, et SCHAJISCH, marbre, dont on a fait par abréviation, THARSCHISCH, et ensuite TARSCIS.

3°. Au temps où arriverait la destruction de Tyr, prédite par Isaïe, la nouvelle en devait venir aux navires de Tarscis, du pays de Kittim, c'est-à-dire de la Macédoine, parce que c'était Alexandre le Grand qui détruirait cette ville. Et l'on voit dans *Diodore*, que les habitans de Tasso allèrent s'établir à Crinès, sous la protection de Philippe, roi de Macédoine; que, suivant *Pline*, l'île de Tasso est dans le même parallèle que la Macédoine; qu'au rapport de *Scheldère*, le continent de la Macédoine n'est qu'à deux milles du port de Tasso, et qu'enfin cette île, d'après *Boschini*, étant sous la domination du même Philippe et d'Alexandre son fils, rendait à ces rois de Macédoine, tous les ans, quatre-vingts talens de ses mines. Preuve donc que ce qu'Ézéchiel dit des navires de *Tarscis* doit s'entendre de ceux de *Tasso*.

4°. C'est aux navigateurs thasiens, suivant *Pline*, c'est-à-dire à ceux de Tasso, qu'est due l'invention des vaisseaux de mer longs et couverts. Ces bâtimens, que *Pline* appelle *Constratæ naves*, étaient nommés par les Grecs *Cataphractes*, navires pontés, forts, et pour ainsi dire armés de toutes pièces. Et à quel peuple marin convenait-il mieux de s'immortaliser par l'invention d'une construction navale si remarquable, qu'à un peuple aussi renommé par ses navigations qu'était celui de *Tarscis*?

5°. Conçoit-on qu'il eût été possible à ces navigateurs de dresser ces flottes qu'ils louaient à Salomon, et qui leur faisaient partager l'empire de la mer avec les Tyriens, s'ils n'avaient eu autant de facilité pour se procurer les bois de construction, que les Tyriens eux-mêmes, leurs voisins, et maîtres du Mont-Liban? Mais ceux de Tarscis n'avaient rien à désirer en ce point, puisque l'île de Tasso était couverte de bois, dont elle est encore remplie, suivant *Scheldere*; et que ces bois, au rapport de *Boschini*, sont précisément des pins et des sapins, les arbres les plus propres aux constructions navales : outre qu'avec ces bois, *Tarscis* avait encore, suivant *Ézéchiel*, du fer, du plomb, et autres matériaux également nécessaires, et qu'elle avait en grande abondance, aussi bien que l'argent et l'étain, pour en fournir même à la ville de Tyr; et ces métaux étaient les productions de ces mines de Tasso, dont parlent *Hérodote*, *Diodore*, *Scheldere* et *Boschini*.

6°. Après la figure que l'île de Tarscis fait dans l'Écriture sainte, on ne pouvait s'attendre à la retrouver que dans une île puissante et célèbre. Et c'est ce qui convient encore parfaitement à l'île de Tasso, dont les anciens auteurs ont vanté l'opulence et tous les avantages dignes de la réputation de l'ancienne *Tarscis*.

Enfin, s'il est vrai que l'île de Tasso reçut autrefois une colonie de Phéniciens, comme l'ont dit *Hérodote*, *Pausanias* et *Boschini*, faut-il chercher ailleurs que dans cet établissement, non-seulement la raison du grand commerce de ceux de *Tarscis*, de leurs fameuses navigations, en un mot, de leur habileté dans la marine; mais aussi le motif de leurs liaisons étroites avec les Tyriens, Phéniciens de nation. Ainsi il n'est plus étonnant que Salomon ait employé à ses navigations la flotte de *Tarscis*, de concert avec celle d'Hiram, roi de Tyr, ni que le prophète Isaïe, prédisant la destruction de Tyr, l'ait annoncée à ceux de *Tarscis*, comme un événement qui les intéressait au point que leur force en dût être réduite. Concluons donc de tout cela que Tasso doit être cette même Tarscis, ou que cette dernière n'existe plus dans le monde.

De la Navigation d'Ophir (1).

Je crois avoir pleinement rempli ce que je m'étais proposé, de découvrir l'île de *Tarscis*. Mon travail serait imparfait, si je ne parlais pas de ces fameux navigateurs que lui attribue l'Écriture sainte, et dont elle nous trace une idée si magnifique, du temps de Salomon. Pour y mettre plus de clarté, il faut d'abord traiter de la navigation d'*Ophir*, afin de montrer la distinction qu'il faut mettre entre cette navigation et celle de *Tarscis*.

« Le roi Salomon, est-il dit aux Chap. 9 et

(1) Acad. de Berlin, t. XVII; *Francheville*.

10 du 1.er Livre des Rois, équipa une flotte à Hetsjon-Gueber, près d'Eloth, sur le rivage de la Mer Rouge, au pays d'Edom. Et Hiram, roi de Tyr, envoya ses serviteurs, gens de mer, pour être dans cette flotte avec les serviteurs de Salomon, et ils vinrent en *Ophir*; et ils prirent de là 420 talens d'or, et ils les apportèrent au roi Salomon. La flotte d'Hiram, qui avait apporté de l'or d'Ophir, apporta aussi en grande abondance du bois d'Almugghim et des pierres précieuses. Et le roi fit des barrières de ce bois pour la maison de l'Eternel, et pour la maison royale, et des violons et des musettes pour les chantres. Il n'était point venu de ce bois, et l'on n'en avait point vu jusqu'à ce jour-là. »

Cette narration se retrouve dans les chapitres 8 et 9 du II.e Livre des Chroniques. Les deux textes diffèrent l'un de l'autre, en ce que le premier dit que Salomon équipa une flotte à Hetsjon-Gueber, sur laquelle il mit des Juifs avec les mariniers tyriens qu'Hiram lui envoya, et le second qu'Hiram envoya de Tyr à Hetsjon-Gueber, des navires et des mariniers tyriens qui se joignirent à des Juifs sujets de Salomon, pour aller à *Ophir*.

Il résulte de la confrontation des deux textes,

que cette flotte n'est point appelée la flotte de Salomon, mais celle d'Hiram, qui envoya les navires à Salomon, qui les équipa à ses risques, d'une cargaison convenable, que les Juifs ses sujets, partant par les mêmes vaisseaux, allaient vendre pour son compte à *Ophir*. Il est facile de deviner pourquoi cette flotte était montée par des Tyriens. On sent qu'un travail journalier et continuel, comme l'exige la manœuvre d'une flotte, ne peut se faire par des Juifs obligés d'observer religieusement leurs sabbats et autres fêtes, en s'abstenant de tout autre travail; d'où il s'ensuit que Salomon, ni les autres rois de la Judée, n'ont jamais pu faire de navigations, soit à Ophir, soit ailleurs, qu'en louant des matelots et des navires étrangers; car on ne s'avise guère d'avoir des vaisseaux quand on n'a pas de sujets pour les monter. Mais pour qu'une flotte se rende de Tyr dans la Mer Rouge, il faut que cette flotte fasse le tour d'Afrique, à moins qu'on ne suppose la jonction des Deux-Mers par un canal, ou que Salomon n'eût une flotte sur la Mer Rouge, et qu'Hiram ne lui envoyât par l'Idumée des marins pour la monter. Mais si cette jonction des deux mers par un canal eût existé du temps de Salomon, divers rois d'Egypte ne l'auraient pas tentée dans la suite, et abandonné ce dessein. On vient aussi de montrer qu'il serait ridicule d'avoir une flotte sans pouvoir la faire monter par ses sujets.

Voilà donc la flotte de Tyr dans l'obligation de faire le tour de l'Afrique, ou pour mieux dire, les Tyriens n'étaient en état de mener les sujets de Salomon à Ophir que parce qu'ils en connaissaient la route; car ce ne pouvait être aussi que par leur flotte que David avait ramassé les 3000 talens d'or d'*Ophir*, destinés pour le temple que Salomon devait bâtir. Les Tyriens faisaient donc des navigations à Ophir avant ce temps-là; ainsi il fallait que, dès-lors, ils fissent le tour de l'Afrique, non pour se rendre à Hetsjon-Gueber ou à Eloth, qui ne furent bâties que par David, mais pour aller directement à Ophir, au cas que cette dernière fût à l'orient de la Mer Rouge, comme on a droit de le supposer. Or, si dans ce temps-là une flotte tyrienne faisait une pareille navigation, avec combien plus de facilité celle de Tarscis pouvait-elle faire la sienne, si elle n'était qu'une partie de celle-là? Aussi faut-il bien se garder de confondre ces deux navigations.

Il est dit au chap. 10 du I.er Livre des Rois, que le poids de l'or qui revenait à Salomon, chaque année, était de 666 talens d'or, sans ce qui lui revenait des facteurs des marchands en gros, et de la marchandise de ceux qui vendaient en détail, et de tous les rois d'Arabie et des gouverneurs de ce pays-là; car le roi avait sur la mer la flotte de Tarscis avec la flotte d'Hiram, et dans trois ans une fois la flotte de Tarscis revenait, qui apportait de l'or, de l'argent, de l'ivoire, des singes et des paons. Pour mieux montrer encore qu'il ne faut pas confondre ces deux navigations, remarquons-en les différences essentielles. 1.° Celle d'Ophir se faisait par la flotte d'Hiram, et celle de Tarscis par la flotte de Tarscis. 2.° Le temps qu'on employait à celle-là n'est point marqué dans l'Écriture, au lieu que celle de *Tarscis* exigeait trois ans. En dernier lieu, les retours de celle de Tyr consistaient en or, en pierres précieuses, et en une sorte de bois rare; au lieu que les retours de l'autre donnaient de l'or, de l'argent, de l'ivoire, des singes et des paons. Il reste à savoir où se faisaient ces deux navigations si différentes.

Il fallait que cette Ophir fût sur la côte méridionale d'Asie, de manière qu'on y pût aller de la Mer Rouge en rasant cette côte; car dans cette haute antiquité, quelque habiles mariniers que fussent les Tyriens, privés du secours de la boussole, ils ne perdaient pas la terre de vue ; aussi n'avaient-ils que des vaisseaux à rames, à peu près semblables à nos galères. Et déjà par cette raison Ophir ne pouvait être ni le Pérou, ni même le Japon, pays d'ailleurs si abondant encore, qui faisait l'une des richesses d'*Ophir*. De plus, il fallait que cette terre d'Ophir ne fût pas extrêmement éloignée de la Mer Rouge; car l'Ecriture, qui spécifie le temps qu'on employait à la navigation de *Tarscis*, parce que c'était une navigation de long cours, ne dit rien du temps qu'exigeait celle d'Ophir, parce qu'apparemment c'était une navigation plus courte. Ainsi Ophir, loin d'être le Japon ou le Pérou, n'était peut-être pas même la Chine. Je trouve encore qu'il faut que ce soit un pays, non-seulement riche en or et en pierreries précieuses, mais aussi en une sorte de bois d'un mérite extraordinaire pour les ouvrages de menuiserie. Or je ne trouve ces trois caractères que dans la presqu'île de l'Inde, au-delà du Gange. Tous les voyageurs et tous les géographes disent unanimement qu'on y trouve toutes sortes de pierres précieuses, et de l'or en abondance; car c'est là qu'est Malaca, appelée par les anciens la Chersonèse ou la Péninsule d'or. D'ailleurs, il s'y trouve un arbre qui paraît être celui de l'Ecriture : c'est le *Techa*, le bois incorruptible qui croît dans le royaume de Martaban, bois inestimable pour les ouvrages auxquels Salomon voulait l'employer. Ajoutez qu'il se trouve dans cette péninsule, surtout au royaume de Pégu, un grand nombre de Juifs, qui se disent descendre de ceux qui s'y établirent du temps de Salomon; d'où je crois pouvoir conclure que la terre d'Ophir était cette presqu'île de l'Inde, située au-delà du Gange.

Il me paraît également facile de décider en quel pays se faisait la navigation de Tarscis. Qu'on se rappelle que les retours de cette navigation consistaient en or, en argent, en ivoire, en singes et en paons, et que celle d'Ophir bornait les siens à l'or, aux pierres précieuses et à une sorte de bois rare : on se persuadera aisément que la flotte de Tarscis n'allait pas chercher son ivoire, son or et ses marchandises dans l'Inde, parce qu'il n'en eût pas plus coûté de tirer cet ivoire et les autres objets de l'Inde, par la flotte qui allait naviguer à *Ophir*. Comme ces deux flottes ne rapportaient pas les mêmes choses, il est vraisemblable qu'elles ne commerçaient point dans les mêmes contrées. Si les deux flottes rapportaient de l'or, c'est qu'il s'en trouvait en Afrique aussi bien qu'aux

Indes, et qu'il en fallait beaucoup à Salomon, pour son temple et pour son palais. Aussi l'Ecriture dit-elle : que l'or qui lui revenait chaque année par les flottes d'Ophir et de Tarscis, était de six cent soixante-six talens d'or, somme évaluée à près de deux cents millions. Enfin, la flotte de Tarscis seule rapportait de l'argent, de l'ivoire, des singes et des paons ou perroquets ; elle les rapportait d'Afrique, parce que toutes ces choses, et surtout l'ivoire, y étaient plus communes qu'aux Indes orientales ; et pour ne parler que de l'ivoire, ignore-t-on que les éléphans de l'Inde et de l'Asie n'ont des dents que de trois à quatre pieds de long, tandis qu'en Afrique elles sont d'une telle grosseur, qu'il faut deux hommes pour en soulever une seule, qui communément n'a pas moins de dix pieds, et pèse jusqu'à quatre quintaux ? Ces animaux y sont d'ailleurs en si grande quantité qu'il n'y a point de contrée où il ne s'en trouve, et qu'on les voit paître dans les campagnes, comme on voit ailleurs les troupeaux de bœufs et de vaches les plus nombreux. De là vient que le commerce de l'ivoire est une des branches principales que les Européens font sur les côtes d'Afrique, entre autres en Guinée, ou toute une côte en a pris le nom de Côte des Dents.

Jusqu'où cette dernière flotte faisait-elle sa navigation en Afrique ? Elle ne se bornait pas à visiter certaines côtes; il est à présumer qu'elle en faisait le tour en s'approvisionnant partout, jusqu'à ce qu'elle eût complété sa traite. Ainsi, partant de la Méditerranée, et passant le détroit de Gibraltar, elle commençait cette traite le long des côtes occidentales de l'Afrique, la continuait en suivant les côtes méridionales, et rasant ensuite celles de l'Orient, elle entrait dans la Mer Rouge, abordait à Hetsjon-Gueber, où elle débarquait son or, son argent, son ivoire, ses singes et ses paons. Cela fait, elle prenait tout le temps nécessaire pour se rafraîchir, et se radouber; puis ayant reçu une autre cargaison de victuailles et de choses propres à faire une nouvelle traite, elle retournait alors par le même chemin qu'elle était venue, et partout échangeant comme la première fois ses marchandises, elle rentrait par le détroit de Gibraltar, et se rendait à Tarsois, d'où elle était partie.

Voici la preuve qu'elle faisait ce voyage. Il est dit au chap. 9 des Chroniques, que les navires du roi, c'est-à-dire la flotte de Tarscis, suivant le chap. 10, du 1.er liv. des Rois, que ces navires allaient à *Tarscis*, ce qui doit s'entendre en partant d'Hetsjon - Gueber, comme on va le voir, puisqu'au Chap. 22 du même livre il est dit : « Josaphat, roi de Juda, dressa une flotte de Tarscis pour aller chercher de l'or à Ophir.

Il est facile de concevoir que par le moyen de cette double navigation de la flotte de Tarscis, et de celle d'Ophir, Salomon réunissait à la fois le commerce des trois parties du monde; car si, d'un côté, il versait en Europe, par le moyen de l'entrepôt qu'il avait à Tarscis, les marchandises les plus précieuses de l'Asie, d'un autre côté il répandait en Asie, par le moyen de son entrepôt à Hetsjon-Gueber, et de sa navigation à Ophir, les marchandises les plus utiles de l'Europe, sans parler des richesses et des curiosités de l'Afrique, dont le superflu ne pouvait manquer de trouver un débouché sûr, de part ou d'autre; et Tarscis étant dans l'Archipel, il tirait les retours de cette flotte par le port de Japho, aujourd'hui Joppé, dont Jérusalem n'est éloignée que de vingt-quatre milles.

DES NAVIGATIONS

AUTOUR DE L'AFRIQUE,

Depuis l'An du Monde 3425 jusqu'à l'An 3 de J.-C.

Par FRANCHEVILLE (1).

Au défaut des livres juifs, l'histoire des autres peuples nous a conservé la mémoire tout au moins de dix grandes navigations :

La première, faite par ordre de Nechao, roi d'Egypte, 610 ans avant J.-C. ;

La deuxième, celle que fit faire Darius, fils d'Hystaspe, roi de Perse et d'Egypte, avant J.-C. 522 ans ;

La troisième se fit du temps de Xerxès I, roi de Perse et d'Egypte, avant J.-C. 464 ans ;

La quatrième, celle d'Hannon le Carthaginois, avant J.-C. 402 ;

La cinquième, celle d'Himilcon, aussi de

(1) Acad. de Berlin, t. XVII.

Carthage, faite dans le même temps que la précédente;

La sixième est celle de Polybe, avant J.-C. 146;

La septième, celle d'un marchand espagnol, avant J.-C. 118;

La huitième, celle d'Eudoxe, du temps de Ptolomée Lathurus, avant J.-C. 75 ans;

La neuvième, celle de plusieurs Indiens, avant J.-C. 54;

Et la dixième, celle de plusieurs Espagnols, l'an 3 de J.-C.

Ire *Navigation, par ordre de Nechao.*

Si Pharaon Nechao ne nous était connu que par l'Ecriture sainte, nous ne saurions de lui autre chose que la victoire qu'il remporta sur Josias, roi de Juda; les actes de souveraineté qu'il exerça sur les deux successeurs de ce prince; ensuite sa défaite par Nabuchodonozor. Mais Hérodote nous apprend que la première entreprise de ce roi, qu'il nomme Nechus, fils de Psamméticus, fut de commencer un canal qui conduisait du Nil à la Mer Rouge. Ayant abandonné ce travail, où périrent cent vingt mille hommes, il fit construire des vaisseaux sur la Méditerranée et sur le golfe Arabique, vers la Mer Rouge, dont l'historien dit qu'on voyait encore les ports de son temps. Mais au Liv. 4, il fait ensuite une remarque : c'est qu'avant Nechus, on savait que l'Afrique était environnée de la mer, excepté l'endroit où elle touche à l'Asie, c'est-à-dire l'isthme de Suez, qui fut premièrement découvert par ce roi Nechus ; et c'est à l'occasion de cette découverte que vient le récit de la navigation qu'il fit faire autour de l'Afrique.

Lorsque ce prince eut cessé de fouiller le canal qu'il voulait conduire du Nil au golfe d'Arabie, il envoya des Phéniciens sur des vaisseaux, qu'ils eurent ordre de conduire jusqu'aux Colonnes d'Hercule, et de faire ainsi leur retour en Egypte. Les Phéniciens s'embarquèrent donc sur la Mer Rouge, entrèrent dans la Mer méridionale ; et quand l'automne était venu, ils descendaient à terre, semaient du blé en tous les endroits de l'Afrique où ils passaient, et n'en partaient qu'après l'avoir récolté. Ainsi, après avoir voyagé deux ans, ils arrivèrent la troisième année aux Colonnes d'Hercule, et de là ils retournèrent en Egypte, où ils racontèrent des choses que l'historien a de la peine à croire. En effet, dit-il, ils rapportèrent qu'en voyageant à l'entour de l'Afrique, ils avaient eu le soleil à droite; et ce fut par ce moyen que la Libye fut premièrement connue.

On peut conclure par ce récit d'*Hérodote*, que les Grecs n'avaient point connaissance des navigations de la flotte de Tarscis autour de l'Afrique, dans le même espace de trois années. Mais il fallait bien que Nechao ne fût pas dans la même ignorance, puisque, pour cette navigation, il s'adressa à des Phéniciens, qui étaient de la même nation que ceux de *Tarscis*.

Comme *Hérodote* n'était pas contemporain de Nechao, il se pourrait bien qu'il eût supposé, ou peut-être ouï dire, ce qu'il assure des Phéniciens, qui semaient et récoltaient en Afrique; car ils eussent été plus long-temps à en faire le tour. Mais que ces navigateurs aient eu le soleil à leur droite, il n'y a rien là que de naturel, puisqu'ils étaient obligés de courir 40 degrés au-delà de l'équateur, pour arriver au cap de Bonne-Espérance, et qu'après l'avoir doublé, ils devaient avoir le soleil à droite jusqu'à leur entrée dans la Méditerranée. Quant à la découverte de la Libye, il n'est point question ici de celle de l'Afrique, mais de toute cette partie du monde, ces deux noms étant synonymes dans *Hérodote*; c'est ce qui prouve encore qu'il n'avait aucune connaissance des navigations de la flotte de Tarscis autour de l'Afrique.

II.° *Navigation, faite par ordre de Darius.*

Darius fut le barbare par qui l'oracle avait annoncé à Nechao que son canal du Nil à la Mer Rouge, serait achevé. En effet, Darius en eut la gloire. L'historien *Hérodote*, qui nous l'assure, nous fait la description de ce canal. Il avait de longueur quatre journées de navigation, et avait la largeur de deux galères. L'eau lui venait du Nil, un peu au-dessus de Bubastis; il passait proche de Patumou, ville d'Arabie, et coulait de là dans la Mer Rouge. Il commençait dans la plaine d'Egypte, vers l'Arabie, et continuait par le haut de cette plaine, le long de la montagne où étaient les carrières, dans le voisinage de Memphis. Ainsi ce grand canal était conduit par le pied de cette montagne, de l'Occident à l'Orient, et de là il coulait dans le golfe d'Arabie, par les ouvertures de la montagne conduisant vers le midi. Le chemin le plus court était d'aller par le mont Casius, *aujourd'hui Larissa*, qui séparait l'Egypte de la Syrie; car il n'y avait pas plus de mille stades (cent vingt-cinq milles romains, de mille pas géométriques chacun), en passant par cet endroit jusqu'au golfe d'Arabie. Mais le chemin du canal était plus long, parce qu'il allait en tournoyant.

Voilà ce qu'*Hérodote* dit de cet ancien canal, dont il ne reste plus aujourd'hui aucune trace, ni même la moindre idée en Egypte. Après que ce prince eut fini son canal du Nil à la Mer Rouge, dit *Hérodote*, liv. 4, il parvint à découvrir la plus grande partie de l'Asie; car voulant savoir en quel endroit se déchargeait le fleuve Indus, il y envoya, entre autres, Scylax et Coryandès, de qui il savait bien qu'il apprendrait la vérité. Ils partirent de la ville de Cafpatire et de la terre de Pactye, et naviguèrent vers l'Orient, tout le long de ce fleuve jusque dans la mer, où tenant leur route vers le couchant, enfin le trentième mois de leur voyage, ils arrivèrent au même endroit d'où Nechao avait fait partir les Phéniciens pour faire le tour de l'Afrique. Quand ils furent de retour, Darius alla conquérir les Indes et se rendit maître de cette mer. Ces navigateurs firent donc une partie de la route que faisait la flotte qui revenait d'Ophir.

III.° *Navigation, faite du temps de Xerxès, 464 avant J.-C.*

C'est encore *Hérodote* qui nous fournit le récit de cette navigation, qu'il tenait des Carthaginois. Voici ce qu'il en rapporte, liv. 4: Un certain Sataspès, fils de Théaspes Achéménide, pour éviter la peine de mort qu'il avait encourue en déshonorant la famille d'un seigneur persan, fut condamné à faire le tour de l'Afrique. Il prit sa route vers les colonnes d'Hercule. Quand il en eut fait le trajet, il passa auprès d'un promontoire nommé *Siloïs*, et tint sa route vers le midi; mais, après avoir employé plusieurs mois à passer seulement de grandes étendues de mer, voyant que son travail devenait plus long, à mesure qu'il pensait l'achever, il retourna en Egypte; d'où s'étant rendu à la cour de Perse, il dit au roi que dans les lieux les plus éloignés où il avait été, il avait vu de petits hommes vêtus à la *phénicienne*, qui avaient quitté leur ville et pris la fuite vers les montagnes, aussitôt qu'ils avaient vu prendre terre aux vaisseaux qui l'accompagnaient; que néanmoins il ne leur avait fait aucun mal, et s'était contenté d'y prendre quelque bétail. Or il disait pour raison de n'avoir pas continué sa navigation autour de l'Afrique, que son vaisseau n'avait pu passer un certain endroit, et qu'il y était resté comme attaché. Mais Xerxès ne pouvant le croire, et s'imaginant qu'il ne lui disait que des mensonges, le fit mettre en croix, suivant son premier jugement, parce qu'il n'avait pas accompli ce qu'on lui avait imposé. L'eunuque de Sataspès, apprenant la mort de son maître, s'enfuit à Samos avec de grandes sommes d'argent, dont s'empara un Samien, que *Hérodote* ne nomme pas, mais qu'il connaissait fort bien à ce qu'il dit : ce qui prouve que cette navigation se fit du temps de cet historien, qui était contemporain de Xerxès I.

Le rapport que fit Sataspès au roi, son cousin-germain, pouvait être fabuleux en certaines circonstances ; mais ce qu'il disait des hommes habillés à la phénicienne qu'il avait vus, mérite sans doute attention. Car la conséquence naturelle qu'on en peut tirer, est que les Phéniciens (et sous ce nom sont compris ceux de Tarscis, de Tyr et de Sidon), ne s'étaient pas contentés de faire leurs navigations autour de l'Afrique, mais qu'ils y avaient fondé sur les côtes, des colonies pour y commercer avec plus de sûreté et de facilité, y trouvant par ce moyen des facteurs et des magasins.

IV.° *Navigation, faite par Hannon, 402 ans avant J.-C.*

Cette expédition s'est faite dans le temps que Carthage se trouvait dans l'état le plus florissant, lorsque, non contente d'avoir conquis une grande partie de l'Afrique sur les Maures et sur les Numides, elle porta ses armes dans les îles Baléares, dans la Sardaigne, en Espagne et en Sicile. Xénophon de Lampsaque est le premier qui a fait mention du voyage d'Hannon, dans une géographie, dont Solin, qui vivait du temps de *Pline*, a donné l'extrait suivant : « Hannon, roi des Carthaginois, a voyagé aux îles Gorgones, situées dans la Mer Atlantique, vis-à-vis le promontoire Hespérion-Céras, à la distance de deux jours de navigation du continent : il y a trouvé des femmes qui couraient d'une vitesse étonnante; et deux d'entre elles ayant été prises, leurs corps étaient si couverts de poil, et d'un poil si rude, que pour la rareté du fait, les peaux de ces deux femmes furent apportées et suspendues parmi les offrandes, dans le temple de Junon, où elles sont restées jusqu'au temps de la destruction de Carthage. »

Il paraît par ce passage, qu'Hannon voyagea aux îles du cap Vert; mais on ne voit pas clairement qu'il y borna sa navigation, ou s'il la poussa plus loin. Du reste, les Gorgones étaient si renommées par des histoires ou des fables plus anciennes qu'Hannon, qu'il n'était pas besoin de son voyage pour les faire connaître.

Le deuxième écrivain qui a parlé d'Hannon, est Pomponius Mela, Espagnol de nation, vivant sous Tibère ou Claude, et auteur d'une cosmographie écrite en latin. « On a douté, » *dit-il*, pendant quelque temps, s'il y avait » une mer au-delà de l'Afrique, ou si la terre » l'entourait, ou si, n'y ayant point de mer, » l'Afrique avait une étendue sans bornes. — » Mais Hannon le Carthaginois, qui fut envoyé » à la découverte par ses compatriotes, étant » sorti par les embouchures de l'Océan, et en » ayant fait le circuit en grande partie, rap- » porta qu'il avait manqué de vivres, mais que » la Grande Mer ne lui avait point manqué. » Au-dessus des peuples monstrueux que ren- » ferme l'intérieur de l'Afrique, la grande » courbure du rivage enferme une grande île,

» où l'on ne voit, dit-on, que des femmes dont
» le corps est entièrement velu, et qui sont
» fécondes sans avoir commerce avec l'autre
» sexe, mais qui sont si sauvages qu'on peut à
» peine s'en rendre maître en les liant de
» force. C'est ce qu'Hannon a raconté de ces
» femmes; et on a ajouté foi à son témoignage,
» parce qu'il a rapporté les peaux de quelques-
» unes qui s'étaient fait tuer. »

Pline le naturaliste est le troisième des anciens qui a fait mention du voyage d'Hannon. Cet auteur composa son histoire sous Vespasien; il dit, liv. 2, ch. 67 : « Lorsque la puis-
» sance de Carthage était florissante, Hannon
» ayant fait le circuit depuis le détroit de Ca-
» dix jusqu'à la frontière d'Arabie, a laissé par
» écrit l'histoire de cette navigation. » Dans la suite, au liv. 6, chap. 1, après avoir dit que la route du Mont-Atlas est d'une étendue immense, incertaine ou peu connue, il ajoute:
« On a des Mémoires d'Hannon, général car-
» thaginois, qui, dans l'état le plus florissant
» de sa république, eut ordre de faire le tour
» de l'Afrique; et ayant été suivi ou copié par
» la plupart des Grecs et des Romains, il leur
» a donné lieu de publier plusieurs choses fa-
» buleuses, et de parler de plusieurs villes

» qu'il avait fondées, et dont il ne reste ni ves-
» tige, ni mémoire. » Enfin, au liv. 6, chapitre 51, il dit : « Qu'à l'opposite du cap Hes-
» périon-Céras sont situées les îles Gorgades,
» autrefois la demeure des Gorgones, dis-
» tantes du continent de deux journées de
» navigation. *Il ajoute*, Hannon, *imperator*,
» ayant pénétré dans ces îles, a rapporté que
» les femmes y passent les hommes à la course,
» et ont le corps velu. Pour preuve d'une sin-
» gularité si étrange, il a déposé dans le temple
» de Junon les peaux de deux Gorgones qui
» y ont été vues jusqu'à la prise de Carthage. »

On voit clairement par le premier de ces passages de *Pline*, qu'Hannon fit entièrement le tour d'Afrique, depuis Carthage et le détroit de Gibraltar jusque dans la Mer Rouge.

Si le nombre des anciens qui ont parlé de la navigation de ce Carthaginois n'est pas considérable, au moins leurs témoignages paraissent suffisans pour prouver qu'effectivement il y a eu un Carthaginois de ce nom, qui a voyagé le long des côtes d'Afrique, et qui même en a fait le tour depuis le détroit de Gibraltar jusqu'à la Mer Rouge. Je ne prétends pas excuser les fables que quelques-uns de ces auteurs ont mêlées dans leurs récits; mais je dis qu'elles ne doivent point empêcher qu'on ne reçoive ce que ces récits ont de vrai. *Pline* a reconnu lui-même ces fables, et cependant il n'a pas laissé de donner la navigation d'Hannon comme un fait réel.

Hannon, carthaginois, a dû faire son rapport en langue punique; c'était la phénicienne ou l'ancien hébreu, sans mélange de chaldéen ni de syriaque. Les Carthaginois étaient trop habiles négocians, trop fins, trop dissimulés pour révéler le secret de leurs affaires aux autres nations. Pour donner le change au public sur l'issue de cette grande flotte, on aura peut-être publié une fausse relation; et pour lui donner un air de vérité, on y aura indiqué le dépôt public où était conservé l'original dont elle passait pour la copie. Enfin, cette feinte relation une fois parvenue chez les Grecs, les hommes du monde qui avaient le plus de passion pour le merveilleux, il s'en sera répandu successivement des copies, qui n'auront fait que croître et s'embellir par de nouvelles circonstances plus ou moins absurdes.

Cette relation grecque, soit copie, soit abrégé, devenue original, a été publiée pour la première fois par Sigismond Ghélen, l'an 1533; traduite en latin par Conrad Gesner, en

1559, puis réimprimée eu grec et en latin, par Henri Bekler, avec des notes, en 1681. Mais je ne crois pas qu'elle ait paru jusqu'à présent en français; c'est ce qui m'engage à la donner, pour la première fois, dans cette langue.

Périple d'Hannon, *roi des Carthaginois* (1), ou *circuit autour de la Libye, au-delà des colonnes d'Hercule, déposé par lui dans le temple de Saturne.*

Il a plu aux Carthaginois qu'Hannon fît une navigation au-delà des *colonnes d'Hercule* (2), et fondât des villes de *Libyphéniciens* (3). Il a donc navigué avec une flotte de soixante navires à cinquante rames chacun, qui portaient trente mille, tant hommes que femmes, des vivres et diverses provisions.

Après avoir levé l'ancre et avoir employé deux jours à dépasser les colonnes, nous avons nommé (4) *Thymiaterion* la première ville

(1) Les Carthaginois n'avaient que deux *suffètes* ou juges; c'est ce qu'on nomme roi.

(2) La montagne de *Calpé*, en Espagne, et d'Abyla, en Afrique.

(3) Phéniciens d'Afrique. Les anciens donnaient le nom de Libye à l'Afrique.

(4) Encensoir en Grec; Machtàch en Phénicien ou en Hébreu. Nulle apparence qu'un Carthaginois fondant des villes, leur eût donné des noms grecs.

que nous avons fondée, au-dessous de laquelle il y a une vaste plaine.

De là, tirant à l'ouest (1), nous sommes venus à *Soloente* (2), promontoire de Libye, tout couvert d'arbres, où ayant bâti un temple à Neptune, nous avons porté à l'est, et après une demi-journée de navigation nous sommes arrivés à un étang peu éloigné de la mer, sur lequel il y avait quantité de grosses hirondelles. On voyait aussi des éléphans et beaucoup d'autres bêtes sauvages qui paissaient en cet endroit. Un jour nous ayant suffi pour passer cet étang, nous avons fondé des villes maritimes sous ces noms, Caricon-Teichos (3), Gytte (4), Acra (5), Melitta (6) et Arambye (7).

Ayant ensuite remis en mer, nous avons

(1) Pour éviter apparemment quelque cap, ou pour le doubler.

(2) *Zoloenta* en Grec, traduit par *Solunte*.

(3) En Grec, muraille de peu de valeur; Chourah Zole, en Phénicien.

(4) Ville de la Palestine; ainsi ce mot est Phénicien ou Hébreu.

(5) En Grec, forteresse; *Misghab* en Phénicien.

(6) En Grec, mouche à miel; Déborah, en Hébreu.

(7) Mot formé d'*Aram*, nom d'homme en Hébreu; d'où Aramie, la Syrie; Araméens, Syriens.

abordé au grand fleuve *Lixos* (1), qui descend de la Libye, le long duquel les Nomades Lixites (2) faisaient paître leurs troupeaux. Nous étant liés réciproquement d'amitié, nous avons fait quelque séjour avec eux.

Au-delà de leur terre demeurent les Éthiopiens (3), peuple inhospitalier, dont le pays est rempli d'animaux féroces, et coupé par de hautes *montagnes* (4), d'où l'on prétend que sort le Lixos, et qui sont habitées, à ce qu'on dit, par les Troglodites (5), gens d'une figure étrange, lesquels, au rapport des Lixites, courent plus vite que les chevaux.

(1) Fleuve connu sous le nom de Larache, au royaume de *Fez*.

(2) Berger, pasteur, d'où le mot Numide, peuple voisin de Carthage.

(3) Tous les peuples noirs entre la Mer Rouge et l'Atlantique, depuis la Nigritie jusqu'à l'Océan méridional.

(4) Montagnes d'Ethiopie, d'où sortait le Lixos, puisqu'il sort des monts Errifs, au royaume de Fez. Les anciens croyaient que tous les fleuves d'Afrique sortaient de l'Abyssinie.

(5) Les Grecs donnaient ce nom à tous les peuples qui vivaient dans les cavernes; *Suchijim*, chez les Phéniciens.

Ensuite, accompagnés des *interprètes* (1) que ces Lixites nous avaient donnés, et portant au Sud, nous avons rasé pendant deux jours une côte déserte. De là, tournant à l'Est, nous avons navigué une journée, et trouvé, dans le fond d'une espèce de golfe, une petite île de cinq stades de tour (2), dans laquelle nous avons laissé du monde pour l'habiter, et nous l'avons nommée *Cerné* (3). Suivant notre estime, à raison de notre navigation, cette île doit être opposée à Carthage; car la navigation de Carthage aux Colonnes est égale à celle des Colonnes à Cerné.

Après cela, ayant passé un grand fleuve appelé *Chrétès* (4), nous sommes venus reconnaître un étang (5) qui embrasse trois îles plus

(1) Hannon prit ces interprètes chez les Lixites; donc ils parlaient Phénicien.

(2) 521 toises. Les 8 stades font le mille romain.

(3) *Pline* parle de plusieurs îles de ce nom. Celle-ci pouvait être une des Canaries.

(4) Le grand fleuve Chrétès me paraît être le *Buzedor*; ainsi nos navigateurs ont atteint le Biledulgérid.

(5) Cet étang et ses trois îles peuvent s'entendre du fleuve Albus ou Blanc, qui se partage en trois branches qui forment deux grandes îles. L'étang peut être le lit de ce fleuve.

grandes que Cerné. Il nous a fallu un jour entier pour atteindre le bout de cet étang, au-dessus duquel s'élèvent de très-grandes montagnes (1) habitées par des hommes sauvages, vêtus de peaux de bêtes féroces, qui, à coups de pierres, nous ont repoussés et se sont opposés à notre débarquement.

Nous avons gagné ensuite un autre grand et large fleuve (2), plein de crocodiles et d'hippopotames. Alors (3) retournant en arrière, nous sommes revenus à Cerné, et de là, ayant mis douze jours à dépasser une côte, au Sud (4), occupée entièrement par les Éthiopiens, qui parlaient un langage que n'entendaient pas nos

(1) On reconnait ces trois montagnes dans celles qui sont vers les sources de l'Albus, et le long de son lit, au midi.

(2) C'était manifestement la rivière de Los Cavallos, ainsi nommée pour le même sujet.

(3) On demande pourquoi ce retour à Cerné? parce qu'ayant fait le tour de ces îles, ils ont dû revenir à l'embouchure d'un des fleuves où elles étaient.

(4) Le nom d'Ethiopiens, donné aux habitans, marque qu'ils avaient atteint la Nigritie; il n'est pas étonnant que ces noirs eussent un langage inconnu aux Lixtes.

interprètes Lixtes, nous avons pris terre sous des montagnes (1) fort élevées et couvertes d'une forêt, dont le bois est odoriférant et de diverses couleurs.

Ayant employé deux jours à faire le tour de ces montagnes, nous nous sommes trouvés dans un immense enfoncement de la mer (2), d'un côté duquel le Continent forme une plaine, où l'on voit, pendant la nuit, briller par intervalles de grands feux et d'autres moindres.

Après avoir fait aiguade (3) en cet endroit, nous sommes allés en avant, le long du rivage, pendant cinq jours, au bout desquels nous avons trouvé un grand golfe, que nos interprètes appelaient *Hespéru-Céras*.

Dans ce golfe était une île (4), dans cette île

(1) Le cap Blanc, au royaume de Gualata. Ces arbres devaient être des cèdres.

(2) Après avoir tourné le cap Blanc, on trouve le commencement du golfe d'Arguin, que ces navigateurs ne traversèrent point, et qu'ils reconnurent.

(3) A l'entrée de ce golfe d'Arguin.

(4) Ce n'est pas une chose fort merveilleuse qu'un lac dans une île, des feux allumés, et des bergers qui jouent des instrumens.

un lac marin, et dans ce lac, une autre île. Nous y étant rendus, le jour on n'y voyait autre chose qu'une forêt; mais la nuit, il y avait beaucoup de feux allumés, et nous entendions jouer de la flûte, sonner de la cymbale, battre du tambour, et crier une infinité de gens. C'est pourquoi, tout épouvantés que nous étions, et nos Devins nous exhortant à quitter cette île, nous nous sommes retirés promptement, et avons côtoyé Thymiamaton (1), qui est une région enflammée, d'où sortent des torrens de feu qui se jettent dans la mer. L'ardeur de la terre est si violente, qu'on n'y saurait marcher sans se brûler. Nous avons aussi abandonné à la hâte cet endroit; et après quatre jours de navigation, nous ne laissions pas de voir encore, pendant la nuit, cette terre toute en feu. Mais au milieu de ces feux il en paraissait un fort élevé et plus grand que les autres : il touchait aux astres, à ce qu'il semblait : c'était, comme on le voyait le

(1) Cassolette, une chose qui fume, et où il y a du feu; ce qui convient assez à la région enflammée que les Carthaginois côtoient, parce qu'il y avait sans doute un volcan : c'était apparemment une des îles du cap Vert, parmi lesquelles il se trouve encore celle de *Fuogo*.

jour (1), une très-haute montagne, appelée Théon Ochema (2).

En trois jours de navigation, ayant passé ces torrens de feu, nous avons gagné le golfe Notu-Céras (3), dans le fond duquel est une île, comme dans les îles précédentes, ayant de même un lac, et dans ce lac une autre île (4), habitée par une nation sauvage. Il y a beaucoup plus de femmes que d'hommes; elles ont le corps tout velu, et nos interprètes les nomment

(1) On voit dans l'île Saint-Antoine, l'une des îles du cap Vert, deux montagnes qui ne sont guère moins hautes que le pic de Ténériffe. Le feu que voyaient les Carthaginois pouvait s'élever de l'une ou de ces deux montagnes. Les volcans auront pu s'étendre et s'abîmer par quelques tremblemens de terre.

(2) Nom grec, qui signifie le chariot des dieux; terme heureux pour exprimer un volcan qui semblait toucher aux astres.

(3) Le cap Vert, nommé avec raison la Corne du sud, *Notu-Ceras*.

(4) La carte du cap Vert montre que le Sénégal, qui tire son origine du lac Borno, ayant reçu la rivière du Jote, se partage en deux grands bras, qui forment d'abord une île très-vaste, mais dont l'un produit ensuite deux autres branches qui forment entre elles une deuxième île au dedans de la première.

Gorilles (1). Nous étant mis à les poursuivre, nous n'avons pu prendre aucun homme, car ils se sauvaient tous à travers les précipices, qu'ils franchissaient aisément, et nous accablaient de pierres; mais nous avons pris trois femmes; et comme elles faisaient trop de résistance à ceux qui les entraînaient, les mordant et les déchirant, nous les avons tuées (2), et ayant pris leurs peaux, nous les avons apportées à Carthage.

Notre navigation s'est bornée là (3), parce que les vivres nous manquaient (4).

V.° *Navigation, par Himilcon le Carthaginois, faite en même temps que la précédente.*

Pline et *Avienus* parlent de cette navigation,

(1) C'est ainsi que la relation les nomme, et non pas Gorgones ou Gorgades.

(2) Cette action ne doit pas surprendre chez les Carthaginois, chez qui les sacrifices d'hommes et d'enfans étaient en usage dans les grandes calamités.

(3) Il parait évidemment que leur navigation s'est bornée au cap Vert.

(4) Ils ne firent donc pas comme les Phéniciens de Nechao, qui s'arrêtaient pour semer des grains, et ne partaient qu'après la moisson.

dont le but était de reconnaître les bords extérieurs de l'Europe. Cette relation n'est parvenue ni en original, ni traduite, jusqu'à nous.

VI.° *Navigation de l'historien* Polybe, 146 *ans avant J.-C.*

Polybe reçut de Scipion une flotte pour aller reconnaître l'enceinte de l'Afrique. Il rapporta que depuis le mont Atlas, vers le couchant, il y avait des forêts remplies de bêtes féroces engendrées dans l'Afrique. *Pline* cite un autre passage de sa relation où il disait que l'île de *Ceme* était à un mille romain du continent, vis-à-vis du mont Atlas, situé à l'extrémité de la Mauritanie; et dans un troisième endroit, où il traite des lions, il ajoute deux remarques tirées du rapport de *Polybe*, compagnon d'*Émile*; l'une, que ces animaux redoutables ne faisaient aucun mal aux vieilles gens, sachant que ceux-ci n'ont pas la force de donner la chasse aux bêtes sauvages; et l'autre, qu'il y avait eu des villes d'Afrique assiégées par des lions, tellement que les habitans les ayant repoussés, après en avoir tué plusieurs, lui *Polybe*, et *Scipion* lui-même, avaient vu plusieurs de ces lions qu'on avait mis en croix pour intimider les autres.

Tout ce qu'on peut dire de la navigation, est qu'elle n'a pas été au-delà de la côte occidentale d'Afrique; sa relation s'est perdue, ainsi qu'une partie de ses ouvrages.

VII.° *Navigation d'un Marchand espagnol, 118 ans avant J.-C.*

Cœlius Antipater, historien latin, contemporain des Gracques, dit, au rapport de *Pline* et de *Valère Maxime*, qu'il avait connu un marchand qui allait commercer d'Espagne jusqu'en Éthiopie. La relation de *Cœlius* étant perdue, nous n'en connaissons rien que ce que *Pline* nous en a dit.

VIII.° *Navigation, par* Eudoxe, *du temps de* Ptolomée Soter, *roi d'Égypte*, 89 *ans avant J.-C.*

Cornelius Nepos, dans un de ses ouvrages perdus, avait parlé de cette navigation, dont la mémoire ne serait point parvenue jusqu'à nous si *Pomponius Mela*, et *Pline* après lui, ne nous l'eussent conservée.

« Au temps de nos pères, dit *Pomponius Mela*, un certain Eudoxe, fuyant Ptolomée Soter, sortit du golfe Arabique, et vint par l'Océan, comme *Nepos* l'assure, jusqu'à Gadès..... Sur cette route, il y a des peuples qui connaissaient si peu le feu, avant l'arrivée d'Eudoxe, et à qui son usage fit tant de plaisir, qu'on les voyait embrasser les flammes, et mettre dans leur sein des matières ardentes, jusqu'à ce qu'ils sentissent qu'elles leur faisaient mal. » *Pline* dit la même chose, au rapport de *Cornelius-Nepos*.

Ptolomée fut détrôné cent un ans avant J.-C. Mais ayant remonté sur le trône douze ans après, tous ceux qui avaient contribué à sa déposition n'eurent garde de s'exposer à ses ressentimens; et comme il y a apparence qu'Eudoxe était du nombre, j'ai pris pour époque de sa navigation l'année du rétablissement de Ptolomée.

IX.° *Navigation de plusieurs Indiens*, 62 *ans avant J.-C.*

D'après le témoignage des mêmes auteurs, *Nepos*, *Mela* et *Pline*, *Metellus Celis*, proconsul dans les Gaules, assure qu'un roi des

Suèves lui fit présent de plusieurs Indiens, que les tempêtes avaient jetés depuis les mers des Indes jusque sur les côtes de la Germanie. M. *Pelloutier* soupçonne que ces Indiens, qui étaient noirs, étaient des Africains.

X.° *Navigation de plusieurs Espagnols, l'an 3 de J.-C.*

Pline est le seul qui parle de cette navigation. Il dit, au sujet du golfe Arabique, qui est la Mer Rouge, que Caïus César, fils d'Auguste, commandant sur cette mer, y reconnut les pavillons de plusieurs vaisseaux espagnols, qui y avaient fait naufrage. Ce Caïus César, fils de Vipsanius Agrippa, et de Julie, fille d'Auguste, avait été adopté par son oncle. Il mourut dans l'Arménie, la même année qu'il avait vu sur la Mer Rouge les débris de la flotte espagnole.

DISSERTATION

SUR L'EXCELLENCE DE LA PALESTINE ;

Par M. ELSNER (1).

I. LE pays que les Israélites conquirent, après leur sortie d'Egypte, a été jusqu'à présent, quant aux qualités de son terroir, le sujet de bien des opinions différentes, et même contradictoires. Avant que le peuple d'Israël y entrât pour la première fois, les espions qu'on y avait envoyés pour le reconnaître, firent un rapport tout opposé ; les uns élevèrent jusqu'aux nues la bonté du pays, et en mirent sous les yeux des preuves sensibles par les fruits excellens qu'ils avaient rapportés ; et les autres, au contraire, en parlèrent comme d'une contrée dangereuse et d'un mauvais renom.

II. Dans les temps postérieurs, et jusqu'au nôtre, on a continué à se partager dans les jugemens qu'on a portés sur la Palestine. Je n'examinerai pas les causes de ce partage d'opinions

(1) Acad. de Berlin.

et les vues qui les ont fait embrasser. Je rechercherai cependant sur quels fondemens s'est établi un sentiment destitué de toute vraisemblance et diamétralement opposé à l'autorité respectable des livres de Moïse, pour représenter dans toute leur force les objections de leurs adversaires; après quoi, je les peserai avec un esprit dégagé de toute prévention, afin que nous puissions arriver à la connaissance exacte de la vérité.

III. *Strabon* est presque le seul auteur qu'on puisse alléguer, comme ayant parlé au désavantage de la Palestine; et voici ce qu'il dit à ce sujet.

« Moïse mena le peuple au lieu où Jérusalem
» est bâti présentement, et il s'empara aisé-
» ment de cet endroit, qui n'est pas de na-
» ture à être envié, ni ne vaut la peine qu'on
» en vienne aux mains pour en disputer la pos-
» session; car c'est un terroin pierreux, où il y
» a à la vérité assez d'eau, mais dont tous les en-
» virons sont infructueux et arides, et dans ce
» canton même, il y a soixante stades de ter-
» rain (à peu près un mille et demi) dont le
» fond est entièrement pierreux. » *Liv.* 16, *pag.* 1104, *edit. Almelov.*

Le fameux *Toland* fait un si grand cas de

cette autorité, qu'il dit avec une ironie piquante : « Que les commentateurs des livres de
» Moïse auraient beaucoup mieux fait de tirer
» leurs éclaircissemens de ces paroles de *Stra-*
» *bon*, que de s'en fier aux fables d'Aristée et
» d'Hécatée, qui donnent des éloges frivoles
» à ce pays, vu que la description de *Strabon*
» s'accorde avec la constitution actuelle du
» terroir, et se trouve conforme au rapport
» des voyageurs, au lieu que celle des autres
» auteurs répugne à toutes ces preuves. »

IV. D'autres encore en appellent à l'expérience et aux voyageurs, qui représentent la Palestine comme un pays misérable et stérile, dénué de toute bonté et d'agrément. C'est ce que fait en particulier l'éditeur de Ptolomée, qui avertit le lecteur que tout le bien qu'on a dit de ce pauvre pays n'est que pure vanterie. Ces paroles sont attribuées au fameux *Michel Servet*, dans son édition de Ptolomée, faite à Lyon en 1535. Lorsqu'on lui en fit un sujet d'accusation à Genève, il ne les reconnut pas, à la vérité, pour être de lui; mais il soutint qu'elles ne renfermaient rien qui ne pût être écrit, puisqu'elles n'attaquent pas Moïse, et qu'il ne s'y agit que des auteurs qui ont donné des éloges outrés au pays de Canaan.

Telles sont les difficultés de nos adversaires. Voilà en général à quoi se réduisent les preuves d'une assertion qu'ils osent soutenir avec tant de confiance.

V. Quelque estime que *Strabon* se soit acquise, et de quelque autorité que soient ses décisions parmi les savans, à cause de la justesse de son esprit et de la droiture de ses jugemens, il y a pourtant beaucoup moins de fonds à faire sur lui, lorsqu'il décrit des pays qu'il n'a pas vus lui-même, et sur lesquels il n'a pu se procurer les informations nécessaires, que quand il parle d'après sa propre expérience. De là viennent tant de bévues considérables qu'il a faites dans la description de notre Allemagne, et que Cluvier a relevées. (*Germ. antiq. lib.* 3, *cap.* 1.)

Or, comme *Strabon* avait bien vu divers autres pays, et en particulier l'Egypte, et comme il n'avait pas été dans la Palestine, il s'en sera tenu aux récits des Egyptiens qui, par ignorance, ou sur des traditions anciennes et fabuleuses, et par une haine invétérée, jugeaient communément de ce pays d'une manière désavantageuse. Voilà la source du jugement de *Strabon*.

Que cette conjecture soit pleinement fondée, c'est ce qui paraît par l'historien *Joseph*, dans son Liv. I.er, contre *Appion* (chap. 25, pag. 459). Il y prouve que les Égyptiens, par haine et par envie, détruisaient la vérité et renversaient l'ordre de l'histoire judaïque. Il allègue en particulier (chap. 26, pag. 459), ce que disait *Manéthon*, que les Juifs chassés d'Égypte avaient bâti Jérusalem et le temple, et (ch. 34, pag. 467), le récit de *Lysimachus*, qui portait que Moïse, avec sa suite, était arrivé dans le pays qu'on nomme à présent la Judée, et avait bâti Jérusalem : ce qui s'accorde parfaitement avec les paroles de *Strabon*. Si lui-même avait été dans cette ville, le moindre enfant lui aurait appris que ce n'était pas là que Moïse avait conduit le peuple juif ; mais que plusieurs siècles après, un roi (David) avait dépossédé les anciens habitans de cette ville, et se l'était soumise ; il se serait épargné en même temps d'autres fautes grossières qu'il a commises au sujet de ce peuple et de ce pays.

VI. D'ailleurs, *Strabon* n'est pas d'accord avec lui-même; car si cette contrée, comme il le dit, a de l'eau, elle ne peut être si misérable ni si stérile ; car il est connu que les lieux où se trouvent des sources sont agréables et fertiles. Quand même le *terroir* serait *pierreux*, comme *Strabon* le dit ensuite, il ne s'en suit pas que pour cela il soit infructueux. Un sol de cette nature reçoit et conserve d'autant mieux l'impression de la chaleur ; il en est plus propre à produire les meilleures herbes, les fruits les plus exquis, et particulièrement d'excellentes vignes. D'ailleurs, dans ce passage, *Strabon* ne parle pas de tout le pays, il ne décrit que la contrée de Jérusalem, jusqu'à soixante stades aux environs. Et que sont ces soixante stades, en comparaison de tout le pays ? Enfin, *Strabon* ne parle pas ainsi de toute la Palestine ; au contraire, il rend, un peu après, un témoignage fort avantageux à sa fertilité. « Auprès de Jéricho, dit-il, il y a un bois de palmiers, et une contrée de cent stades pleine de sources et fort peuplée. C'est là qu'est aussi le jardin royal du Baume. » Il change donc et corrige son jugement antérieur, en opposant ici cent stades d'excellent terroir à soixante d'une terre moins fertile. Ainsi, on pourrait plus justement le prendre pour commentateur des livres de Moïse, que *Toland* ne le pense.

VII. Ceci nous fournit aussi un moyen aisé de répondre à l'argument tiré de la prétendue stérilité du terroir de Jérusalem, sur lequel *Toland* et d'autres insistent si fortement ;

savoir qu'on ne peut tirer aucune conséquence suffisante de ce canton pour tout le reste du pays, et de ce temps-là à ceux qui l'ont suivi. L'on ne disconvient pas que *Jérusalem* ne soit située dans un lieu montagneux et pierreux, et c'est de cette situation qu'elle tirait la force qui la rendait presque imprenable. On avoue encore que la situation actuelle du pays ne présente pas un aspect agréable, et qu'on a même naturellement sujet de faire réflexion, comment il est possible qu'une terre tant vantée puisse être si misérable; mais on prie ceux qui pourraient avoir ces idées, de ne pas précipiter leur jugement. Il y a, sans contredit, une grande différence à faire entre un pays peuplé et ce même pays dénué d'habitans, entre des terres cultivées et des déserts. Jérusalem, de l'aveu de tout le monde, était, dans le temps de sa prospérité, une ville extraordinairement peuplée et fort riche. Or, qui peut se représenter une semblable ville, dont tous les environs, quoiqu'ils ne soient pas du terroir le plus excellent, n'aient ni jardins, ni maisons de plaisance, rien, en un mot, d'utile ou d'agréable ? Prenons notre Berlin pour exemple : Qu'était ci-devant sa contrée sablonneuse, et qu'est-elle, à présent que cette ville est devenue grande, riche, et la résidence du souverain? Ne faut-il pas porter le même jugement de Jérusalem, qui a été si long-temps le siége des rois, et la capitale du pays, vu surtout que la montagne des Oliviers, qui est dans son voisinage, montre encore aujourd'hui une grande fertilité, et qu'on trouve dans la contrée d'alentour diverses vignes et des jardins.

Joseph dit expressément, dans sa *Guerre des Juifs* (liv. 6, chap. 1, pag. 367), qu'autour de Jérusalem, soixante stades à la ronde, il y avait les plus beaux jardins et une infinité d'arbres, que les Romains coupèrent pour les employer au siége de cette ville. A l'égard du mont des Oliviers, *Adamnanus*, écrivain du VIIe. siècle, parle ainsi de sa fertilité dans l'Histoire ecclésiastique de *Beda*, liv. 5, chap. 18: « Le mont des Oliviers est égal en hauteur à » la montagne de Sion; mais il a plus de lon- » gueur et de largeur: si l'on en excepte les » vignes et les oliviers, elle est fertile en arbres » rares, en froment et en orge; et la qualité » de son sol est d'abonder en pâturages et en » fleurs. »

VIII. Jérusalem, ainsi que toute la contrée, est aujourd'hui sous la domination des Turcs, et personne n'ignore combien tant d'autres états, qui étaient autrefois dans la plus haute réputation, sont déchus sous ces maîtres, et le triste état où ils sont actuellement. Les Turcs, bien loin de penser à rétablir ces pays, ne cherchent qu'à les désoler de plus en plus. Les habitations ne sont bâties que par des esclaves, qui y mettent le moins de soin et de travail qu'ils peuvent, puisqu'aussi bien les pachas, comme de véritables sang-sues, leur tirent jusqu'à la dernière goutte de sang. De là vient que la Natolie, cette contrée si riante autrefois, n'est plus qu'une affreuse solitude. Les bords de l'Euphrate, si délicieux et si peuplés dans le temps de l'ancienne Babylone, sont à présent arides et incultes, par la négligence des Arabes, qui ne se soucient pas de travailler, et particulièrement de conduire l'eau dans les campagnes, où elle est nécessaire, comme cela se faisait anciennement. Ce sont les mêmes raisons pourquoi la Perse n'a plus la même splendeur (*Della valle, liv.* 17, *pag.* 207; *P. Lucas, Voyage d'Asie, en* 1724, *page* 266 *du tom.* 1.er). Suivant des relations anciennes, et très-dignes de foi, la Perse était un très-beau et très-bon pays; aujourd'hui, la plus grande partie en est aride et stérile; il y a tout au plus la douzième partie d'habitans.

Ce défaut d'habitans, joint au gouvernement despotique et à la paresse des Mahométans, qui se bornent à jouir du présent, dans l'état qu'ils se trouvent, ont mis ce royaume dans un état déplorable; au lieu que les anciens Perses, nommés Guèbres ou Gaures, avaient pour principe de religion de planter des arbres, de cultiver les terres, de creuser des sources et d'amener, autant qu'il leur était possible, les eaux et la fertilité dans tout le pays, comme *Chardin* l'a fait voir d'une manière fort détaillée, *tom. IV de ses Voyages en Perse*.

Tout ceci peut s'appliquer parfaitement à la Palestine. La contrée de Jérusalem, et en général tout le pays, ont été réduits dans l'état où ils se trouvent par des causes semblables, auxquelles on peut en ajouter de plus particulières, comme les divisions perpétuelles des princes arabes, que les Turcs ont grand soin d'entretenir, afin d'affermir leur domination par cette voie; et les brigandages inouis qui se commettent jusqu'aux pieds des murs de Jérusalem, par des Arabes qui attendent les pélerins au passage, et qui empêchent en général que personne puisse demeurer en sûreté dans le pays, et penser beaucoup moins à y bâtir.

IX. C'est donc une conséquence fort peu

juste, que celle qu'on tire de la constitution actuelle d'un pays ruiné, à celle qu'il avait, lorsqu'il était rempli d'habitans, qui en mettaient le moindre coin à profit, et qui ne laissaient pas un pouce de terre sans le travailler. On en voit encore des traces sensibles, dans ces marches de pierre, qui sont en forme de degrés autour des montagnes, et qui étaient destinées à empêcher que la terre ne s'éboulât, en sorte que tous les côtés de la montagne étaient en état de porter du fruit, comme l'a vu de ses propres yeux le docte *Maundrelle*, et comme l'avaient déjà remarqué avant lui *Cutovicus*, le prince de *Radziwil*, et surtout le célèbre *Bellon*, qui ajoute qu'on remarque la même industrie dans les anciens habitans des îles de la Mer Égée, et qui s'en servaient pareillement pour donner et conserver la fertilité à leurs montagnes et à leurs rochers, en sorte que six mille habitans trouvaient abondamment leur subsistance dans un lieu où cent personnes peuvent à peine vivre aujourd'hui. En général, les montagnes pierreuses peuvent être employées en très-bons vignobles, lorsque l'on veut y donner les soins et les travaux nécessaires, comme nos montagnes voisines de Misnie en fournissent une preuve indubitable. De même dans les îles de

Chio et de Sicile, sur la Moselle et sur le Rhin, on voit tous les jours les ceps de vigne entre les rochers et sur les montagnes de pure ardoise.

Le docteur *Schaw*, témoin oculaire, rapporte avec admiration que les moines grecs, qui ont un cloître sur le mont Sinaï, ont fait sur la pure roche, en y faisant porter de la terre et du fumier, un jardin où ils ont les meilleures herbes et les plus beaux fruits, outre de l'excellente vigne qui y vient aussi. (*Tome* 2 *des Voy. de Schaw*). L'île célèbre de Malte est un pur rocher; mais la terre qu'on y a apportée d'Afrique étant cultivée, produit en abondance les fruits les plus excellens, et même du vin exquis, comme personne ne l'ignore aujourd'hui. L'état déplorable où la Palestine paraît donc actuellement, vient de ce qu'elle est dépeuplée, des désordres perpétuels qu'y font les courses des Arabes, enfin de la ruine des puits et de tous les conduits ou canaux par où les pluies et les autres eaux prenaient leurs cours, d'où n'a pu que s'ensuivre la sécheresse et la stérilité du terroir. Ainsi, on n'est point en droit d'en rien conclure pour le temps que ce pays était rempli d'habitans.

X. Après avoir ainsi écarté les principales objections, on sera sans doute déjà mieux disposé à se faire une idée plus avantageuse de la bonté de la Palestine; mais les preuves suivantes vont mettre la chose dans une telle évidence, qu'il n'y aura plus lieu de conserver le moindre doute.

XI. On peut opposer, ou, pour mieux dire, ajouter à *Strabon*, qui semble dire quelque chose de contraire à la fertilité du pays en question, mais qui lui rend effectivement un témoignage avantageux, on peut, dis-je, lui joindre plusieurs autres auteurs dignes de foi. *Tacite* parle ainsi de la Palestine : « Les pluies y sont rares, le terroir est fertile, on y trouve en abondance toutes nos espèces de fruits, et de plus le baume et le palmier. » L'autorité de *Tacite* est ici d'un poids d'autant plus grand, qu'il a écrit depuis la dernière prise de Jérusalem, et par conséquent qu'il a pu tirer toutes les informations nécessaires de l'armée qui était revenue triomphante de cette expédition. Le noble romain, *Della Valle*, ce fameux voyageur, confirme le témoignage de *Tacite*, en disant de la Palestine : « Nous passâmes par un pays fort bon, et très-ressemblant à notre Italie. » *Ammien Marcellin*, si recommandable par sa droiture et par son amour pour la vérité, et qui d'ailleurs avait parcouru ces contrées, s'exprime de la manière suivante : « La dernière des Syries, c'est la Palestine, pays d'une grande étendue, rempli de bonnes terres et bien cultivées, et où l'on trouve quelques belles villes, qui ne le cèdent point l'une à l'autre, mais qui sont dans une espèce d'égalité qui les rend rivales. Telles sont Césarée, bâtie par Hérode, à l'honneur de l'empereur Auguste, Eleuthéropolis, Néapolis, etc. » (*L.* 14, *chap.* 8.)

XII. A ces témoignages, ajoutons celui que l'historien *Joseph* rend à l'excellence de son terroir natal. Lui qui était né dans la Palestine, qui y avait été élevé et qui avait eu part au gouvernement, lui qui a publié et répandu son histoire parmi les Romains, depuis la destruction de Jérusalem, pendant la vie de tant de milliers d'hommes nouvellement revenus de la Judée, où ils avaient fait la guerre sous Vespasien et sous Titus ; *Joseph*, dis-je, dans de pareilles circonstances, aurait-il osé dire et écrire des choses, dont tant de témoins pouvaient démontrer la fausseté, et s'exposer ainsi lui-même à la contradiction universelle? Qu'y a-t-il aussi à opposer aux déclarations expresses d'Eusèbe et de saint Jérôme, dont le dernier a fait un long séjour à Bethléem, et qui tous deux élèvent jusqu'aux nues l'abondance d'un pays qu'ils avaient sous leurs yeux? *Procope de Césarée,* auteur du VI.ᵉ siècle, qui était, comme son surnom le porte, originaire de la Palestine, et qui témoigne partout un grand amour pour la vérité, dit que Cosroës, roi de Perse, avait eu une extrême envie de ce pays, *à cause de sa fertilité extraordinaire, de son opulence et du nombre de ses habitans.* Les Sarrasins pensaient de même, et craignaient qu'Omar, qui était allé à Jérusalem, ne voulût jamais retourner à Médine, charmé de la fertilité du pays et de la pureté de l'air, comme le rapporte *Ockley*, dans son Histoire des Sarrasins, pag. 279.

XIII. Ici se présentent les dépositions irréprochables de nos voyageurs modernes, comme l'illustre et très-digne de foi *Pietro Della Valle,* les savans et judicieux anglais *Sandys*, *Maundrell et Shaw.*

XIV. Si la Palestine, en général, est comblée d'éloges par des auteurs véridiques, certains districts particuliers en ont reçu une double portion. Outre *Strabon* que nous avons cité, *Diodore de Sicile* (Lib. 20, pag. 734), *Pline* (Lib. 36, chap. 3), et plusieurs autres auteurs relèvent beaucoup la fertilité des environs de Jéricho, et les qualités exquises de toutes les productions qui y viennent. La contrée septentrionale du Liban fournissait des pâturages si abondans, qu'ils suffisaient seuls pour les troupeaux innombrables d'Antiochus, comme Polybe le témoigne. Les Sarrasins rendent le même témoignage (Lib. 5, chap. 70, pag. 516. *Ockley*, part. I.re, pag. 328) à la singulière fertilité de ce canton. Le territoire de Bethléem était tout planté d'excellens oliviers, de figuiers et de mûriers, au rapport du géographe arabe *Shérif Ibn Idris*, qu'on appelle communément le géographe de Nubie, et qui avait été lui-même dans le pays. Ce qu'il avance est confirmé par l'habile *Corneille de Bruyn*. Personne ne saurait contester non plus à la contrée de Samarie et de Galilée, la fertilité de leur terroir.

XV. Il y a encore divers autres genres de preuves en faveur de notre thèse. Nous allons en proposer succinctement quelques-unes, prises de la situation même du pays, de l'ancien nombre de ses habitans, de la multitude des villes et des villages, des circonstances de sa conquête, et des monumens érigés en cette occasion.

XVI. Le pays est situé dans le plus heureux

climat, le même que celui du Delta, la partie la plus fertile de l'Égypte, comme *Strabon* l'a déjà remarqué (L. 17, pag. 1173). C'est aussi le climat sous lequel se trouve la Barbarie en Afrique, dont *Bochart* a démontré l'étonnante fertilité. Pour se faire une idée juste de l'abondance qui règne dans tous les pays situés sous le climat en question, il n'y a qu'à lire le livre intitulé : *Histoire de l'Expédition de trois Vaisseaux envoyés aux Terres australes en* 1721, part. I.re, chap. 10. La Palestine a quantité de montagnes dont plusieurs encore aujourd'hui, malgré la disette d'habitans pour les cultiver, portent d'elles-mêmes des fruits, comme le mont des Oliviers, le Carmel, le Thabor et le Liban ; mais les vallées l'emportent de beaucoup encore, et rien ne saurait surpasser les vastes et riches campagnes d'Esdrelon, de Rabulon, de Saron, les deux rivages du Jourdain, qui s'étendent fort loin et qu'on appelle la Grande-Campagne, et une foule d'autres, dont *Réland* donne le dénombrement (L. 1, chap. 54 et 55). Il y a des sources, des puits, des torrens, le fleuve Jourdain, plusieurs grands lacs, entre autres celui de Tibériade, le Samochonites et d'autres, dont on trouvera le détail dans le même *Réland*. Du temps que le pays était peuplé, on avait creusé beaucoup plus de sources, et l'on entretenait une plus grande quantité de canaux et d'aqueducs, qui arrosaient et fertilisaient tout le pays. Le fond de la terre enfin est léger, gras, et n'a presque pas besoin d'être travaillé, et comme on trouve d'abord la pierre, il ne faut qu'un labour médiocre pour le mettre en état de porter du fruit, comme l'ont dit *Théophraste* et *Pline* (L. 3 *de Causis plantarum*, chap. 25, et liv. 18, chap. 4); et plus récemment *Borchard* qui, au treizième siècle, passa dix ans sur les lieux, et dit, en parlant de l'état où il voyait les choses, que ceux-là se trompent fort, qui se font une idée désavantageuse de la terre promise, sans la bien connaître; que pour lui, il avait vu de ses propres yeux, avec quelle facilité ce pays produisait les plus excellens fruits, sans le moindre travail. C'est ce qu'il détaille au long dans sa *Description de la Terre-Sainte*, part. 11, chap. 1. On trouve encore dans la Palestine les plus beaux pâturages, dont les hordes arabes se servent très-utilement. Le voyageur *de la Rocque* en a vu lui-même une fort grande quantité, il n'y a pas long-temps. La soie réussit dans ce pays; il produit les fruits les plus abondans et les plus exquis, du blé, de l'huile, du miel, du vin, des figues, des grenades, des dattes de la meilleure espèce, du coton plus estimé que celui de tout autre lieu, et tous les ans on charge trois cents chameaux, à Hébron, de ces marchandises, comme M. *Shaw* le témoigne. Les anciens docteurs juifs exaltent aussi beaucoup la fertilité d'Hébron et de tout le pays.

La Judée était remplie autrefois de villages, de bourgs, de châteaux et de villes, comme le dit outre *Joseph*, *Ammien Marcellin*. *Dion Cassius* comptait, du temps de l'empereur Adrien, depuis que le pays avait déjà été désolé par Titus, cinquante châteaux fortifiés, et neuf cent quatre-vingt-cinq villes considérables et bourgs (L. 69, pag. 794).

Ces villages, bourgs et villes étaient peuplés d'une quantité étonnante d'habitans. Si nous ne voulons pas nous en rapporter à la somme incroyable que nous en donne *Joseph*, tenons nous en à *Dion Cassius*, qui rapporte que la dernière guerre, sous l'empereur Adrien, fit périr dans les diverses batailles ou actions, plus de cinq cent quatre-vingt mille Juifs, sans la multitude innombrable de ceux qui furent détruits par la faim, le feu et les maladies. *Cicéron*, de son temps, rendait témoignage au nombre inouï des habitans de la Palestine qui, ayant pris les armes contre les Romains, les maîtres du monde, venaient comme un essaim d'abeilles fondre sur la ville de Rome, où l'orateur ne se croyait pas en sûreté dans l'assemblée même du sénat.

XIX. Qu'un peuple puissant ait été maître de ce pays, c'est ce qui se prouve encore par les préparatifs extraordinaires que Titus fit pour sa conquête. Son armée consistait en six légions romaines, vingt cohortes, qui font encore deux légions, et huit régimens (*alas*) de cavalerie auxiliaire, sans les troupes qu'avaient amenées les trois rois Agrippa, Sohème et Antiochus, et une foule d'Arabes, suivant le rapport de *Tacite*. A présent, quiconque sait combien de milliers d'ennemis les Romains comptaient pour équivalens à une de leurs légions, et avec combien peu de troupes ils attaquaient ordinairement les armées les plus nombreuses, pourra aisément estimer, sur la grandeur de ces apprêts, le nombre effrayant de ceux contre lesquels ils étaient destinés.

XX. Aussi les Romains regardèrent-ils la conquête de la Judée comme un des exploits les plus merveilleux et les plus héroïques, par lequel ils se fussent signalés. C'est pour elle que

Vespasien et Titus triomphèrent avec une pompe si extraordinaire ; c'est pour elle qu'on frappa des médailles avec des trophées, dans lesquels la Palestine est représentée par une femme sous un palmier, pour témoigner la bonté du pays, avec cette inscription, *Judœa Capta*. D'autres médailles expriment encore cette admirable fertilité de la Judée, par exemple, celle d'Hérode tenant une grappe de raisin, et celle du jeune Agrippa étalant des épis. L'espèce la plus excellente des palmiers et des dattes ne se trouve qu'en Judée, comme le prouvent les témoignages les plus authentiques. Or ces médailles, ces sortes de symboles ne sont employés que pour représenter les provinces les plus fertiles. C'est enfin pour la conquête de la Judée, que Titus fit ériger ce magnifique arc de triomphe, afin d'éterniser la mémoire de ce grand événement ; monument superbe, qu'on voit encore aujourd'hui avec admiration auprès de l'église Sainte-Marie-la-Neuve, à Rome. Aurait-on fait tant de bruit, et dressé de pareils monumens pour l'acquisition d'un pays pauvre et infructueux, et pour la réduction d'une poignée d'habitans? Cet arc de triomphe, qui rend encore témoignage à la valeur héroïque de Titus, n'est-il pas en même temps une preuve incontestable et durable jusqu'à ce jour, de l'excellence du pays conquis, du nombre et de la force des ennemis que les Romains trouvèrent dans ses habitans ?

XXI. Puisqu'une multitude si prodigieuse de peuple était contenue dans un pays de médiocre étendue, il faut assurément qu'elle en ait mis à profit les moindres recoins, et qu'elle ait en particulier rendu les montagnes fertiles. En effet, toutes ces éminences dont le pays est rempli étaient habitées et cultivées ; et le produit, qui était bien plus abondant que n'eût été celui d'un pays plat de même espace, suffisait non-seulement à l'entretien de cette foule d'habitans, sans qu'il fût besoin de faire venir des denrées du dehors, mais encore il y avait assez de superflu pour en pourvoir les villes voisines de Tyr et de Sidon. Elles tiraient, en effet, leur subsistance de la Palestine, dès le temps de Salomon et dans des siècles fort postérieurs, comme cela paraît par les actes des Apôtres, ch. 12, v. 20.

XXII. Après avoir établi la fertilité de la Palestine sur les témoignages les plus authentiques, et sur l'autorité de *Strabon* même ; après avoir apporté des preuves auxquelles il n'y a rien à répliquer, prises de la situation, de la constitution et de l'histoire du pays, des circonstances de sa conquête, des monumens et des médailles par lesquelles les Romains déposèrent du nombre et de la force de ses habitans, je ne crois pas que le pyrrhonien le plus déterminé et le plus opiniâtre puisse encore nier, ni même attaquer la fertilité de cet excellent pays. Le misérable état où il est à présent, la stérilité de la contrée de Jérusalem, est une suite nécessaire de sa désolation et des ravages qui y ont été si souvent commis depuis que ce peuple a été répandu par tout l'univers, et qu'il éprouve pendant tant de siècles un sort si étonnant que, quiconque y prend garde, ne peut s'empêcher de reconnaître la main du Tout-Puissant. Les voyageurs des contrées les plus éloignées, qui voyent la désolation présente de la Palestine, reconnaissent même malgré eux la vérité et l'accomplissement de la menace qui fut faite aux Juifs dès leur entrée dans ce pays.

« La génération à venir, vos enfans qui viendront après vous, et l'étranger qui viendra d'un pays éloigné, diront, lorsqu'ils verront les plaies de ce pays, et les maladies dont l'Éternel l'affligera, et que toute la terre de ce pays-là ne sera que soufre et que sel, et qu'elle ne fera rien germer, et que nulle herbe n'en sortira, toutes les Nations diront : Pourquoi l'Éternel a-t-il fait ainsi à ce pays ? Quelle est l'ardeur de cette grande colère ? » *Deutér.* 29, *vers.* 22 *et suiv.*

J.-C. annonçait à Jérusalem, et par conséquent à tout le pays, cette désolation comme un des plus terribles effets de la colère et de la malédiction de Dieu. « Votre maison s'en va vous être laissée déserte. St. Mat. 23, 38. Il y aura une grande calamité sur le pays et une grande colère contre ce peuple, et ils tomberont au tranchant de l'épée, et seront menés captifs dans toutes les Nations ; et Jérusalem sera foulée par les Gentils. »

L'accomplissement entier et à la lettre de cette prédiction, s'est manifesté visiblement dans la désolation qui l'a suivie de près. Tout le pays, jusqu'à cette heure, est tellement ruiné par les courses perpétuelles et les brigandages des Arabes, qu'on n'y peut faire aucun établissement capable de se soutenir. Les excès commis particulièrement dans le territoire de Jérusalem, depuis sa prise par les Romains, sont si lamentables, que *personne ne peut les voir sans pousser des soupirs et sans verser des larmes*, comme le confirme puissamment

Joseph, qui en était témoin oculaire. Les Rabbins eux-mêmes reconnaissent que ce pays, autrefois si fertile, a été privé de son abondance et de sa force par un effet de la vengeance divine.

Concluons donc que la stérilité et misère présente de la Terre-Sainte, loin de préjudicier à l'autorité de l'Écriture sainte, en mettent au contraire la vérité et la divinité dans une pleine évidence, et lui servent jusqu'à ce jour de preuve durable et au-dessus de toute contradiction.

RECHERCHES

SUR LA FONDATION

DE LA VILLE DE TYR (1).

Un des objets du discours que nous venons d'extraire est de montrer l'avantage que l'Histoire générale peut tirer de l'étude de l'Écriture sainte. M. l'abbé de *Fontenu*, auteur de ce discours, applique dans celui-ci ses principes à l'histoire particulière de Tyr, dans l'examen qu'il fait de l'époque de la fondation de cette ville; la plupart des preuves dont il appuie le système qu'il soutient, sont empruntées des livres sacrés.

Tyr était bâtie sur les côtes de la Phénicie, dans une île éloignée de quatre stades du bord de la mer. Il est peu de villes anciennes dont la célébrité soit comparable à celle dont elle

(1) Inscript., t. XVIII, *Fontenu*.

jouissait. Reine des mers, suivant les expressions des écrivains sacrés, peuplée d'habitans dont l'opulence égalait celle des princes, elle semblait embrasser l'univers par l'étendue de son commerce. Ses vaisseaux parcouraient toutes les côtes de l'Afrique et de l'Europe, celles de la Mer Rouge et du Golfe Persique. Par terre, ses négocians fabriquaient au-delà de l'Euphrate même, qui fut long-temps le terme des connaissances géographiques des anciens. Le nombre de ses colonies l'a mise au rang des métropoles les plus illustres. Plusieurs, comme Utique et Carthage, ont joué de grands rôles; d'autres, comme Cadix, subsistent encore avec éclat. Tyr n'était pas moins guerrière que commerçante; cet immense négoce qui fit sa gloire, et dont l'ingénieux auteur de Télémaque nous offre un magnifique tableau, était soutenu par des troupes nombreuses de terre et de mer. Enfin, de fréquentes révolutions firent succéder plus d'une fois à ses prospérités les plus affreux malheurs. Salmanasar l'humilia, Nabuchodonozor la détruisit presque. Rétablie sous Cyrus, et plus brillante que jamais sous les rois de Perse, elle paya chèrement l'honneur d'arrêter Alexandre dans sa course; un siége meurtrier en fit un monceau de ruines. De la domination des rois de Syrie, successeurs de ce conquérant, elle passa sous celle des Romains. Leur empire, doux et tranquille, favorisait le commerce. Tyr en profita pour se relever; on la vit reparaître avec honneur, et devenir la principale ville de Syrie. Dans les siècles suivans, elle éprouva, sous les Sarrasins et les princes chrétiens, la même alternative de revers et de succès. Enfin, aujourd'hui, elle a le sort de toutes les villes anciennes tombées au pouvoir des Turcs; ce n'est qu'un amas de ruines et de cabanes occupées par quelques pêcheurs arabes et turcs. Triste destinée, mais qui vérifie à la lettre la prédiction d'Ezéchiel (1).

Par cette légère esquisse, on peut juger combien Tyr serait digne d'une histoire particulière, que sa liaison continuelle avec l'Histoire générale rendrait très-intéressante. *Teucer de Cyzique* l'avait poussée jusqu'à son temps; et les siècles suivans auraient fourni une ample matière aux continuateurs de cet écrivain.

(1) *Dissipabunt muros Tyri et destruent turres ejus; et radam pulverem ejus de eâ, et dabo eam in limpidissimam petram. Siccatio sagenarum erit in medio maris, quia ego locutus sum, ait dominus Deus, en erit in direptionem gentibus.* Ezéchiel, ch. 26, v. 4 et 5.

Nous avons perdu son ouvrage ; le dessein de M. l'abbé de *Fontenu* n'est pas d'y suppléer ; il se borne à l'éclaircissement d'une question préliminaire, sur laquelle il reste encore aujourd'hui bien des nuages ; quoique d'illustres savans aient entrepris de les dissiper. L'objet de son Mémoire est de montrer que la ville de Tyr est plus ancienne qu'on ne le croit communément.

Les anciens en font remonter l'origine plus ou moins haut ; mais tous la placent avant le siége de Troie. Parmi les modernes, *Newton*, s'appuyant sur des raisons plus ingénieuses que solides, conjecture que la ville de Tyr a été bâtie sous le règne de David. *Marsham*, *Perizonius* et quelques autres, en retardent encore la fondation jusqu'au règne de Nabuchodonozor.

Ces différentes opinions viennent de ce qu'il y eut autrefois deux villes de Tyr. L'une, et c'est celle dont nous parlons, était construite, comme nous l'avons observé ci-dessus, dans une île. L'autre, plus ancienne, et nommée Palétyr depuis la fondation de la seconde, avait été bâtie en terre ferme, à quelque distance de la mer. C'est à cette première ville que *Marsham*, et les partisans de son système, rapportent tout ce qu'on allègue pour donner à Tyr une ancienneté plus grande que celle qu'ils lui attribuent. Ils prétendent que Nabuchodonozor ayant pris et détruit Palétyr, quelques habitans échappés du massacre se réfugièrent dans l'île voisine, où ils jetèrent les fondemens de la nouvelle Tyr, que sa grandeur et sa célébrité firent dans la suite confondre avec l'ancienne. Quelque plausible que soit cette opinion, qui paraît même appuyée sur des passages de l'Écriture, elle est combattue par des preuves si convaincantes, que M. l'abbé de *Fontenu* se croit en droit de soutenir avec *Rélan*, *Grotius*, *dom Calmet* et d'autres modernes, que Tyr a été fondée plusieurs siècles avant Nabuchodonozor, et que c'est elle, et non Palétyr, dont Isaïe et Ezéchiel ont prédit la destruction.

Son Mémoire a deux parties. L'auteur montre dans la première, que le système de *Marsham* contredit formellement les historiens, les traditions des Tyriens mêmes, enfin les témoignages précis des écrivains sacrés, qui attestent, par les expressions les plus équivoques, que la fameuse Tyr était placée au milieu et dans le sein de la mer.

Dans la seconde partie, M. l'abbé de *Fon-*

tenu rapporte, examine et réfute les preuves alléguées en faveur de l'opinion qu'il combat, et qui sont par conséquent autant d'objections contre son hypothèse. L'analyse de ces deux parties formera les deux articles de cet extrait.

Tout concourt à prouver l'ancienneté de la ville de Tyr, contre le sentiment de *Newton*, et à plus forte raison contre celui de *Marsham*.

I. Ils ont contre eux les mythologues, dont nous ne rapporterons ici néanmoins les témoignages que comme des preuves de la tradition des Tyriens, sur la haute antiquité de leur ville. En effet, quoique ces récits soient fabuleux, ils déposent de l'opinion commune, et l'on peut même s'en appuyer, précisément parce que ce sont des fables; car si l'origine de Tyr eût été aussi moderne qu'on le prétend, elle n'aurait pu se prêter à des fictions que l'Histoire eût aisément démenties.

Suivant *Sanchoniaton*, cité par *Eusèbe*, Hypsuranius et Ysoüs furent les premiers habitans de l'île de Tyr, dans laquelle le premier fonda la ville de ce nom, en construisant des cabanes de roseaux. Ces deux frères étaient contemporains de Saturne. *Eusèbe* ajoute que le second apprit aux hommes à se vêtir de peaux, et qu'il osa confier aux caprices de la mer un tronc d'arbre creusé en forme de bateau.

Le poëte *Nonnus*, dans ses Dyonisiaques, rapporte la fondation de Tyr à l'Hercule phénicien, que les Tyriens regardaient comme l'inventeur de la navigation et de l'art de teindre en pourpre. Hercule, selon le récit de *Nonnus*, fit embarquer sur la mer de Phénicie quelques-uns de ses compagnons, et leur commanda de voguer jusqu'à ce qu'ils eussent trouvé deux roches flottantes, que des sacrifices à Jupiter et Neptune rendraient sur-le-champ immobiles, et sur lesquelles ils jetteraient les premiers fondemens de la ville de Tyr. *Pollux* ajoute qu'il l'appela de ce nom, pour éterniser la mémoire de Tyro, sa maîtresse.

On pourrait croire que *Nonnus* a composé la fable qu'il débite, dans la vue d'embellir son poëme, si nous n'avions la preuve que cette fable, tout absurde qu'elle est, passait chez les Tyriens pour une ancienne tradition, dont le poëte n'est par conséquent que l'historien. En effet, tous les détails de cette fiction, que nous avons supprimés à cause de leur puérilité, se retrouvent sur les médailles de Tyr. Les deux roches flottantes étaient marquées, suivant quelques auteurs, par les deux colonnes, l'une d'or et l'autre d'émeraude, qu'*Hérodote* avait vues dans le temple d'Hercule à Tyr, et par celles qui, selon *Philostrate*, étaient dans le temple du même Dieu, à Cadix, colonie tyrienne.

II. *Strabon* nous assure que Tyr faisait remonter son origine à des temps aussi reculés que celle de Sidon, ville plus ancienne que ne l'a cru *Justin*, puisqu'il en est fait mention dans la Genèse, et que dès le temps de Josué, elle était déjà très-considérable.

Nous avons un témoin plus ancien de la tradition tyrienne. *Hérodote* étant passé d'Égypte à Tyr, y visita le temple d'Hercule, qu'il croyait le même que l'Hercule égyptien. Les prêtres du dieu l'assurèrent que le temple était aussi ancien que la ville; et la ville, suivant leur calcul, avait deux mille trois cents ans d'antiquité. Quoiqu'il faille en rabattre beaucoup, on doit convenir que ces prêtres n'auraient pas poussé l'exagération si loin, s'ils n'eussent été persuadés que l'époque de la fondation de Tyr remontait plusieurs siècles au-delà du règne de Nabuchodonozor.

On ne dira pas que la ville où se rendit *Hérodote* était Palétyr; il y avait alors près d'un siècle que Palétyr avait été presque entièrement ruinée par Nabuchodonozor, qui la réduisit dans un si triste état, qu'Alexandre se servit des débris de cette place pour combler le bras de mer de quatre stades de large qui séparait du continent l'île de Tyr. On répliquera peut-être que, malgré la destruction de Palétyr, le temple d'Hercule y subsistait encore, et que c'est cet ancien édifice, conservé par respect pour le dieu même, qu'*Hérodote* alla visiter ; à cela M. l'abbé de *Fonteнu* répond : 1.° Que le temple de Palétyr était si peu considéré, en comparaison de celui de Tyr, qu'Alexandre regarda comme une injure le conseil que les Tyriens lui donnèrent de porter à cet ancien temple les sacrifices et les offrandes qu'il destinait à celui de leur ville même, où il leur avait demandé la permission d'entrer pour cet acte religieux ; 2.° qu'*Arrien*, en parlant du siége de Tyr par ce conquérant, parle du temple d'Hercule comme d'un des plus anciens temples qui fût connu ; ce devait être en effet celui qu'Hiram avait fait bâtir en l'honneur d'Hercule, comme nous l'apprenons de *Joseph* ; 3.° enfin, ce qui prouve que le temple visité par *Hérodote* était celui de Tyr même, c'est que la colonne d'émeraude qu'il y avait vue, y subsistait encore du temps de *Théophraste*, dont *Pline* a rapporté le témoignage.

L'antiquité de ce temple ainsi prouvée, démontre, par une conséquence évidente, celle de la ville même, et fonde le titre de très-ancienne que lui donne *Ulpien*, fameux jurisconsulte, tyrien de naissance, et celui de mère des villes les plus anciennes, dont *Pline* l'a décorée. Tous ces auteurs n'ont voulu parler que de la ville de Tyr, qui fleurissait de leur temps, et nullement de Palétyr, qu'à peine ils connaissaient.

Enfin, il suffit de lire avec attention l'Histoire de *Joseph*, pour être convaincu, par tous les faits qu'il raconte, que cette ville était déjà très-florissante sous les règnes de David et de Salomon. Dès-lors elle était la capitale d'un grand État. Hiram, prince puissant, allié des deux rois d'Israël, y tenait sa cour. Nous l'apprenons de la lettre qu'il écrivit à Salomon, au sujet du temple de Jérusalem, lettre conservée dans les archives de Tyr, où *Joseph* la transcrivit sur l'original, comme il nous en assure.

Le même historien rapporte qu'Hiram agrandit la ville de Tyr, du côté de l'orient, en y joignant, par de grandes jetées dans la mer, le temple de Jupiter olympien, construit dans une île voisine, ce qui certainement ne peut s'appliquer à Palétyr, ville située dans le continent, comme *Scylax* l'observe dans son Périple, et que *Strabon* place à trente stades de la mer. D'ailleurs, sa partie orientale répondait au Liban; ainsi, quand elle aurait été sur le bord de la mer, l'augmentation dont parle *Joseph* n'aurait pu se faire qu'à sa partie occidentale.

L'historien juif rapporte dans le livre suivant, que Salmanasar, roi d'Assyrie, après avoir pris la ville de Samarie, vint attaquer celle de Tyr avec une flotte de soixante galères, dont chacune portait huit cents rameurs; mais que les Tyriens le défirent, quoiqu'ils n'eussent que douze vaisseaux. Ce fait démontre que Tyr était très-puissante cent cinquante ans avant Nabuchodonozor; car il n'est pas possible de l'attribuer à Palétyr; elle avait, à l'exemple de Sidon et d'Acé, abandonné le parti de Tyr pour embrasser celui de Salmanasar. Le texte de *Joseph* est formel, et ne laisse là-dessus aucune ressource à l'équivoque. Au reste, il est bon d'observer que ce passage est le seul endroit des écrits de *Joseph* où il soit fait mention de Palétyr. L'autorité de cet historien, d'ailleurs si recommandable, est décisive sur la question présente; personne n'était mieux instruit de ce qui concernait la ville de Tyr ; il en avait puisé l'histoire dans les titres originaux dont la garde était confiée, comme il l'atteste lui-même, à des officiers publics, qui se firent un plaisir de les lui communiquer.

Voilà l'antiquité de Tyr solidement établie par les témoignages unanimes des mythologues et des historiens, contre les systèmes de *Newton* et de *Marsham*, qui la supposent postérieure, l'une à David, l'autre à Nabuchodonozor. Le texte des livres sacrés n'est pas moins positif en faveur du sentiment adopté par M. l'abbé de *Fontenu*.

III. C'est de Tyr, et non de Palétyr, que les prophètes ont annoncé la destruction par Nabuchodonozor. Tyriens, dit *Isaïe*, demeurez dans le silence, vous qui habitez dans une île... Lorsque le bruit de la ruine de Tyr aura passé en Egypte, on y sera saisi de douleur ; Tyriens, dira-t-on, traversez les mers, poussez des hurlemens; habitans de l'île où Tyr est bâtie, fuyez comme un fleuve qui précipite son cours, FILLE DE LA MER.

Isaïe représente ensuite le Seigneur étendant son bras sur la mer, pour punir les Tyriens de leurs crimes; toutes ses expressions annoncent des menaces qui ne peuvent tomber que sur une ville bâtie au milieu de la mer.

Ézéchiel l'atteste aussi clairement, lorsqu'il dit que Tyr sera désormais une affreuse solitude, qui ne servira plus qu'à sécher des filets de pêcheurs, au milieu de la mer.

On sent bien que ces paroles ne peuvent s'adresser à Palétyr, ville située dans le continent, à trente stades du rivage. Ils renverseront tes murailles, ajoute le même prophète en parlant à Tyr ; ils pilleront tes palais, ils jetteront au milieu des eaux les pierres, les bois, et jusqu'à la poussière de tes bâtimens.

Dans le chapitre 27 d'Ézéchiel, Tyr se vante de sa magnificence et de sa situation au milieu de la mer ; ce que le prophète confirme quelques lignes après, en la répétant : c'est à cause de cette situation qu'il la compare à un vaisseau superbe, qui, brisé contre un écueil, fait naufrage au milieu des ondes. Si la ville dont il annonce la destruction n'eût pas été située dans une île, son roi se serait-il vanté d'être assis sur la chaire de Dieu, au cœur de la mer? Tous ceux qui s'intéressaient aux malheurs de Tyr ne se seraient pas écriés : Où trouvera-t-on une ville aussi florissante que Tyr, qui est devenue muette au milieu de la mer?

Tous ces passages et plusieurs autres, où l'expression *in corde maris* se retrouve toujours, démontrent évidemment que la ville de Tyr, assiégée par Nabuchodonozor, était située dans une île, et que ce fut précisément la même qui, s'étant relevée de ses ruines, fut depuis visitée par *Hérodote*, assiégée par Alexandre, et renommée dans l'Empire romain; qu'elle est celle, en un mot, dont tous les auteurs ont parlé. Il en résulte que le système de *Marsham* est insoutenable; ce qui achève de le prouver, c'est la promesse qu'Isaïe fait à la ville de Tyr, qu'après une éclipse de soixante-dix ans, elle reparaîtra dans le monde avec un nouvel éclat. Cette prédiction convient dans tous les sens à la ville de Tyr, qui, remise en liberté sous Cyrus, se rétablit par le commerce dans son ancienne splendeur; mais on ne peut l'appliquer à Palétyr, qui, de l'aveu de tous les interprètes de l'Écriture, ne s'est jamais relevée de sa ruine. Aussi a-t-elle été si peu connue dans la suite, qu'à peine en est-il fait mention chez les anciens auteurs. Si quelques-uns en parlent, ce n'est que par hasard, comme d'un lieu de peu d'importance, et qu'ils désignent toujours par le nom de Palétyr, jamais par celui de Tyr.

Tels sont en abrégé les raisonnemens et les preuves qu'on oppose, dans ce Mémoire, à l'opinion de *Marsham*. Après des textes si nombreux et si formels, on ne peut douter que Tyr ne subsistât plusieurs siècles avant Nabuchodonozor. Mais quelle est l'époque précise de sa fondation? C'est ce que M. l'abbé de *Fontenu* n'entreprend pas de fixer. L'incertitude où nous sommes à cet égard, est même une preuve de la haute antiquité de cette ville, puisque l'on connaît l'origine des établissemens postérieurs aux temps héroïques: sur ce point comme sur beaucoup d'autres, on ne peut donner que des conjectures plus ou moins probables. De toutes celles qui se présentent à l'auteur, une seule lui paraît concilier la tradition des Tyriens mêmes avec les sentimens des écrivains les plus graves. Cette opinion, qui est celle de *Grotius*, attribue la fondation de Tyr au célèbre Agénor, frère de Bélus, que quelques-uns ont pris pour l'Hercule phénicien. Les poëtes donnaient en effet aux Tyriens le nom d'Agénorides. *Virgile* appelle Carthage la ville d'Agénor, parce qu'elle était une colonie tyrienne. Les Sidoniens étaient tellement persuadés (1) que ce prince, auquel leur ville devait son agrandissement, était le fondateur de Tyr, qu'en conséquence ils donnèrent un asyle aux Tyriens contre la fureur d'Alexandre. *Nonnus* nous a conservé, dans son poëme déjà cité, une fable tyrienne qui confirme cette conjecture, en prouvant que les Tyriens avaient la même idée; c'est le voyage de Cérès à Tyr. Cette déesse, suivant la tradition, alla visiter le palais d'Agénor et l'appartement d'Europe. Il résulte de cette fiction : 1.° Que les Tyriens regardaient Agénor comme le fondateur de leur ville;

2.° Qu'ils en plaçaient l'origine dans les temps les plus reculés, dans ces siècles où les Dieux, conformément aux idées grossières du paganisme, conversaient avec les mortels.

(1) *Cognationis cum Tyriis memores, quippe utramque urbem Agenorem condidisse credebant, multos Tyriorum, etiam protegentes, ad sua perduxere navigia, quibus occultarit, Sidona devecti sunt.* Quint. Curt. l. 4, cap. 4.

Le texte de *Quint-Curce* attribue la fondation de Sidon à Agénor, que nous supposons l'avoir simplement agrandie. En effet, Sidon subsistait avant ce prince, et dès le temps de Josué, selon le passage de la Genèse, cité plus haut.

Eusèbe, dans sa Chronique, fait régner Phénix à Tyr, après la mort de son père Agénor ; et c'est de Tyr qu'il fait passer Cadmus en Béotie. Cadmus et Europe sont représentés sur les médailles de cette ville ; enfin, ce qui donne à cette opinion le plus grand degré de vraisemblance, c'est que la tradition des habitans mêmes, et le sentiment des auteurs sur lesquels elle se fonde, cadrent parfaitement avec le calcul de *Joseph*, dont l'autorité sur cette matière est très-grande, par les raisons alléguées ci-dessus. Cet historien place la fondation de Tyr deux cent quarante ans avant celle du temple de Jérusalem par Salomon, c'est-à-dire dans le treizième siècle avant l'ère chrétienne, pendant que Gédéon gouvernait les Israélites. C'est à peu près le temps où peut avoir vécu Agénor.

Palétyr avait bien une autre antiquité : c'était une place forte dès le temps de Josué, qui assigna le partage de la tribu d'Aser, du côté de la mer, jusqu'aux confins de cette ancienne ville, que la Vulgate appelle dès-lors *munitissimam Tyrum*. Il est à présumer que ceux qui l'habitaient contribuèrent beaucoup à peupler la nouvelle Tyr, lorsqu'elle eut été fondée par Agénor. L'avantage de sa situation, sa commodité pour le commerce, la bonté de ses deux ports, y attirèrent sans doute une partie des habitans de Palétyr, qui perdit sa force en se dépeuplant, et déchut à mesure que la nouvelle Tyr s'élevait.

On a vu les mythologues et les historiens concourir à l'établissement de l'opinion que soutient M. l'abbé de *Fontenu*; ils sont tous d'accord sur l'ancienneté de la ville de Tyr. Leurs témoignages sont si précis, qu'on ne peut voir sans étonnement *Marsham*, et tous les savans de son parti, alléguer en leur faveur les autorités même qu'on leur oppose. Ils appliquent à Palétyr tout ce que les anciens écrivains nous apprennent de la nouvelle Tyr; et c'est en détournant ainsi les sens des textes les moins équivoques, qu'ils parviennent à former un système. Mais les passages sont trop clairs, et l'abus qu'ils en font trop visible, pour qu'on s'arrête à les réfuter. Ils l'ont été d'avance dans l'article précédent, où l'on rapporte les paroles mêmes des auteurs sur lesquels ils prétendent fonder leur opinion : ainsi ce serait se répéter, que d'attaquer en détail ou séparément les inductions qu'ils tirent de *Strabon*, de *Pline* et des autres écrivains de l'antiquité. Celles que *Marsham* tire de *Joseph* et des prophètes sont plus spécieuses, et pourraient fonder un doute raisonnable ; ce sont des objections qui méritent d'être combattues avec soin. Elles se réduisent à trois, auxquelles M. l'abbé de *Fontenu* répond séparément.

Joseph nous apprend que Salmanasar, voulant réduire la ville de Tyr, lui coupa toute communication avec une rivière voisine et différens canaux qui se rendaient à la mer ; donc il paraît, dit *Marsham*, que la ville était en terre ferme, et conséquemment c'était Palétyr qu'assiégea le roi de Ninive. En effet, il n'y eut jamais de rivière dans la petite île où fut bâtie la nouvelle Tyr ; d'ailleurs, les Tyriens avaient détruit la flotte de Salmanasar ; comment aurait-il pu assiéger la ville, à moins qu'elle ne fût dans le continent ?

La conséquence que tire *Marsham* n'est pas juste. Salmanasar, obligé de se retirer dans ses états, après la perte de son armée navale, voulut incommoder les Tyriens, soit par désir de vengeance, soit dans la vue de se faciliter le siége de Tyr, quand l'occasion serait plus favorable. Les Tyriens n'ayant point d'eau douce dans leur île, et ne pouvant en tirer toutes leurs denrées, allaient tout chercher en terre ferme, dont ils n'étaient éloignés que de quatre stades; la côte voisine leur appartenait et leur fournissait leurs diverses provisions. La petite rivière dont l'embouchure se trouvait à peu de distance de leur île, leur donnait de l'eau douce, ainsi que les canaux qui conduisaient à la mer l'eau des célèbres fontaines de Roscaïm, connues aujourd'hui sous le nom de puits de Salomon. Ces sources, qui coulent avec impétuosité du mont Liban, portent l'abondance dans les plaines qu'elles arrosent. C'est d'elles qu'a parlé *Guillaume de Tyr*, dans son Histoire de la Guerre en Terre sainte : elles étaient d'une grande ressource pour les Tyriens. Pour la leur ôter, Salmanasar laissa le long de la côte, vis-à-vis de l'île même, un corps de troupes, à qui *Joseph* ne donne que le nom de gardes; ils empêchaient toute communication entre la terre ferme et les habitans de Tyr. Cette espèce de blocus les obligea de creuser dans leur île des puits et des citernes; mais il ne s'ensuit point du tout que Tyr fût située sur le rivage.

La seconde objection est plus forte, et c'est une de celles sur lesquelles *Marsham* et *Périzonius* insistent avec le plus de confiance. Le prophète Ézéchiel, disent-ils, faisant une description assez détaillée, quoique succincte, du siége et de la prise de Tyr par Nabuchodonozor, se sert de différens traits qui caractérisent tous l'attaque d'une ville placée dans le continent :

« Nabuchodonozor, dit le Seigneur, viendra assiéger la ville avec des chariots de
» combat, avec une nombreuse cavalerie et
» une armée formidable.... Il dressera contre
» les remparts ses machines de guerre; il dé-
» truira vos tours par la force de ses armes; la
» multitude de ses chevaux vous couvrira d'un
» nuage de poussière, et le bruit de sa cava-
» lerie et des roues de ses chariots fera trembler
» vos murailles; il les environnera de terrasses
» et de lignes de circonvallation. » *Circumdabit te munitionibus, et comportabit aggerem in gyro,* suivant la traduction de la Vulgate. Le prophète, ajoute-t-on, ne dit pas un mot, ni de flotte ni de troupes pour une descente; donc la ville qui subsistait du temps de Nabuchodonozor et d'Ézéchiel ne pouvait être que Palétyr.

A cela, M. l'abbé de *Fontenu* répond que si les termes dont le prophète se sert en cet endroit paraissent uniquement applicables au siége d'une ville construite en terre ferme, toutes les expressions qu'il emploie partout ailleurs, ainsi qu'Isaïe, pour désigner la ruine de Tyr, annoncent nécessairement une ville bâtie dans une île, *in corde maris*. Tous ces passages, indiqués ou rapportés ci-dessus, ne souffrent aucune équivoque. Il en résulterait donc une contradiction; or, l'auteur sacré n'a pu se contredire et ne se contredit pas en effet. Il faut donc chercher à concilier ces diversités apparentes; mais c'est en s'attachant toujours aux textes précis auxquels doivent s'accommoder ceux qui, susceptibles d'un sens plus étendu, peuvent se prêter à quelque interprétation ; et tel est, en particulier, celui que *Marsham* nous oppose.

Dom Calmet, dans son Commentaire sur Ezéchiel, prétend tout accorder en disant que la ville de Tyr était composée de deux parties, l'une en terre ferme, l'autre dans l'île; que le roi Hiram les avait jointes par une longue jetée, et que la nouvelle Tyr était, à proprement parler, la citadelle de l'ancienne.

Mais cette explication n'est pas le véritable dénouement. Elle pose sur des fondemens ruineux ; et ce qui est rapporté dans le premier article ne nous permet pas de nous en contenter.

1.° *Ezéchiel* distingue expressément les deux villes l'une de l'autre, et c'est à la seconde, située dans le coeur de la mer, que ses menaces s'adressent toujours; c'est elle dont le roi de

Babylone doit détruire les superbes édifices, abattre les monumens et les tours; c'est dans ses murs qu'il doit entrer avec tous ses chariots de guerre; il en doit précipiter les habitans et jusqu'aux pierres mêmes dans la profondeur des eaux. A l'égard de Palétyr, ce n'est qu'une place située dans le territoire de la ville de Tyr, et dont les habitans, selon le prophète, seront passés au fil de l'épée.

2.° La jetée d'Hiram, dont parle ici *Dom Calmet*, avait été construite pour joindre l'île de Tyr, non pas au continent, mais à une autre île voisine, où était le temple de Jupiter olympien; nous l'avons remarqué d'après *Joseph*.

Enfin, Palétyr n'était point vis-à-vis de l'île, ainsi que le savant commentateur paraît le supposer, mais plus bas vers le midi, à trente stades de la mer.

La solution de saint Jérôme est plus heureuse.

« Nabuchodonozor, dit ce saint docteur, » voyant qu'il ne pouvait assiéger la ville » de Tyr dans les formes, à cause de sa » situation dans une île, ni en faire approcher » ses machines de guerre pour en ruiner les » fortifications, employa ses troupes nom- » breuses à combler le canal étroit qui séparait

» l'île de la Terre ferme ; il dressa sur cette je-
» tée toutes les batteries, ruina toutes les dé-
» fenses de la ville, et l'emporta comme l'avait
» prédit Ezéchiel. »

Cette explication est très-naturelle. Saint Jérôme ne confond point Nabuchodonozor avec Alexandre, par une méprise que l'audacieux *Marsham* lui reproche avec un ton de familiarité qu'on peut taxer d'indécence.

Nabuchodonozor a bien pu exécuter, avec une armée innombrable, ce que fit quelques siècles après Alexandre avec les Macédoniens; et peut-être même le jeune conquérant fut-il encouragé dans cette entreprise par l'exemple du roi de Babylone. Quoique saint Jérôme ne cite point ses autorités pour ce fait, il est à présumer qu'il l'avait puisé dans quelques anciens auteurs dont les écrits subsistaient encore de son temps; mais quand ce qu'il rapporte ne serait qu'une conjecture, elle est si vraisemblable, si plausible en soi, si nécessairement liée avec ce que dit l'écrivain sacré, de la situation de Tyr, que le saint docteur aura cru pouvoir l'annoncer du ton le plus affirmatif.

Ce qui confirme son récit, c'est ce qu'Ezéchiel nous apprend lui-même des fatigues excessives qu'essuyèrent à ce siége les troupes de

Nabuchodonozor. D'ailleurs, il ne faut pas traduire ces paroles de la Vulgate : *Circumdabit te munitionibus et comportabit aggerem in gyro*, comme a fait M. *de Sacy*, par ces mots : « Il vous environnera de forts et de terrasses. » Le mot *agger* peut signifier digue ou chaussée. L'hébreu dit : « Il élèvera contre vous un fort ou une tour de bois, et il étendra contre vous une jetée ou levée ; » expressions qui marquent assez clairement la jetée dont parle saint Jérôme.

Il ne se contente pas d'assurer que Tyr tomba par ce moyen sous la puissance du roi de Babylone ; il ajoute que les premiers de la ville, voyant leurs murs près d'être renversés par les machines des assiégeans, embarquèrent leurs effets les plus précieux, et s'enfuirent en différentes îles, en sorte que le pillage de Tyr ne dédommagea point Nabuchodonozor des fatigues, des travaux et des dépenses du siége.

Ce trait vient à l'appui du récit précédent, et nous indique la source d'où saint Jérôme l'a tiré. En effet, aucun des écrivains que nous avons ne le rapporte. On ne soupçonnera pas le saint docteur de l'avoir imaginé. Il n'est pas ici question d'une conjecture, mais d'un fait. Quelque auteur, dont les ouvrages ne subsistent plus, le lui avait fourni sans doute, ainsi que le premier.

Au reste, cette évasion des plus riches Tyriens avec leurs meilleurs effets, éclaircit merveilleusement un autre passage d'Ezéchiel, où le prophète déclare que Dieu a livré l'Egypte à Nabuchodonozor, pour le récompenser des peines en quelque sorte infructueuses que lui avait coûtées le siége de Tyr.

Mais de toutes les difficultés que forment les critiques contre l'ancienneté de Tyr, la plus grande est celle que semblent fournir plusieurs expressions d'Ezéchiel, qui, suivant les versions ordinaires, annoncent à cette ville une destruction totale dont elle ne doit pas se relever. Le prophète lui déclare, au nom du Seigneur, qu'elle ne sera jamais rebâtie; qu'on la cherchera vainement; qu'elle sera reléguée dans les solitudes éternelles, et précipitée dans l'abîme avec les morts. Si toutes ces menaces, dit-on, regardent Palétyr, jamais prédiction n'eut un accomplissement plus littéral; mais le moyen de les appliquer à la nouvelle Tyr! On sait que, du temps d'Alexandre, elle était la ville de l'Asie la plus florissante et le centre du commerce de l'Orient. Détruite par ce conquérant, elle sortit de ses ruines avec une nouvelle splendeur ; et depuis elle a subsisté avec plus ou moins d'éclat jusqu'à la fin du XIIIe siècle après J.-C.

Quelque pressante que soit cette difficulté, M. l'abbé de *Fontenu* y répond : 1.° comme il a fait à la précédente, que si le prophète paraît menacer Tyr d'une ruine totale, il n'en est pas moins vrai que la ville à laquelle il s'adresse était, selon lui-même, située dans une île, *in corde maris* ; que les expressions vagues et métaphoriques qu'on allègue ici ne peuvent détruire le sens formel et littéral des premiers passages, et que c'est par les textes les plus décisifs qu'il faut expliquer ceux qui le sont moins.

2.° Il répond avec saint Jérôme, que pour la parfaite intelligence des Livres sacrés, on ne doit pas toujours s'arrêter scrupuleusement au sens simple et littéral, mais recourir quelquefois à des sens figurés et métaphoriques. C'est une règle applicable, surtout au style des prophètes ; ce serait mal entendre leur langage que de l'entendre toujours à la lettre. Ils entremêlent souvent leurs prédictions de menaces, dans la vue de faire sentir à ceux qu'elles regardent quels châtimens ils mériteraient, si Dieu ne modérait à leur égard la rigueur de sa justice. Telles sont celles de Jonas contre Ninive, d'Ezéchiel contre l'Egypte, d'Isaïe contre Babylone. Quelquefois, et c'est encore ici une nouvelle observation de saint Jérôme, les prophètes ne s'arrêtent pas au temps présent; outre le terme prochain, ils envisagent encore des temps éloignés, où leurs prédictions doivent recevoir leur entier et parfait accomplissement. C'est le cas de celle dont il s'agit ici, et ce n'est pas la seule qu'on puisse citer. Les siècles ne sont rien aux yeux de l'Éternel, pour qui mille ans sont comme un jour (1). La destruction totale dont Ezéchiel menace la ville de Tyr, signifie donc, selon le saint docteur, qu'elle ne sera plus la reine des nations, qu'elle ne sera plus souveraine, ni même indépendante, mais successivement assujétie au joug des Perses, des Macédoniens et des Romains. Ajoutons que depuis saint Jérôme jusqu'à sa ruine, elle a été sujette des Musulmans.

Cette explication est d'autant plus heureuse, que si le terme hébreu dont se sert le prophète signifie *bâtir* dans le sens littéral, il se prend dans le figuré pour *devenir puissant, opulent, faire une fortune éclatante*. On

(1) *Mille anni ante oculos tuos, sicut dies hesterna quæ prœterierit, et custodia in nocte*. Psalm. 89, v. 4.

pourrait citer plus d'un exemple de cette acception métaphorique.

3.° Si l'on consulte le texte hébreu et la version des septante, on verra qu'il ne faut point prendre à la rigueur, ni dans toute l'étendue de leur signification, les termes dont se servent ici plusieurs traductions. En effet, l'expression de l'hébreu, que les septante ont rendue par le mot *Holam*, ne signifie point en cette occasion, ainsi que l'observent saint Jérôme et Théodoret, une durée éternelle et sans borne, mais seulement un intervalle de temps limité, l'espace d'un siècle, qui n'est que de soixante-dix ans, selon le calcul ordinaire de la vie des hommes (1).

4.° Quand on n'admettrait ni le dénouement, ni la décision de saint Jérôme, sur les passages qu'il s'agit d'expliquer, à qui doit-on mieux s'en rapporter sur leur vrai sens qu'à *Isaïe*, qui nous en donne lui-même l'interprétation ? Ce prophète, après avoir prédit à la ville de Tyr

(1) *Holam in hebrœo et in grœco, unum seculum significat, id est, humanœ tempus œtatis, quod aiunt annorum septuaginta numero supputari, psalmistâ dicente, Dies annorum nostrorum in ipsis, septuaginta anni.* Hieronym. Comm. in Ezech. c. 26.

tous les malheurs qui doivent l'accabler, lui annonce de la part de Dieu la fin de ses désastres. Il déclare qu'au bout de soixante - dix ans elle reparaîtra dans le monde avec son ancien lustre, et que le renouvellement du commerce sera pour elle une source de richesses et d'abondance. Cette prédiction eut son effet, lorsque Cyrus, vainqueur de Babylone, déclara libres tous les peuples que les Chaldéens avaient menés en esclavage, et leur accorda la permission de rebâtir leurs villes, dont Jérusalem et Tyr étaient les plus considérables.

Concluons de tout ceci, que l'ancienneté de Tyr est un fait incontestable; que l'époque de sa fondation remonte plusieurs siècles avant le règne de Nabuchodonozor, et que c'est d'elle, non de Palétyr, que les prophètes et les écrivains profanes ont parlé dans leurs ouvrages.

SUR QUELQUES FAITS, COUTUMES ET PARTICULARITÉS EXTRAORDINAIRES DES INDIENS;

Par M. J. Shore Bart.

Je ne regarde point comme fort utile de ramasser indistinctement toutes les particularités, coutumes, opinions nobles ou triviales, qui caractérisent les indigènes de l'*Inde*; mais il en est entre elles qui excitent la curiosité, qui la satisfont, et doivent s'attirer à la fois et les remarques des philosophes, et l'attention des politiques.

De toutes les études, c'est à celle de l'esprit humain qu'il faut attacher le plus d'importance. Soit que nous le suivions dans sa perfection, soit que nous l'observions dans sa bassesse, il nous enseigne à fuir l'erreur, nous offre des modèles d'amélioration, ou nous donne des exemples à imiter. Remontons à l'origine des usages, les leçons de l'expérience nous apprendront quelle est, sur l'esprit humain, l'influence des causes physiques et morales.

Le naturel des *Indiens* n'est qu'imparfaitement connu en *Europe*, malgré tout ce qu'on y a publié sur leur compte; des recherches exactes sur ces peuples, une bonne description de leurs mœurs et de leurs coutumes locales ou générales, serait le sujet d'une dissertation curieuse, utile et agréable.

Mon intention n'est point de l'entreprendre. Je n'ai point de prétention à l'habileté qu'une semblable tâche exige, je n'ai point non plus le loisir de la remplir. Les remarques précédentes n'ont été faites que pour servir d'introduction au récit de quelques faits extraordinaires, coutumes et pratiques que j'ai observés dans l'*Inde*, pendant la durée des fonctions publiques que j'y ai remplies. Peut-être ma narration sentira-t-elle trop le style de bureau; mais l'authenticité de sa matière, tirée de documens officiels, d'actes judiciaires, en compensera suffisamment les défauts.

L'inviolabilité du caractère de *brahmen* est établie en principe chez les *Indiens*, et le meurtre, volontaire ou non, d'un tel personnage, est un crime pour lequel on n'admet point d'expiation. On peut attribuer à cette idée la coutume appelée *dherna*, c'est-à-dire *saisie* ou *arrêt*. Elle fut autrefois très-commune dans *Bénarès*; et voici en quoi elle consiste :

Le *brahmen* qui se sert de cet expédient pour obtenir une chose à laquelle il ne serait point arrivé par d'autres voies, se rend à la porte de la personne contre qui il le dirige, ou en tel autre lieu dans lequel il peut la surprendre aisément. Là, s'asseyant par terre en *dherna*, du poison, un poignard ou quelque autre arme meurtrière à la main, il menace de les tourner contre lui si son adversaire l'outrage ou veut passer outre. Ils demeurent ainsi là l'un et l'autre jusqu'à ce que le *brahmen* soit satisfait, et l'un et l'autre doivent jeûner pendant tout ce temps. Or, comme celui-ci ne se porte guère à une entreprise semblable sans être bien résolu d'y persévérer, il est extrêmement rare qu'il l'abandonne : car si la personne arrêtée ainsi par un *brahmen* le laissait mourir de faim, le péché en retomberait pour toujours sur sa tête.

Depuis l'établissement, en 1783, d'une cour de justice à *Bénarès*, cet abus a été bien moins fréquent.

Cet usage de s'asseoir en *dherna* ne se restreint point aux seuls *brahmens*, leurs femmes y participent aussi. Voici pour preuve un fait arrivé à *Bénarès* l'an 1789 :

Binou-Bhaï, veuve d'un homme de l'ordre des *brahmens*, était en litige avec son beau-frère *Balkichen*. Le procès fut jugé par arbitrage. L'examen et la sentence furent examinés par la cour de justice, approuvés, et sur un appel, confirmés de nouveau.

Le procès intenté par *Binou* avait pour objet un droit de propriété, et une noblesse de caste dont son antagoniste la prétendait déchue. Il est vrai que la décision avait été en sa faveur, mais elle ne satisfaisait point pleinement ses prétentions. Cette femme résolut donc d'obtenir par le *dherna*, ce que ni les sentences arbitrales, ni toutes les décisions judiciaires, ne lui auraient point accordé.

Binou mit sans retard son projet à exécution ; elle alla s'asseoir en *dherna*, devant *Balkichen* qui, dans la crainte quelle ne mourût, se retira avec elle, au bout de quelques jours, dans un temple où ils continuèrent à jeûner. Treize jours s'étaient écoulés, lorsque *Balkichen* mit fin à l'alteroation en entrant en arrangement avec *Binou*.

Il est digne de remarque que certains *Pandits* reconnaissent la validité desobligations que le *dherna* force à contracter, pourvu que le motif en soit juste. D'autres, au contraire, rejettent tout engagement extorqué de la sorte, à moins que celui qui l'a contracté ne le confirme ensuite de plein gré, en tout ou en partie.

Je n'ai point appris qu'il se pratique au *Bengale* et dans le *Béhar*, rien de tout-à-fait semblable à cet usage; mais les *brahmens* qui y vivent, ainsi qu'à *Calcutta*, de la charité des *Indiens*, vont s'installer devant la porte des maisons, et déclarent qu'ils y resteront jusqu'à ce qu'on leur ait accordé leur demande, et elle est si modérée qu'on y a volontiers égard; ce qu'on ne ferait point s'ils exigeaient trop. J'ai été instruit qu'on voit quelques exemples de cette coutume dans les gouvernemens des *visirs*, où l'on emploie avec succès ces mêmes *brahmens* au recouvrement des créances. Ils somment le débiteur de les acquitter, en lui signifiant qu'ils jeûneront jusqu'à ce qu'il ait payé sa dette, ce que celui-ci ne manque jamais de faire, pourvu qu'il ait quelques propriétés ou qu'il jouisse d'une certaine réputation.

On appelle *Kour* un autre usage aussi singulier que cruel. Ce mot est le nom d'une pile ronde de bois préparée pour y mettre le feu. Celui qui l'a élevée place ensuite dessus, ou une vieille femme ou une vache, et l'on réduit le tout en cendres. Cette cérémonie a pour but d'intimider les officiers du gouvernement ou autres qui feraient des demandes vexatoires, parce que, dans la croyance indienne, le *Kour* souille d'un énorme péché quiconque force par sa conduite un malheureux à y recourir.

En l'année 1788, trois *brahmens* en dressèrent un à *Bénarès*, et placèrent dessus une vieille femme qui y consentit. Il eut un plein succès, et l'autorité publique intervint à temps pour arrêter l'accomplissement du sacrifice. Voici les causes qui portèrent les trois *brahmens* à cette ressource désespérée. Ils tenaient des terres à ferme en société avec d'autres personnes, et l'impôt se trouvant inégalement réparti, ils avaient été taxés à une plus forte somme que les autres. Ils refusèrent d'acquitter aucune redevance et dressèrent le *Kour*, pour ôter aux officiers de justice la hardiesse de les contraindre au paiement; déclarant en outre d'une manière formelle qu'ils ne demandaient qu'une juste répartition des charges entre eux et leurs associés.

Une femme, que l'âge avait rendue presque aveugle, était placée sur le *Kour* lorsque le surintendant *anglais* de la province la fit sommer de comparaître devant lui. La vieille refusa nettement d'obéir, et déclara qu'elle se jetterait plutôt dans le premier puits. La sommation resta sans effet.

Le *Kour* fut, dit-on, d'un très-fréquent usage autrefois. Cependant, je n'ai point connaissance que ce sacrifice ait été fait une autre fois à *Bénarès*; j'ignore même s'il est connu dans quelque autre partie des possessions de la compagnie des *Indes*; on n'assure point qu'il ait été généralement pratiqué au-delà de *Bénarès*; tout ce qu'on peut avancer avec certitude, c'est qu'il fut limité dans une très-petite partie de cette vaste province.

Quelques auteurs attribuent aux anciens peuples de l'*Inde* une humanité et des inclinations douces, que le fait rapporté ci-dessus contredit formellement. Je ne saurais récuser leur sentiment, parce qu'il y a en tout des exceptions; mais il faut avouer aussi que les *Indiens*, courroucés par de petites provocations, s'abandonnent à des excès qu'aucun genre de provocations ne saurait excuser, et commettent des atrocités à peine croyables, fruit d'un orgueil vindicatif et d'une violence sans frein.

Je rapporterai trois exemples à l'appui de mon assertion. En 1791, *Soudichter-Mier*, *brahmen* qui tenait à ferme des terres sujettes aux redevances, et d'autres franches d'impôts, fut requis de se présenter devant le percepteur de sa province, homme du pays : il s'y refusa. La sommation fut réitérée, mais en vain. Quelque temps s'était déjà passé lorsqu'on envoya plusieurs personnes pour contraindre cet homme à l'obéissance. A peine les vit-il s'approcher de sa maison qu'il trancha la tête à la veuve de son fils, et la leur jeta. Son premier mouvement avait été de traiter ainsi sa propre femme; mais la veuve de son fils le conjura de lui couper plutôt la tête : il le fit sur-le-champ. Ce dernier point est constaté par la déposition du coupable.

Un autre *brahmen* fut convaincu du meurtre de sa fille en 1793; les détails qu'il donna lui-même de son crime, développent bien tous les motifs qui l'y portèrent. Je vais en présenter l'extrait. Environ douze ans auparavant, ce brahmen, appelé *Balou Paondeh*, tenait une pièce de terre à bail, avec un associé qui, après lui avoir abandonné sa portion, s'avisa de la réclamer en 1793; on prit la voie de l'arbitrage, et la décision fut en faveur de *Balou*. Celui-ci retourna donc cultiver sa terre, mais son adversaire voulut l'en empêcher. *Balou* s'écria : « Je suis courroucé, je me » sens furieux des obstacles qu'on m'apporte. Je » tuerai dans ce champ même, ma petite fille » *Apmunya*, qui n'est âgée que de dix-huit » mois. » Et il tint parole. Pareil événement eut lieu aussi dans la province de *Bénarès*.

Le dernier exemple est un matricide commis encore par deux *brahmens*, *Bytchouk* et *Adher*, *zemindars* ou propriétaires de biens fonds, qui n'avaient pas plus de huit acres. Ils étaient en concurrence avec un personnage nommé *Goury*, pour la surintendance des revenus de leur village. Ce dernier obtint la charge ; mais l'officier du gouvernement, intimidé par les menaces que la mère de Bytchouk lui fit de s'empoisonner, fut obligé de la lui ôter, pour la conférer aux deux *brahmens*. Ses craintes l'empêchèrent ensuite d'avoir égard aux plaintes de *Goury*, dont l'examen lui avait été renvoyé par l'autorité supérieure.

Quelque temps après, les émissaires de *Goury*

entrèrent de nuit dans la maison des *brahmens* qui étaient absens, et leur prirent quarante roupies qu'ils avaient trouvées dans l'appartement des femmes. Que cet acte de violence ait été commis par l'ordre de *Goury*, ou sans son approbation, il fut la cause immédiate qui porta *Bytchouk* et *Adher* au meurtre de leur mère.

Bytchouk revint le premier. Sa femme, sa belle-sœur et sa mère lui ayant conté cet événement, il mena celle-ci tout de suite sur le bord d'un ruisseau, où son frère vint le joindre le lendemain au point du jour. Là, appelant tout le village, qui ne les pouvait guère entendre, et prenant à témoins les habitans qui n'étaient point présens, ils se mirent aussitôt en devoir d'exécuter leur dessein, et *Bytchouk* tira son cimeterre dont il coupa la tête de sa mère. Les derniers mots de celle-ci furent qu'elle diffamerait *Goury* et tous ses complices; car elle pensait avec ceux qui lui donnèrent la mort, que son esprit excité pendant quarante jours par le battement d'un gros tambour, obséderait, tourmenterait *Goury* ainsi que ses associés, et les poursuivrait jusqu'à la mort.

Bytchouk et *Adher*, quoique *brahmens*, n'avaient ni reçu l'éducation, ni acquis les connaissances convenables à leur caste ; au contraire, ils étaient aussi ignorans que puisse l'être le dernier des paysans. Ils parurent fort surpris d'entendre un *Pandit* lettré prononcer contre eux l'arrêt de confiscation, et avouèrent qu'ils n'avaient point cru commettre un crime atroce, mais, selon la pensée même de leur mère, venger légitimement leur honneur, sans encourir aucun châtiment religieux.

Tous les crimes qui outragent la religion ne sont autorisés que par les préjugés locaux dont ils sont le funeste fruit ; et l'on remarquera, non sans quelque surprise, qu'ils ont été commis par des *Brahmens*. Trois districts seulement de la province de *Bénarès* en ont été témoins : *Kentel*, *Boddhouï* et *Kérit Sékur*. J'en fais mention, afin de n'induire personne en erreur, et qu'on ne tire point des conclusions générales des faits particuliers que je rapporte.

Au *Bengale* et dans le *Béhar* où la jalousie, l'orgueil et la vengeance ont quelquefois des suites funestes, je n'ai point appris que l'emportement de ces passions ait jamais frappé l'innocent pour punir le coupable, comme dans les exemples précédens.

Il faudrait s'appuyer de preuves irrécusables pour établir en principe que l'usage général de l'infanticide, chez quelques peuples, l'a fait passer chez eux en coutume obligatoire. Je suis fâché de dire que ce crime, eu égard aux filles nouveau-nées, n'est que trop bien constaté dans une tribu d'*Indous*, appelés *Radjekoumars*, et qui peuplent un district de la province de *Bénarès*, contigu au pays d'*Oude*.

Ce ne fut qu'en 1789 qu'on y découvrit l'usage presque universel de contraindre les mères à laisser mourir de faim leurs enfans femelles. Le résident *anglais* à *Bénarès*, ayant fait un voyage dans le pays des *Radjekoumars*, eut l'occasion de se faire confirmer par eux l'authenticité de cette coutume. Il s'entretint avec plusieurs de ces gens ; tous furent d'accord de son existence, mais sans paraître en concevoir l'atrocité.

Ils ne donnaient pour toute raison de cet usage barbare, que l'épargne des grandes dépenses dans lesquelles le mariage de leurs filles les jetteraient s'ils les laissaient vivre.

Il est consolant d'ajouter que si cette coutume est presque générale, elle offre néanmoins des exceptions. Quelquefois les affections de la nature, ou quelque autre motif, portent les parens à épargner une ou plusieurs de leurs filles ; mais les exemples en sont extrêmement rares dans ce dernier cas. Il n'y a qu'un seul village qui s'éloigne de l'usage général ; aussi, le *Radjekoumar* qui l'indiquait au résident supposait-il que ses habitans avaient juré solennellement, ou qu'ils s'étaient donné une parole réciproque d'élever leurs filles ; et pour donner plus de poids à son assertion, il ajouta qu'on trouvait dans ce village beaucoup de vieilles filles que les dépenses du mariage avaient empêché d'être pourvues.

Ce sera une question très-naturelle que de demander comment se perpétue un peuple chez qui l'infanticide frappe l'un des deux sexes. Voicila réponse que mes documens me mettent à même de faire : Il y a toujours, comme on vient de le voir, quelques filles d'épargnées, surtout dans la classe riche des *Radjekoumars*, et par les gens à qui l'espoir d'avoir des enfans mâles est ôté ; mais leur nombre ne suffisant point, les hommes prennent des épouses dans les autres familles de *Radjepouts*, auxquelles la nécessité les force d'avoir recours.

On regarda comme un moyen insuffisant, pour abolir cette coutume qui outrageait la nature et l'humanité, d'en appuyer l'interdiction par la menace des châtimens les plus rigoureux. L'autorité appela donc à son secours la religion même des *Radjekoumars*. C'est ainsi qu'on vint à bout de les pénétrer de l'atrocité de leur usage, et qu'on en tira un engagement en bonne forme, de ne plus faire périr leur descendance femelle. On découvrit encore dans la province de *Bénarès*, une autre tribu plus petite qui pratiquait le même usage; et les mêmes mesures furent mises en œuvre pour amener ce peuple, appelé *Radjebonsès*, au point où l'on venait de conduire les *Radjekoumars*.

L'histoire des cérémonies superstitieuses pratiquées dans l'Inde entière fournirait la matière d'un volume aussi gros que curieux; mais puisque jusqu'à présent j'ai tiré mes faits des événemens qui ont eu lieu dans la province de *Bénarès*, je ne saurais m'empêcher de rapporter ici les idées superstitieuses que le peuple y nourrit au sujet de la canne à sucre.

Les *Riottes* ou cultivateurs gardent ordinairement une portion des cannes de la récolte pour faire leur plantation de l'année suivante. Or, il arrive qu'il en reste souvent quelques-unes; lorsque cela a lieu, le propriétaire va dans son champ, vers le 25 de *jeyte*, environ le 11 juin, et après avoir sacrifié à *Naghèle*, divinité tutélaire de la canne à sucre, il met le feu à tout ce qui est resté ; il se montre fort soigneux de rendre l'opération aussi complète qu'il est possible.

Voici le motif qui engage à cette cérémonie. On croit généralement que si ces anciennes cannes demeuraient dans la terre passé le 25 de *jeyte*, elles refleuriraient et donneraient de nouveau des graines; or, l'apparition de ces secondes fleurs est considérée comme le plus grand malheur qui puisse arriver.

On soutient, d'une voix unanime, que lorsque le propriétaire d'une plantation aperçoit une seule canne en fleur passé le 25 de *jeyte*, il doit s'attendre aux calamités les plus affreuses. Ses parens, ses enfans et ses biens en sont menacés aussi. Enfin, la mort ne manquera point d'enlever beaucoup de gens de sa famille, si elle ne les frappe pas tous peu de temps après cette malheureuse découverte. Si c'est le serviteur du propriétaire qui trouve la fleur, et qu'il l'arrache, l'enterre et n'en dise jamais rien à personne, on croit qu'elle n'attire aucun malheur sur le *Riotte*; mais si la chose arrive à sa connaissance, rien, selon les idées reçues, ne le peut mettre à l'abri des maux dont je viens de parler.

Plusieurs *Riottes* et *Zémindars* de la province de *Bénarès* rapportent, à l'appui de cette croyance, divers exemples de ces tristes événemens, qu'ils affirment avoir eu lieu de leur temps; et ils prétendent, qui plus est, avoir été témoins oculaires des infortunes qui ont accablé les victimes de ces funestes présages.

En réfléchissant au crédit que la nécromancie usurpa en *Europe* après la renaissance des lettres; en voyant les noms des personnages célèbres par leur savoir que l'on compte parmi ses défenseurs, faut-il s'étonner que les gens de distinction de ces contrées, et qui ont reçu le plus d'éducation, ajoutent foi aux charmes et aux amulettes; que les astrologues soient consultés par eux sur l'heure propre à se mettre en voyage ou bien à entreprendre une expédition, et que le peuple croie généralement à l'influence des sorts sur la santé et au pouvoir des maléfices, quoique l'effet soit loin de répondre à la crédulité de ces gens? On compte quelques exemples récens de personnes sacrifiées à l'erreur populaire; mais peut-être l'accusation de sortilége n'a-t-elle été qu'un prétexte spécieux pour les faire périr.

Les archives du gouvernement font mention, entre autres, de l'assassinat de cinq femmes tuées sur une accusation de maléfice. Je dois avertir avant d'entrer dans les détails de cet événement, qu'il se passa dans le district de *Ramgor*, c'est-à-dire dans la contrée la moins civilisée des possessions de la compagnie des *Indes*, et chez une tribu sauvage et illettrée, qu'on nomme *Sountar*.

En 1792, trois hommes furent accusés du meurtre de cinq femmes, et incarcérés. Ils avouèrent le crime sans hésiter, et alléguèrent pour leur défense, que c'était une coutume établie de temps immémorial dans leur tribu, d'examiner les personnes accusées de sorcellerie; qu'à cet effet, on convoquait une assemblée des personnes de la même tribu, et que, lorsque l'accusation était dûment prouvée, on mettait les coupables à mort sans que personne s'avisât d'en porter plainte à l'autorité légale; que les femmes qui avaient été tuées, ayant subi l'épreuve d'usage, furent convaincues d'avoir causé, par leurs maléfices, la mort du fils de l'un des prisonniers, et que ceux-ci les avaient tuées sur l'arrêt de l'assemblée.

Les gens qui poursuivaient en justice ces trois hommes, et qui, conformément à la loi *musulmane*, étaient les parens des femmes mises à mort, déclarèrent qu'ils étaient trop satisfaits que leurs parentes aient eu véritablement le don de sorcellerie, pour vouloir charger les prisonniers.

La coutume alléguée par les trois coupables fut confirmée par un grand nombre de témoins, qui citèrent à l'appui plusieurs faits semblables au précédent, sans que personne les contredît.

Les enquêtes faites à ce sujet, ont procuré la connaissance des étranges et curieuses particularités qu'on va lire.

La mort successive de trois ou quatre jeunes gens d'un village, en fait imputer la cause à la magie; et tous les habitans prenant l'alarme, se mettent en devoir de découvrir les sorciers. On les voit ordinairement à minuit, danser à la lueur d'une lampe devant la maison des malades ou en dehors du village. Ils ont les reins ceints de genêt.

Voici ce qu'on pratique pour acquérir la parfaite certitude du crime de sortilége, lorsqu'une personne en est accusée :

1.° On plante dans l'eau, le matin, et l'on y laisse pendant quatre heures et demie, autant de branches de saule qu'il y a dans le village de femmes mariées ou non mariées, qui ont atteint l'âge de douze ans, et sur chaque branche est écrit le nom d'une de ces femmes. Celles dont la branche se fane, sont dûment convaincues de maléfice;

2.° On enveloppe un peu de riz dans de petits morceaux de toile marqués comme les branches de saule, et en pareil nombre; on les met dans un nid de fourmis blanches, et ceux des sachets dont le riz est consommé, sont une preuve de sortilége contre les femmes dont ils portent le nom;

3.° On allume des lampes pendant la nuit; on met de l'eau dans des vases de feuilles, et l'on verse dedans, goutte à goutte, de l'huile avec des grains de moutarde, en prononçant les noms de toutes les femmes du village. Si, durant cette cérémonie, on voit l'ombre de quelqu'une dans l'eau, elle est convaincue de sorcellerie.

C'est ainsi qu'on s'assure des personnes qui exercent la magie. Dans l'affaire qui a donné lieu à ces découvertes, les témoins affirmèrent que toutes les preuves de culpabilité s'étaient réunies contre les cinq malheureuses femmes, et ces gens en semblaient bien convaincus. Ils assurèrent que les branches marquées à leurs noms s'étaient flétries; que le riz de leurs sachets avait seul été dévoré par les fourmis blanches; enfin, que leur ombre s'était montrée dans l'eau pendant qu'on y jetait l'huile, en les nommant; et, ce qui est plus incroyable, qu'on les avait même vues danser de la manière décrite ci-dessus.

On aurait peine à concevoir comment l'ignorance même la plus grossière peut ajouter foi à cette suite de preuves illusoires, s'il était moins connu que le préjugé paralyse les facultés de nos sens.

L'usage qu'il me reste à décrire va montrer dans tout son jour la simplicité des habitans de *Ramgor*, et l'ignorance qui les caractérise en général.

La négligence à déterminer l'étendue des terres tenues à ferme, et le peu d'exactitude avec laquelle les titres sont rédigés, occasionnent de fréquentes disputes entre les villages voisins. On défère alors à l'arbitrage des doyens d'autres villages adjacens; mais lorsqu'ils ne s'accordent point, on fait choix de quelques hommes de chacun des villages qui sont en litige : ceux-ci ne se perdent point en discussions; ils se rendent sur le terrain même, où ils font creuser une fosse dans laquelle ils mettent chacun une jambe; aussitôt on jette de la terre par-dessus pour boucher la fosse, et ils restent dans cette attitude jusqu'à ce que l'un d'eux demande à être retiré, ou qu'il se plaigne de la morsure de quelque insecte. A ce signal, l'épreuve se termine et la propriété du champ est adjugée au village dont les habitans ont été le plus courageux, ou que leur bonheur a fait échapper à l'insulte des insectes.

On n'a rien trouvé qui ait rapport aux sciences dans les détails que je viens de donner; je ne me suis attaché qu'à la description des coutumes; mais je laisse mon exemple à imiter aux personnes qui, secondées comme moi dans leurs recherches par un caractère public, posséderont pour les étendre plus d'habileté, de connaissances, et qui en auront mieux tout le loisir.

NOTE.

J'ai reçu depuis peu des documens ultérieurs sur le *dherna*. Voici ce qu'il m'a semblé à propos d'en extraire, pour jeter plus de jour sur cette étonnante coutume :

Plusieurs personnes furent traduites devant la cour de justice de *Bénarès*, pour cause de *dherna;* et comme il y avait une peine applicable à cette sorte d'oppression, il parut urgent de déterminer ce que c'était que le *dherna*, d'après le *chester* et selon l'usage.

On s'adressa donc à plusieurs *pandits* de la province ou

de la ville, pour avoir cette définition : voici la réponse que trente-deux de ces *pandits* ont souscrite :

« Quiconque se met en *dherna* devant la porte ou dans la maison d'autrui, pour le paiement d'une dette, ou pour toute autre cause, ayant une arme ou du poison à la main, ne doit ni manger ni souffrir que sa partie ou quelque autre de la maison le fasse ; il ne doit pas non plus laisser entrer ou sortir qui que ce soit ; et s'adressant aux gens du logis, avec les plus terribles sermens, il dira : *Si quelqu'un de vous prend la moindre nourriture, qu'il entre dans la maison ou qu'il en sorte, ou j'avale ce poison, ou je me frappe de cette arme.* Ces deux événemens peuvent arriver quelquefois ; mais celui qui s'assied en *dherna* ne doit jamais quitter sa place qu'à l'instante prière de ses adversaires, ou par l'ordre du *hakim*. La stricte observation des choses ci-dessus mentionnées constitue le véritable *dherna ;* et pour peu que l'on manque seulement à l'une d'elles, ce n'est plus qu'un *touckaza* ou *demande simple de paiement.* Et comme le *chester* ne dit rien du *dherna*, nous avons répondu aux questions qu'on nous a soumises en nous appuyant de l'usage. »

Quelques autres *pandits* diffèrent d'opinion touchant ce qui constitue le *dherna ;* mais je regarde la citation que je viens de faire comme la plus satisfaisante. On observera que ce *dherna*, dont il n'est point parlé dans le *chester*, n'est établi que par l'usage.

Voici un fait de fraîche date. En janvier 1794, *Mahoun Panreh*, brahmen d'un district de la province de *Bénarès*, se mit en *dherna* devant l'habitation de plusieurs *Radje-pouts*, dont il voulait obtenir le paiement du *bert*, charité alimentaire à laquelle il prétendait, et s'empoisonna dans sa station. Quelques-uns de ses parens laissèrent pendant deux jours son corps à la même place, pour empêcher les *Radjepoutes* de pouvoir prendre aucune nourriture, et les contraindre par-là d'instituer en faveur des héritiers du *brahmen* le *bert* qu'ils lui avaient refusé.

MÉMOIRE

SUR

LES HABITANS

DES MONTS VOISINS DE RADJAMAHALL;

Par le Lieutenant Thomas SHAW.

UNE teinte légère de la langue des montagnards des cantons dè *Bhagalpour* et de *Radjamahall*, m'a fait découvrir qu'il existait quelque différence de mœurs, d'usages et d'idiomes, entre eux et les peuples des plaines voisines. Alors je me suis efforcé d'acquérir des connaissances exactes sur leur compte, persuadé que malgré la dépendance où ils sont de notre gouvernement, les habitans d'au-delà des montagnes n'avaient point encore été bien connus.

Les détails suivans ne sont qu'une traduction de ce qu'a écrit le montagnard le mieux instruit de ces choses, et avec qui j'ai eu occasion de m'entretenir. Je n'ai rien épargné pour rendre mon récit véridique. C'est l'unique mérite qu'il aura.

Je dois à un *soubadar* des *Rangers*, à qui feu M. *Cléveland* avait montré à écrire le *nagry*, les renseignemens sur les montagnards des trois *toppahs* de *Modjéouai*, *Ghourry* et *Monnoudry*. Le premier au S. O. de *Radjamahall*, s'étend jusqu'à *Sicrigully*; le deuxième de là à l'O. jusqu'à *Chahabad*; le troisième est situé au S. de *Ghourry*. Leurs habitans diffèrent, à plusieurs égards, des peuples qu'on trouve sur la lisière de *Bhyboum*, et au S. E. de *Radjamahall*. Tous les faits rapportés ont été transmis par un autre *soubadar*, à celui qui les a rédigés, et j'ai fait ma traduction avec le secours de tous deux. Quant aux *toppahs* de *Modbon*, *Payer*, *Tchitolyh*, *Barcope*, *Potsondau*, *Djomny*, *Hournah Par*, *Domsai*, *Kouny-Allah* et autres, il y existe aussi des usages particuliers que je m'efforcerai de déterminer.

Ce qui suit a immédiatement rapport aux *toppahs* de *Modjéouai*, *Ghourry* et de *Monnoudry*. On en pourra conclure que les hommes y ont l'idée d'un Être suprême, d'une vie future et de la transmigration. Ils adorent plusieurs Dieux à la vérité, mais on les regarde comme inférieurs à l'être tout-puissant qui pénètre tout, appelé *Bedo Gossaih*, le grand Dieu, et comme l'objet d'un culte intermédiaire. Il est probable que leurs idées sur la métempsycose sont empruntées des Indiens; cependant, loin de partager la vénération de ceux-ci pour les vaches et autres animaux, ils croient que c'est pour la punition d'une ame que Dieu la fait passer dans le corps des brutes. Il y a même certains crimes auxquels la croyance générale assigne pour punition, le passage de l'ame du coupable dans le règne végétal.

Les montagnards de ces *toppahs*, à qui manque la connaissance des lettres et de toute espèce de figures significatives, conservent par tradition une histoire curieuse de l'origine du Monde, auquel on n'assigne point d'âge parmi eux. Voici ce qu'ils disent: le *Bedo Gossaih* fit le ciel, la terre, et tout ce qu'ils contiennent. Ensuite, sept frères furent envoyés du ciel pour peupler le globe, et ils vécurent long-temps ensemble, jusqu'à ce que l'aîné fût devenu infirme. Alors les six plus jeunes ayant recueilli toutes sortes de comestibles, se les partagèrent pour s'en aller chacun dans une contrée différente. L'un, *indien*, eut pour son lot du poisson et de la chair de chèvre, dans une écuelle neuve; un autre, qui était *musulman*, du poisson, de la volaille et de toutes les viandes, excepté du porc, aussi dans une écuelle neuve. A un troisième, *kirouány*, échut en partage, ainsi qu'au quatrième, *kyrratyr*, de la chair de porc dans un vase semblable. La portion du cinquième, *kaudyr*, se composa de toutes sortes de poissons, de volailles, toujours dans une écuelle neuve. Le sixième, qui devait porter ses pas vers un pays étranger, fut pourvu de toutes sortes d'alimens, encore dans une écuelle neuve. On n'avait point entendu parler de lui depuis son départ, et l'on ignorait ce qu'il était devenu; mais enfin, dès que les *Européens* ont paru, on n'a point douté, à leur manière de se nourrir, qu'ils ne descendissent de ce sixième frère. Quant au septième, *mullair*, qui était le malade, il prit un peu de chaque aliment et le mit dans une vieille écuelle; on le considéra comme le rebut, et il fut contraint de rester dans ces montagnes où, ne trouvant, lui et ses descendans, ni vêtemens, ni subsistance, la nécessité les jeta dans le brigandage, qu'ils ont pratiqué jusqu'au moment où, après avoir acquis l'amitié du gouvernement *anglais*, M. *Cléveland*, en arrivant tout à coup sur leur territoire, s'est reposé sur leur fidélité, et a assigné à leurs chefs un petit subside par mois, en considération de leur conduite paisible et de leur obéissance. Voilà comment on rapporte qu'il a été mis fin au maraudage et aux courses journalières dont ils vivaient. La caste de *kirouary* traversa le *Gange*, et vécut sous des tentes, sans lieu fixe d'habitation. L'*indien* et le *musulman* ne quittèrent point cette contrée. Le *kaudyr* alla au nord, et l'on douta de l'existence de sa branche jusqu'à ce qu'il en fût venu des gens creuser une citerne pour M. *Cléveland*. *Kyrratyr* se dirigea vers les montagnes au nord du *Gange*. Je ne saurais dire quels noms portaient les autres frères, ni comment ils ont pu s'associer des compagnes, car ce récit imparfait ne dit rien de la création d'aucune femme, mais seulement que Dieu a fait un sexe propre à multiplier l'espèce humaine. Ses commandemens sont que l'homme ne doit faire que ce qu'il veut qu'on lui fasse; qu'il doit vivre par le travail, parce que ses mains lui ont été données pour agir, ses yeux pour voir, sa bouche pour parler bien ou mal et pour manger des choses douces ou amères, ses pieds pour marcher; qu'il ne faut maltraiter personne sans sujet, ni tuer ni punir sans cause de crime, sous peine d'être détruit par la colère de Dieu. Cependant plusieurs créatures oublient ces ordres divins, s'injurient, se frappent, se tyrannisent sans sujet; mais dès que la mesure de leur iniquité est comblée, Dieu les somme de comparaître devant lui. Son messager porte les maladies et la mort. Aussitôt le pécheur se présente; on le lie, et il est jeté dans des fosses pleines, soit de petits vers, soit de feu, où il est condamné à demeurer éternellement.

Quiconque observe les commandemens de Dieu se conduit bien à tous égards. Il n'injurie, n'outrage, ne frappe, ne tue personne, ne s'empare point de ses effets, ne pille qui que ce soit, ne saccage pas le grain d'autrui, ne prend pas son argent, ne déchire point ses habits, ne se dispute avec personne; mais il loue Dieu matin et soir : ce dernier point regarde encore les femmes. Il est charitable, vêt, nourrit le pauvre et célèbre les fêtes en l'honneur de Dieu, par des dépenses en grains, en argent et en vêtemens. Lorsqu'un homme juste a fait un bon emploi des richesses qu'il a reçues du ciel, qu'il a observé les commandemens, n'a point manqué à la prière, Dieu l'appelle après l'avoir laissé jouir assez long-temps des biens du monde. On l'interroge en paraissant, sur sa conduite envers les hommes, et sur la leur envers lui. Il rend compte de ce qu'il a donné et reçu, des alimens qu'il a pris; déclare qu'il n'a outragé personne, mais que soir et matin il s'est acquitté de l'adoration. Dieu lui répond : « Je » vois que vous vous êtes bien conduit, que » vous avez observé mes commandemens; je » vous élève; demeurez donc avec moi. » Après un séjour de peu de durée, il est envoyé sur la terre pour renaître d'une femme, et devenir ensuite *raja déouân* ou *cotouall*, avec des terres en abondance et une grande fortune. S'il oublie, dans ce nouvel état, de louer la grandeur de Dieu, qu'il ne nourrisse point l'affamé, et qu'au contraire il maltraite les pauvres, Dieu le détruira dans sa colère, et il sera précipité dans une fournaise. Si son châtiment n'y est point éternel, il n'obtiendra point la faveur d'être de nouveau mis au monde par une femme, et renaîtra sous la forme d'un chat ou d'un chien.

Quiconque se rend coupable devant Dieu est renvoyé sur la terre pour y être enfanté de nouveau par une femme; mais il sera ou boiteux, ou aveugle, ou pauvre; n'ayant autre chose pour subsister que ce qu'il mendiera de porte en porte. Si quelqu'un qui possède un rang et une fortune considérable oublie les commandemens de Dieu, s'approprie ou pille le bien d'autrui, Dieu, courroucé de l'abus qu'il aura fait de ses biens, le rendra pauvre, le réduira à la mendicité, et le fera comparaître devant lui, après l'avoir laissé vivre dans le malheur autant de temps que son crime l'aura mérité.

Dieu ordonne à tel homme d'en tuer un autre, il est obéi; cependant le meurtrier vit heureux et satisfait. Mais personne ne peut détruire son semblable de plein gré, sans que Dieu ne l'extermine à son tour; car celui qui frappe son semblable sans l'ordre de la Divinité, sera châtié par un troisième personnage, à qui l'Être suprême ordonnera de le punir. Personne ne peut maltraiter quelqu'un sans le commandement de Dieu, à moins d'éprouver le même sort. Quiconque fait injure au prochain, sans l'ordre de Dieu, doit s'attendre au même traitement. Si quelque homme pille la propriété de son voisin ou la dérobe, Dieu le fera punir de la même manière, ou ordonnera la mort de quelqu'un de sa famille. Si vous voyez un boiteux, gardez-vous bien de vous moquer de son infortune, de peur que Dieu ne vous rende boiteux, ou ne vous punisse de quelque autre façon. Ne vous riez point du malheur d'un aveugle, sans quoi Dieu vous frappera d'aveuglement, ou vous serez châtié par quelque autre moyen. La Providence a permis que tel homme fût contrefait; quiconque le tourne en dérision sera affligé de ses infirmités; Dieu le rendra boiteux, aveugle ou pauvre. N'insultez donc point au malheureux. Si Dieu avait fait l'aveugle, le boiteux, ou l'homme contrefait, pour être moqués, il pardonnerait à ceux qui insultent à leur misère; mais leurs malheurs étant une punition, ceux qui sont exempts de défauts physiques doivent respecter leurs disgrâces. Ceux que Dieu favorise des biens de la terre et d'une grande puissance, doivent être charitables et aimer les malheureux; si néanmoins les riches étaient sans charité, malgré leur fortune, la Providence les rendrait pauvres pour les punir, et les réduirait à gagner leur pain. Lorsque les grands sont bienfaisans, Dieu se plaît à les protéger.

Dieu conduit le pauvre à la porte du riche pour y mendier. Si quelque homme dur refuse de soulager les besoins de l'infortune, la Providence, courroucée de l'abus qu'il fait de ses dons, plongera ce riche dans la misère, lui ôtera toute espérance et détruira sa famille. Dieu élève le pauvre. Tels sont le pouvoir et les actes de la Providence.

Un criminel qui vole son prochain, et qui le tue, jette le corps au loin pour dérober son crime aux parens du mort. Ils pensent que cet homme a péri par le dard de quelque serpent, ou par la dent d'un tigre; mais Dieu ne peut point être trompé; il faut que sa vengeance tombe ou sur le meurtrier ou sur sa famille. Lui, ou quelqu'un de ses parens, sera sacrifié à un tigre ou bien à un serpent. Quiconque tue un tigre sans un ordre divin, doit être, lui ou quelqu'un de sa famille, livré à la fureur d'un tigre.

Cette superstition rend les montagnards attentifs à ne point tuer de tigre, à moins que cet animal ne leur ait enlevé un parent; car dans ce cas, ils le poursuivent et le tuent; mais posant aussitôt leur arc et leurs flèches sur son corps, ils prennent Dieu à témoin qu'il ne l'ont fait périr que par représailles. Leur vengeance étant assouvie, ils promettent de n'attaquer désormais aucun tigre, sans y être provoqués de même par la perte de quelque parent.

Dieu envoie un messager aux personnes qu'il somme de comparaître. Si ce messager se trompe et qu'il en amène une autre qu'il ne doit, la divinité lui commande de la remmener ; mais comme il se pourrait que la demeure terrestre de cette ame ait été détruite, elle est obligée de demeurer à mi-chemin, entre le ciel et la terre, sans pouvoir paraître une autre fois devant Dieu. Quiconque commet un homicide sans l'ordre de Dieu, ne sera jamais admis en sa présence : son ame est destinée à rester éternellement dans l'espace qui sépare le ciel et la terre. Celui qui est tué par un serpent, en punition de quelque forfait caché, ne paraîtra jamais devant l'Être suprême. Son ame est condamnée à demeurer entre le ciel et la terre ; cependant Dieu fera périr le serpent, a moins qu'il n'ait exécuté ses ordres, car dans ce cas la Providence l'absout. Le riche qui ne donne point au pauvre l'aumône qu'il lui a promise, deviendra pauvre lui-même si le mendiant le demande à Dieu ; ou bien il recevra quelque autre châtiment d'une action si peu charitable. Néanmoins il pourra obtenir son pardon par la pénitence et la prière. Si, après qu'un homme s'est marié à grands frais, sa femme se rend coupable d'adultère et qu'elle cache son péché, ce qui est bien pire, Dieu, à qui l'on n'en saurait imposer, se charge de la punir et la rend infirme, aveugle ou boiteuse. Quiconque fornique et cache sa faute, doit craindre la vengeance divine : mais il pourra détourner de dessus sa tête les maladies ou toute autre punition due à son crime, en l'avouant, en suppliant la divinité de l'oublier, et en sacrifiant une chèvre à *Déouarry Nad*, le reliquaire de leur Dieu pénate, et l'on doit répandre le sang sur le linge afin de le purifier. S'il arrive à un homme de jeter un regard impur sur la femme de son voisin, Dieu l'en punira, parce que cela est défendu. Qui prend du poison et meurt, n'ira point au ciel; son ame est condamnée à errer éternellement; elle sera tourmentée de convulsions et d'une envie continuelle de vomir, sans avoir autre chose pour nourriture journalière qu'autant de riz qu'il en peut tenir sur une feuille d'*autra*, plus petite que celle du *tamarin*, avec la même quantité d'eau. Quiconque se pend, ne comparaîtra jamais devant Dieu; et son ame, sans demeure fixe, sera condamnée à errer éternellement une corde au cou. La présence de la divinité est interdite également à celui qui se noie; son ame sera vagabonde dans l'espace, et condamnée à travailler nuit et jour, à dessécher le lit d'une rivière. L'ame de celui qui périt sans l'ordre de Dieu par la chute de quelque arbre, est reçue dans le royaume du ciel ; mais on ne l'admet point en présence du Tout-Puissant, quoique à cela près elle goûte les félicités du juste. L'ingrat qui reçoit des bienfaits et trompe son bienfaiteur, sera condamné à n'être bien traité nulle part : Dieu l'abandonne à la misère, en punition de son ingratitude. Quiconque tombe dans un combat est bien reçu de Dieu et nourri somptueusement, parce que son destin est agréable à la divinité. Celui qui périt par l'eau dans un voyage, est bien reçu dans le ciel, et Dieu l'accueille.

Le *démauno* ou *déouassy*, semble être plutôt un oracle qu'un simple prêtre. Les gens qui se prétendent inspirés font accroire qu'ils prédisent l'avenir par leurs songes, et que *Bédo Gossaih* leur apparaît la nuit et leur tresse les cheveux, ce qui les rend d'une longueur remarquable. Dès-lors ils ne peuvent plus les couper, car si une telle action ne leur était point fatale, elle leur ferait au moins perdre la vertu prophétique de leurs songes. Cet oracle prédit à l'un une récolte abondante, à l'autre qu'il deviendra riche ; à un troisième qu'il tombera malade. Il promet à celui-ci une heureuse chasse ; il avertit celui-là qu'il ait à offrir un sacrifice et des prières à tel reliquaire, pour apaiser la colère de Dieu. Il annonce les temps de disette ou de pluie; et lorsque le hasard vérifie quelques-unes de ses prophéties, le peuple y ajoute dans la suite une confiance aveugle. Un malade lui demande ce qu'il doit prendre le lendemain, et le *démauno* fait un songe à ce sujet; ou bien Dieu l'instruit dans une vision, de la destinée du malade et de ce qu'il doit faire pour se rétablir. Quelqu'un, en lui apprenant que sa moisson n'a point été aussi bonne que de coutume, lui demande de quoi Dieu est offensé, et par quel moyen il peut l'apaiser. Un chasseur lui dit qu'il n'a point été aussi heureux que d'ordinaire, et le consulte sur la cause de cet événement. Il y a des gens qui lui demandent à quel reliquaire ils doivent faire leurs offrandes. Mais quiconque a recours à cet oracle, est obligé de lui faire un présent. On reçoit sa réponse le lendemain.

Le premier jour de la pleine lune de janvier, après l'inspiration accoutumée, il quitte sa maison, court alentour; et simule un transport frénétique, sans cependant parler ni faire outrage à personne. Il s'approche ensuite de la porte de son chef, à qui il fait signe d'apporter un coq et un œuf de poule; il mange celui-ci sur-le-champ, et tordant la tête au coq, en suce le sang tout chaud et jette le corps ensuite. Il s'en va de-là vers quelque rivière déserte sur le bord de laquelle il reste sept ou neuf jours. Il se démène comme un possédé durant tout ce temps, et affirme à son retour, lorsque sa raison semble s'être guérie, qu'il a été nourri par la divinité, et même traité somptueusement. Ce Dieu s'assied quelquefois sur un gros serpent, ou met sa main dans la gueule d'un énorme tigre sans manifester aucune crainte. Lorsque le *démauno* quitte sa retraite, il rapporte avec lui un grand arbre qu'il a déraciné, et le place sur le toit de sa maison; l retourne après cela en chercher un autre non moins grand, puis un troisième, enfin un quatrième, et les met aussi sans secours humains, et au grand étonnement du peuple, sur le toit de sa maison. On doit remarquer ici que tous ces arbres sont trop forts pour être arrachés et transportés par un seul homme, et d'une espèce tellement épineuse qu'on ne saurait les toucher impunément; mais l'oracle opère ces prodiges par l'assistance divine. Il fait savoir que la nuit de son retour, *Bedo Gossaih* lui est apparu dans une vision, et lui a ordonné des prières et le sacrifice d'un coq ou d'un pigeon. En conséquence, il prend un peu d'huile, le matin, pour en frotter les arbres qu'il a mis sur son toit; fait des raies dessus, avec du rouge, et y répand un peu de riz sans être apprêté. Enfin, il sacrifie le pigeon ou le coq de manière que leur sang arrose ces arbres, et fait des prières pendant toute la cérémonie.

Il ne peut plus, après cela, ni vivre avec d'autre femme que la sienne, ni en toucher d'autres. S'il arrivait même qu'une femme le touchât par accident, on le croirait déchu du don de prophétie. S'il épouse plus d'une femme, le peuple perd également toute confiance en lui. Lorsqu'il a terminé son noviciat, et qu'il s'est acquis la réputation d'un bon *démauno*, son chef l'invite à la fête du buffle; il porte au cou un fil de soie rouge, en forme de collier, attache un turban sur sa tête, en priant Dieu de lui accorder le don de rendre la santé aux malades; d'exorciser ceux qui sont possédés du diable, et de vérifier toutes ses prédictions. Voilà comment il est ordonné; et il officie pendant la fête. Un *démauno* boit du sang tout chaud de toutes les victimes qu'on immole devant lui; il ne peut jamais ni manger de bœuf ou de *dhai*, ni boire de lait, car il perdrait sa vertu prophétique par cette action. Le nombre des *démaunos* n'est point fixe dans chaque village; tel en possède plusieurs, tandis que tel autre n'en a pas un seul.

Le *maunguy* de tout village sacrifie annuellement un buffle dans le mois de *maug*, ou de *fagon*. Il désigne le jour et enjoint à ses vassaux de le seconder dans son ministère; chacun d'eux fournit une quantité d'huile, de grain et de liqueurs pour la fête. Lorsqu'au jour désigné les provisions sont recueillies, le *maunguy* assigne à chacun son emploi; l'un fait la cuisine, d'autres vont couper une grande branche qu'ils apportent et plantent devant la porte du *maunguy*; aussitôt un des siens arrive avec le *kundone* (siége sacré à pieds), le met sous l'ombrage de la branche, le nétoie, le frotte avec de l'huile, le barbouille de *soundra* (couleur rouge) et y attache un fil de soie rouge. Lorsque le *maunguy* a fait son *salám* devant le siége, il s'assied dessus. Le *démauno* se met par terre à sa gauche. Après avoir prié, il donne une poignée de riz naturel au *démauno*, qui le répand auprès de la branche en suppliant Dieu de le protéger ainsi que ceux qui dépendent de lui; et il fait vœu de célébrer annuellement la même fête. Pendant sa prière, les tambours du *maunguy* ne cessent de battre;

alors deux personnes qui sont possédées du démon, se mettent à courir et à ramasser le riz pour le manger. Lorsqu'ils l'ont tout ramassé, on les saisit, on les lie, et on les place à une petite distance de l'autel. Alors le buffle ayant les jambes bien attachées avec des cordes, le *maunguy* s'avance, et lui coupe le jarret, pour amuser les cruels assistans à le voir se débattre et faire ses derniers efforts lorsqu'on le traîne à l'autel, où on lui coupe la tête. Aussitôt les gens qu'on avait attachés sont mis en liberté et se précipitent sur le sang de l'animal pour le boire tout fumant. Lorsqu'on juge qu'ils en ont assez bu, on les asperge avec de l'eau, pour achever l'exorcisme, et ils vont ensuite se baigner dans la rivière. Alors les assistans s'avancent avec des offrandes de riz, d'huile, de liqueurs fortes, et ils reçoivent la bénédiction de leur chef, qui mange avec les prêtres et les musiciens, la tête du buffle qu'il a accommodée. On termine la cérémonie de ce jour en rentrant le *kundone* dans la maison; mais dès le lendemain, les adhérens s'assemblent pour se régaler avec le buffle et quelques autres choses que le *maunguy* leur fournit. Au bout de cinq jours, on sacrifie une volaille dont le sang est répandu sur la branche que l'on enlève et qu'on va attacher sur le toit du *maunguy*, avec les os et les cornes du buffle, où l'on la laisse se flétrir. En certains lieux, la maison des *maunguys* a un endroit pratiqué à l'angle du N.-E., pour recevoir ces restes sacrés.

Le premier *maunguy* d'un *toppah* (c'est un certain nombre de montagnes sur lesquelles il y a des villages), c'est-à-dire celui dont l'autorité est reoonnue par les autres *maunguys* des villages qu'il contient, désigne chaque année le temps de la prière qu'on fait pour obtenir des pluies favorables à la moisson. On peut célébrer cette fête dans tel ou tel mois de l'année qu'on juge à propos, celui de *pous* excepté, car il est regardé comme une période malheureuse, pendant laquelle il ne faut ni se marier, ni bâtir, ni entreprendre rien d'important. Lorsque le chef du *toppah* a déterminé le jour, il envoie un *arra* au *maunguy* de chaque village, en lui enjoignant de venir à son aide avec vingt ou trente personnes de son district. Ils se rendent tous au temps marqué, dans l'endroit destiné hors du village, à la cérémonie du *Satane*; et là, après après avoir planté en terre une petite branche de *Tchalgouno*, on en arrose les feuilles avec le sang d'une chèvre dont on coupe la tête au-dessus avec une épée. L'objet de ce *Satane* est de déterminer quel est celui des chefs dont la prière sera la plus agréable au dieu des pluies, et qu'on doit choisir pour invoquer cette divinité. Aussitôt que ce choix est fait on détermine le jour de la prière. Tous les *maunguys* doivent s'y trouver avec leurs vassaux devant la porte du chef, où le *démauno* et le *maunguy* sur qui le sort a tombé viennent célébrer la cérémonie. Elle se prolonge après qu'on a immolé un buffle suivant le même formulaire déjà décrit, aussi long-temps que durent les provisions offertes par les *maunguys*.

C'est ainsi qu'on éloigne les calamités de la disette, et que l'erreur promet au peuple une récolte abondante.

S'il arrive qu'un village fondé par quelque *maunguy* soit dévasté par un tigre, que la petite vérole le désole ou que quelque maladie contagieuse frappe ses habitans, ils s'imaginent aussitôt que *Ruxei Gossaih* veut y avoir un reliquaire. On a recours au *Satane*, pour acquérir la certitude de cette présomption, et le *démauno* est consulté. Lorsque l'un et l'autre s'accordent, c'en est assez pour arrêter les ravages de quelque animal féroce que ce soit, et pour ôter désormais à la petite vérole toute sa malignité. Lorsque le *maunguy* est soulagé de la sorte, il appelle le *démauno*, pour qu'il lui procure un *Ruxei* (pierre noire sacrée). Ce complaisant *démauno* ne manque pas de faire un songe à cet effet. La déité se montre à lui, lui indique où il trouvera le dieu *Ruxei*, et lui ordonne de l'enlever de ses propres mains, pour le présenter au *maunguy*. Le *démauno* commence par prendre une branche de *sidy* (arbre particulier des montagnes), se rend devant la porte du *maunguy*, y brûle un *benjoin*, et s'en va avec plusieurs hommes, au lieu où il doit trouver *Ruxei*. Il le sent, et dirige vers cette divinité le monde qu'il amène pour l'aider à creuser. Lorsqu'ils sont arrivés, un peu d'eau jeté sur la terre afin de l'amollir, facilite la fouille. On y procède incontinent; *Ruxei* est découvert, et le *démauno* l'ayant enlevé, le porte au *maunguy*. Aussitôt celui-ci prend le présent divin, court chercher à quelque demi-mille du village, un gros arbre, sous l'ombrage duquel il le dépose, et l'enferme dans une clôture de pierre, qu'il ceint d'une haie de *syge*. Alors, le *maunguy*, ou telle autre personne que le *satane* auquel on a recours désigne ensuite comme la plus vertueuse, adore ce nouveau dieu, après lui avoir immolé un oiseau et une chèvre. Cela fait, on se retire.

Toutes les fois qu'on adore ce dieu dans la suite, on lui sacrifie également un oiseau et une chèvre. Le *maunguy*, ou tout autre personnage qui fait la prière, a deux tambours à ses côtés pendant la cérémonie, et est assisté par un vieux homme, veuf ou célibataire, et que son âge empêche d'avoir aucun commerce avec les femmes. Cet homme retire comme l'officiant une bonne part des offrandes. Les gens qui ont renoncé à toute liaison charnelle et à la boisson des liqueurs enivrantes y participent aussi. Mais celui d'entre eux qui fausse son vœu d'abstinence et de chasteté est sensé devenir fou dans le même instant. Cependant il peut recouvrer sa raison par la prière, par le sacrifice d'un oiseau et d'une chèvre; enfin, en sollicitant du dieu le pardon de son offense; mais il ne redeviendra jamais *houk moko*, convive élu.

La profanation du sanctuaire de *Ruxei* est sévèrement punie; l'oubli ne sert point d'excuse. Ce dieu ne pardonne point à l'ignorance. Celui qui crache vers son asyle est atteint d'un mal de bouche; une rétention d'urine ou la dyssenterie sont le châtiment de ceux qui commettent l'outrage auquel ces maladies ont rapport : aussi ne leur assigne-t-on guère d'autre cause que de semblables offenses, et le *satane* ou quelqu'autre preuve semblable décide la question. Le seul remède qu'il y ait est de donner une poule au *maunguy*, qui appaise le dieu en la lui offrant. Si le malade s'en retire, tant mieux; sinon, ses parens s'en vont au village voisin pour apprendre par le *satane* la vraie cause de la maladie de leur proche. Si cet expédient ne réussit pas davantage, ils courent dans un autre lieu; mais si leur espoir est encore frustré, on conclut que les souffrances du patient proviennent d'un décret de l'Être suprême, qui peut épargner à volonté, abréger ou prolonger la vie de l'offenseur.

Le *tchitaria* est une fête qu'on ne fait que tous les trois ans. Il faut attribuer, je crois, la rareté de sa célébration aux grandes dépenses dans lesquelles elle jette le *maunguy*, qui doit en faire les frais. Elle ne se fait que dans chaque village où il y a un *tchalnad*; car quoiqu'on regarde ce dieu comme présidant à la conservation des villages, il n'a cependant de sanctuaire qu'autant que l'on a recours à lui comme au *Ruxey Gossaih*, dans les circonstances désastreuses où le *demauno* étant consulté, apprend au *maunguy* que cette divinité vent qu'on lui érige un *nad* ; et qu'en la satisfaisant et en lui adressant des prières, elle mettra un terme aux calamités que l'on éprouve. Alors il fait un songe pour être informé du lieu où se trouvera la précieuse relique, qui a la figure d'une pierre noire. Le lendemain matin il va la chercher, dans l'ordre observé pour le *Ruxey nad*. Aussitôt qu'elle est trouvée, il la porte sous l'ombre d'un certain arbre, touchant le village, sans que le ciseau lui fasse souffrir aucune altération.

Le *maunguy* doit préparer d'avance, entre autres choses pour la fête de *tchitaria*, une vache et une pièce d'étoffe de soie rouge. On fait le *satane* selon l'usage, pour connaître les deux vassaux du *maunguy*, que Dieu agrée pour faire la prière. Ce point décidé et tout étant prêt, on détermine un jour pour la fête. La veille, on coupe en deux la pièce d'étoffe et l'on en donne une moitié à la femme de chacun des deux prédicateurs, avec qui elles ne doivent avoir eu aucun commerce depuis quinze jours ou dix au moins. L'un d'eux ayant invité les *démauno*, *maunguy*, *catoual*, *fodjedar*, *djemmedars* et les *bondaryns*; lorsqu'ils sont tous réunis chez lui, le *demauno* donne de l'eau à deux *kabouars*, à un *do-*

leouar, à un *manguyra* et à un *djélaum*, pour se laver les mains. On fait entrer ces musiciens dans la maison, et l'on sert un repas auquel tous les assistans prennent part, après que les chefs ont jeté, au nom de *Tchalnag*, un peu de tous les mets qui le composent et des boissons que l'on a servies. Il est à propos d'observer ici que c'est un usage qui se pratique à chaque repas dans toutes les montagnes, pour prévenir les conséquences fatales qui en résulteraient, si le diable ou quelque esprit malin avait souillé les alimens. Les *bondaryns*, dont l'emploi particulier est de servir le *toddy* et les liqueurs dans tous les festins, s'acquittent de cet office; et les chefs en ayant encore versé un peu en manière de libation à *Tchalnag*, toute l'assemblée passe la nuit à chanter et à boire en l'honneur de *Tchitaria Gossaih* et en implorant sa protection, pendant que les musiciens ou plutot les tambourineurs, jouent de leurs instrumens. S'il arrive par hasard à quelque personne de chanter une autre chanson, elle est mise à l'amende d'une pièce de volaille qu'on sacrifie, et dont le sang sert à asperger tous les assistans. Ils parcourent cinq fois le village dans la même nuit, conduisant la vache avec eux; et quand le matin est venu, le *de-*

mauno la mène vers *Tchalnag*, accompagné des deux prédicateurs et des tambours. Lorsqu'ils ont achevé leurs prières, un des prédicateurs immole la vache, de manière que son sang tombe sur le reliquaire, et l'on fait ensuite avec la chair de la victime un repas auquel tous les assistans prennent part, à moins qu'il ne s'en trouve quelques-uns que des motifs particuliers excluent de cet honneur. En retournant au village, ils font savoir leur approche, afin que les deux femmes des prédicateurs aient le temps de quitter leurs habits, leurs ornemens, et de s'accoutrer du morceau d'étoffe qui leur a été donné, et dont elles se ceignent, de sorte qu'il les couvre depuis les hanches jusqu'aux genoux. Elles se lient aussi les cheveux en touffe sur le crâne, et frottent tout ce qui reste à découvert de leur corps avec un mélange de *turmerick* en poudre et de farine de blé d'*Inde*, moulu très-fin à cet effet. Elles envoient quatre moitié de nattes préparées exprès, et une partie de cette composition à leurs maris qui s'en frottent également. Alors ces deux femmes se mettent en chemin à la tête de tout le village, hommes, femmes et enfans assemblés pour assister à la procession. Elles marchent l'une derrière l'autre, ayant soin de ne pas avancer le pied qu'elles lèvent au-delà de l'orteil de celui qui reste en place. Elles vont rejoindre ainsi leurs maris, qui marchent du même pas sur des nattes qu'on reporte devant eux à mesure que le cortège a passé par dessus; après cela les femmes prennent rang à la suite des hommes, et tout le cortège arrive ainsi à la maison de l'un des prédicateurs, où les hommes se lavent d'un côté, les femmes de l'autre, et où tout le monde change de vêtemens. Là se termine la cérémonie, après laquelle les prédicateurs sont invités avec leurs femmes à un festin que donne le *maunguy*.

Cette fête est la seule où les femmes puissent assister et prendre part, parce que dans les montagnes il est défendu aux femmes de prier en public. Pendant toute la durée de la cérémonie on ne fait à personne le compliment du *salam*.

Pou Gossaih, ou le dieu des routes, est le premier à qui les jeunes hommes rendent un culte religieux. Lorsqu'on est assuré par le *tcherryn* ou *satane* que les prières et l'offrande seront agréables à cette divinité, le jeune homme fait vœu de l'adorer, et le jour des actions de grâce étant venu, c'est-à-dire le jour où l'on mange pour la première fois le *takallou* nouveau, ou celui désigné pour la récolte du *kosaraine*, il se rend sur un grand chemin, nettoie une petite place, sous l'ombrage d'un jeune *baile*, la lave, plante une branche de *mockmone* au milieu, fait tout autour des marques avec du rouge et du riz, dont il a une poignée qu'il dépose près de la branche, et met dessus un oeuf de poule sur lequel il a fait trois raies rouges. Alors il invoque l'Être suprême et implore la protection du dieu des routes, pour voyager sans péril ; il lui sacrifie un coq dont le sang est répandu sur la branche de *mockmone* ; et l'on accommode ensuite avec du riz l'offrande que le suppliant mange avec les gens qui l'ont accompagné. La cérémonie se termine par casser l'œuf. On ne la recommence que lorsqu'un danger couru en voyage et la décision du *tcherryn* ou du *satane* font connaître que la colère de *Pou Gossaih* veut être conjurée par un sacrifice.

Déquary Gossaih, ou le dieu qui est censé présider à la conservation des familles, est le second à qui l'on rend hommage. Il n'y a point de temps assigné à cet effet. Quiconque apprend par le *tcherryn* ou le *satane* que sa propre conservation ou celle de sa famille dépend de cette cérémonie, prépare des liqueurs fortes, se pourvoit d'un porc, de riz, de rouge d'huile et invite le *maunguy* et ses amis, en leur assignant un jour. Il nettoie et lave une petite place devant le seuil de sa porte, y plante une branche de *mockmone*, sur laquelle il fait quelques marques rouges tout autour. Le *Maunguy* est recueilli alors avec ses officiers dans le logis du suppliant, qui présente à boire et à manger à toute la compagnie. Après un court repas, il s'approche de la branche de *mockmone* avec un œuf de poule et une poignée de riz et place l'œuf sur le riz tout auprès. Pendant cette cérémonie il supplie l'Être suprême et *Déouary Gossaih* d'être propices à lui et à sa famille; aussitôt un de ses parens sacrifie le porc à *Déouary Gossaih*, en attestant que, toutes les fois qu'il l'ordonnera, cette cérémonie sera renouvelée. On fait un repas de l'oblation; le suppliant le termine en brisant l'œuf; et ayant enlevé la branche de *mockmone*, il la met sur le toit de sa maison.

Koull Gossaih, ou la *Cérès* des montagnards, est adorée annuellement par les cultivateurs à l'époque où ils ensemencent leurs champs, et que l'on connaît en consultant le *demauno*, dont la décision est confirmée, soit par le *tcher-*

ryn, soit par le *satane*. La dépense qu'on fait à cette occasion est proportionnée aux moyens du suppliant. S'il est pauvre, on juge que c'est assez de l'offrande d'un coq; mais celui à qui son aisance permet davantage, se procure un porc, une chèvre, prépare des liqueurs, achète du riz, du rouge, de l'huile, et invite à un repas le *demauno* qui l'assiste dans les prières, ses amis, ses chefs et ses voisins. Le jour déterminé, le *demauno* vient le trouver de bon matin pour l'aider à distiller ses liqueurs et à préparer tout ce qu'il faut pour le festin. Lorsque les chefs et les autres conviés sont arrivés, on leur présente à boire et à manger. Le *demauno* étant revenu avec deux *kaleouars* et un *doleouar*, commence à prier avec le suppliant et le *maunguy*, tous trois placés en face du pilier central de la maison. Il fait une libation et répand quelque peu d'alimens au nom de *Goumo Gossaih* et de *Koull Gossaih*. Ensuite il brûle de l'encens avec le suppliant, tandis que les *kaleouars* et le *doleouar* battent du tambour, et que le *maunguy* boit et mange avec les principaux personnages. Lorsqu'ils ont achevé, le suppliant se met en marche vers son champ avec le *demauno*, les musiciens, et tous les gens de bonne volonté qui consentent à grossir le cortège. En arrivant, il nettoie un petit espace au pied d'un arbre, y plante une branche de *mockmone*. On prie suivant la formule ci-dessus indiquée, on brûle de l'encens, et le porc et la chèvre sont immolés par quelqu'un des parens à qui cet office vaut une *roupie* et un turban ; il doit répandre un peu de sang sur la branche de *mockmone*. Le *demauno*, qui se pique d'en boire une grande quantité, fait accroire que ce sang, digéré dans son gosier, ne passe point par son estomac.

On présente au *maunguy* un quartier de devant de chaque offrande, et tous les assistans se partagent le reste, à l'exception des serviteurs.

Le *demauno* termine la cérémonie en donnant à laver les mains aux musiciens et au suppliant, qui s'en retournent, se mettent à boire et à manger de nouveau dans le logis de celui-ci, et ne cessent que lorsqu'il ne reste plus rien des provisions faites pour cette fête.

Lorsque le *demauno* a commandé à quelqu'un d'adorer *Goumo Gossaih*, et que le *tcherryn* ou le *satane* a confirmé son ordre, le suppliant doit élever un chevreau et un cochon, qu'il garde pendant un peu plus ou un peu moins de deux ans. Lorsqu'il est parvenu à grands frais à se metre en état de s'acquitter de sa promesse, il envoie quelque temps d'avance des invitations à son chef et aux vassaux de celui-ci, à ses voisins, à ses parens; et pour leur faire connaître l'époque de la cérémonie, il envoie à chacun un ruban auquel on a fait autant d'entailles qu'il reste de jours à s'écouler jusqu'à celui qu'on a fixé. Les personnes qui ont reçu un semblable ruban en suppriment une dent chaque jour, jusqu'à ce qu'il n'en reste plus qu'une; alors tous les conviés se rassemblent, et le matin du jour désigné, quelques parens ou voisins du suppliant vont couper trois petits *mockmones*. Ils sacrifient un coq avant de renverser le premier, font tomber son sang dessus et l'arrosent d'un peu de liqueur spiritueuse en manière de libation au dieu *Goumo*. Il suffit de deux hommes pour transporter chacun de ces arbres. Lorsque l'écorce et les branches sont enlevées, ils les déposent hors du village, demeurent auprès pour empêcher les gens, les chèvres et les oiseaux d'y toucher; en récompense, le suppliant leur envoie à boire aussitôt leur arrivée. Il recueille en même temps chez lui les chefs, leurs officiers, et les deux personnes qui avaient été conviées à la fête du *Tohitaria*. Il présente au *maunguy* deux pots de liqueurs et le porc.

Le *demauno*, deux *kaleouars*, un *doleouar* arrivent sur ces entrefaites, et le *demauno* donne en entrant de l'eau aux musiciens pour se laver les mains; il prend ensuite un petit panier d'osier contenant à-peu-près un *syr* de riz, met du rouge dessus et le place avec deux poëles, à côté du support central. Pendant ce temps, les *kaleouars* et le *doleouar* jouent de leurs instrumens; on brûle de l'encens, et le *Maunguy* ayant fait une libation de quelque peu d'alimens immole le porc, au nom de tous leurs dieux, et se met à manger et boire avec les chefs.

Le *demauno*, le suppliant, les musiciens se rendent au lieu où sont déposés les arbres qu'on transporte alors vers la maison; on les couche de toute leur longueur, de l'est à l'ouest, et après qu'on les a taillés de la longueur convenable, le suppliant, assisté par sa femme, les asperge d'eau de *Turmerick*. Alors le *demauno* monte à califourchon dessus, et on lui fait faire cinq fois le tour de la maison. Cette cérémonie achevée, on rentre les arbres, on creuse légèrement dans le sol, et on les accole au pilier central du logis (nommé *Goumo*); après les avoir barbouillés de rouge, et liés avec une soie rouge, on brûle de l'encens. Le *demauno*, la main pleine de riz, se met à prier, pose le riz à terre, et place dessus l'œuf, sur lequel il a fait trois raies rouges auparavant. Le suppliant reçoit de sa main une autre poignée de riz, et prie à son tour en le répandant sur l'œuf; alors un de ses parens amène la chèvre grasse et l'immole de manière que son sang arrose le *Goumo*. Cet office sacré lui vaut une *roupie* et un turban. Le *demauno*, le suppliant, les musiciens et tous ceux qui veulent bien être de la procession, se rendent dans un champ. Là, ayant nettoyé et bien lavé une place au pied d'un arbre, on y plante une branche de *mock-mone*, et l'on trace des raies rouges autour et dessus; on brûle encore de l'encens, et le *demauno*, avec une seconde poignée de riz et un autre œuf de poule, recommence les mêmes prières et la même cérémonie qu'il a faites dans la maison; le suppliant recommence à son exemple, et un de ses parens immole ensuite le cochon gras et une seconde chèvre. Une partie de leur sang est versée sur la branche de *mock-mone*; le *demauno* boit sa bonne part du reste.

Après qu'on a présenté au *maunguy* un quartier de devant de chaque offrande, les assistans font un repas du reste, et l'on s'en retourne; mais, avant de rentrer dans la maison du suppliant, le *démauno* lui présente, ainsi qu'aux musiciens, de l'eau pour se laver les mains. Les parens du maître du logis lui donnent des liqueurs, chacun un coq, et l'oignent d'huile, lui, ses femmes et ses enfans. Il sacrifie les coqs, fait une libation et répand quelques alimens au nom de *Goumo*, pour la prospérité de la famille qui demeure à boire et à manger pendant deux ou trois jours, au bout desquels chacun s'en retourne chez soi. Le cinquième étant arrivé, le suppliant termine la fête par le sacrifice d'un coq, qu'il offre à *Goumo Gossaih*, et d'un autre en l'honneur de *Koull Gossaih*.

Goumo Gossaih est encore adoré d'une autre manière qui ne diffère de la précédente qu'en ce que le suppliant ne doit ni boire, ni manger, ni fumer dans sa maison, pendant quelques jours avant la fête; qu'il ne lui est pas permis de prendre sa part des offrandes, et que cette défense dure pendant cinq jours après la cérémonie appelée *Ougosse Goumo Gossaih*.

Le culte de *Tchomdah Gossaih* est tellement dispendieux, qu'il n'appartient qu'aux chefs et aux gens les plus riches de s'en acquitter, encore ne le peuvent-ils faire au plus qu'une fois en trois ans, et il faut que l'ordre du *demauno* soit confirmé, et par le *tcherryn* et par le *satane*. Le suppliant doit se pourvoir d'une douzaine à-peu-près de cochons, de plusieurs chèvres, d'environ soixante *syrs* de riz, de deux autres de rouge, de quinze d'huile, de liqueurs pour quelque douze *roupies*, de plusieurs vingtaines de vases pour la cuisine, de plats, de tasses; d'un peu de queue de paon, d'un éventail, de trois bambous, de cent quatre-vingts arbres de *natária*, et de quelques pierres rouges, qu'on broie pour en faire de la couleur; enfin, d'un peu de charbon de bois. Lorsque tout est préparé, le suppliant envoie des invitations aux chefs du voisinage et à ses parens, avec le ruban échancré dont on a expliqué l'usage. Le jour désigné, il s'assemble quelque milliers de personnes, à qui l'on distribue des occupations différentes. Les unes broient les pierres rouges, d'autres le charbon pour le mêler avec de l'huile; ici, une multitude de mains dépouillent les *Natárias* de leurs écorces, qu'on enlève par morceaux de quatre coudées; là, on redresse les bambous par l'action du feu et avec le secours de l'huile; on les rend égaux en longueur aux écorces de *natária*. Un porc, du grain et plusieurs pots de liqueur sont envoyés aux travailleurs. Lorsque la pierre rouge et le charbon sont broyés, on les mêle avec de l'huile et du sang de pourceau chacun séparément; on noircit, avec la couleur faite de charbon, les deux extrémités de chaque écorce de *natária*, à la hauteur d'une coudée; on en laisse une dans son naturel, et l'on peint la quatrième en rouge. On ajuste ensuite des chapeaux de bois sur les bambous auxquels on fait des trous, et on attache à l'un, avec du gros fil trempé dans de l'huile, quatre-vingts et demie de ces écorces. Sur le second, on en met soixante; et vingt et demi sur le troisième. Les têtes de ces trois bambous sont ornées de plumes de paon avec profusion. Ainsi harnachés, ils portent le nom de *Tchomdáh Gossaih*, et sont amenés au logis du suppliant, où les travailleurs trouvent un porc accommodé avec des légumes, dont on les régale pour leur peine. Chaque chef en reçoit autant avec du sel et deux pots de liqueur pour lui et ses vassaux. Le maître de la maison donne la même quantité de vivres à ses parens, la même quantité aux parens de ses femmes, et fait distribuer à boire et à manger à tout le reste des assistans. Les femmes qui préparent ces alimens n'ayant point la permission de participer au repas des hommes, reçoivent, outre leur nourriture journalière, un porc entier qu'elles mangent entre elles.

Sur le soir, les *bambous-tchomdah* sont placés contre la maison du suppliant qui, assisté du *demauno*, en frotte les bouts sur la terre, avec de l'huile, et les barbouille de rouge. Alors le *demauno*, un œuf dans une main, une poignée de riz dans l'autre, prie *Tchomdah Gossaih* d'être propice au suppliant ; celui-ci invoque aussi l'idole et lui sacrifie un porc dont il a grand soin que le sang arrose les bambous. Après cette offrande, il donne à l'un de ses parens le bambou qui est le plus chargé d'écorce ; celui du second ordre, à un des parens de sa femme ; et le dernier, à qui le veut. Les trois personnes ainsi favorisées suspendent les *tchamdahs* à des morceaux de toile attachés à leur ceinture, et les balancent avec les mains, en sautant aussi long-temps qu'ils peuvent. Lorsqu'ils sont fatigués, les premiers venus prennent leur place, et ce divertissement se prolonge toute la nuit au son de la musique. Le lendemain matin, le *demauno* et le suppliant, s'étant approchés du pilier central de la maison, recommencent leurs prières selon le formulaire d'usage. On amène une chèvre qu'un des parens immole. Delà ils se rendent au champ du maître avec le *tchomdah*, et après avoir fait leur prière au pied d'un arbre, sur un petit espace qu'on y a nettoyé et lavé à cet effet, ils ajoutent une branche de *mockmon* qu'on plante en ce lieu, à l'œuf et à la poignée de riz déposés là par le suppliant et le *démauno*. On lave un reliquaire pour *Koll Gossaih*. On le frotte d'huile, on le couvre de rouge, on le lie avec une soie de même couleur, et on le met joignant la branche de *mockmon*, où l'un des parens sacrifie deux porcs et une chèvre, de manière que leur sang tombe sur le reliquaire et la branche, ou au moins les arrose. Ce ministère lui vaut un turban et une roupie. Après cela on accommode les offrandes, on les mange, et le cortège rapporte les *tchandahs* avec lesquels il fait cinq fois le tour de la maison du suppliant, et qu'il place contre le toit, où on les laisse pendant cinq jours. Ce terme expiré, chaque personne qui vient à la maison du suppliant, où il y a quatre hommes à chacune de ses quatre portes, reçoit de chacun d'eux un coup à main ouverte, en en sortant avec un *syr* de *takallone* qu'il a reçu dans l'intérieur. Cette cérémonie se termine en rentrant les *bambous tchandahs* qu'on suspend au comble. Le suppliant retourne au champ, y offre au reliquaire de *Koll Gossaih* des prières accompagnées du sacrifice d'un porc. Aussitôt qu'il est revenu, il immole une chèvre près du pilier médial de sa maison, et fait de nouvelles prières. Enfin, on accommode encore ces victimes, et l'on s'en régale selon la coutume.

On célèbre aussi plusieurs fêtes accompagnées de sacrifices, à l'époque de la récolte de différens grains, tels que le *korasène*, en novembre ou au commencement de décembre ; le *takellone* (blé de l'Inde), en août et septembre ; et l'on ne saurait faire usage de ces récoltes avant la célébration des cérémonies instituées pour en remercier les dieux du pays.

On représente les montagnards comme des gens fort enclins à l'amour. Leur sollicitude, leurs attentions pour l'objet qu'ils aiment, passent pour éternelles, et un seul instant de séparation réduit deux amans au désespoir. Ils cachent leurs alimens pour se les offrir en secret. Les filles surtout dérobent à leurs parens quelque chose de recherché et l'apprêtent pour leur amant, qui leur offre en retour des anneaux, quelques grains de collier, et qui les régale de *toddy*. Les amans vont ensemble au marché échanger les productions de leurs terres, et s'ils apperçoivent quelqu'un de connaissance en revenant, ils se séparent aussitôt, pour éviter qu'on les voie ensemble; mais ils se rejoignent l'instant d'après, au lieu qu'ils se sont donné pour rendez-vous, et se retirent à l'écart pour coucher ensemble. Mais il est rare qu'ils commettent cette indiscrétion, qui est irréparable. Néanmoins, lorsque deux amans en sont convaincus, le *maunguy* les condamne à lui livrer un porc et une chèvre qu'il immole sur la place même qui a été souillée par leur faute, et répand sur eux du sang des victimes pour les purifier, et pour appaiser la divinité, qui ne manquerait point de punir, sans cela, de telles abominations. Lorsqu'une vierge se laisse déflorer de son plein gré, l'offrande est faite pour la rédemption de son péché. Lorsque les coupables consentent à se prendre pour mari et femme, aussitôt le *Maunguy* le proclame, et on les regarde comme légalement unis, sans autres cérémonies; cependant la fille a droit de demander un mariage en forme.

La polygamie est autorisée; un homme épouse autant de femmes qu'il peut en prendre; c'est-à-dire, autant que ses moyens lui permettent de fois de faire les dépenses nuptiales. Celui qui veut épouser une fille l'envoie demander à ses parens par un ami que les parens adressent à celle-ci pour avoir son assentiment. Si elle le donne, l'envoyé en fait part aux parens et retourne rendre compte au futur du succès de son ambassade. Aussitôt on prépare les présens d'usage : ce sont des bracelets et un collier ; et dès que la fille les a reçus, on la regarde comme fiancée ; le prétendu envoie un turban et une roupie au père de sa future, une autre roupie et une pièce d'étoffe à la mère, et la même chose à quelques-uns des plus proches parens ; enfin, ses provisions étant faites pour le repas de noces, il se rend au jour fixé chez le père de sa fiancée, où l'on commence par préparer un festin, au sortir duquel le père prend sa fille par la main, et, la remettant à son époux, recommande publiquement à celui-ci d'en user bien et amicalement avec elle, surtout de ne la point tuer, sous peine de l'être à son tour. Après cette exhortation, le marié prend du rouge, fait, avec le petit doigt de sa main droite, des marques sur le front de son épouse, puis, unissant le même petit doigt au sien, il la conduit ainsi chez lui. Après avoir passé cinq jours dans leur maison, ils retournent vers le père de la femme, avec une bonne provision de vivres, et restent chez lui deux ou trois jours au milieu de leurs parens. Cette fête termine les cérémonies du mariage.

Lorsqu'un homme laisse des veuves en mourant, ses plus jeunes frères, ses plus jeunes cousins-germains et issus de germains, ou même ses neveux, peuvent les prendre pour femmes. Dans ce cas, les enfans suivent leur mère; mais si la veuve aime mieux retourner vers ses parens, elle n'emmène que ceux de ses enfans qui sont au-dessous de dix ans, et reçoit annuellement, du plus proche parent paternel à qui elle les remet lorsqu'ils ont atteint cet âge, une roupie et une pièce d'étoffe, à titre de pension ou de salaire pour les soins qu'elle prend de leur enfance. Lorsqu'une femme a dix enfans, le frère aîné peut se charger d'un. L'enfant qu'il a adopté de la sorte doit être traité par la suite comme les siens propres et jouit des mêmes droits; lorsqu'un fils adoptif vient à mourir après sa majorité, et qu'il laisse des biens, la moitié retourne à son père, et le reste appartient à celui qui l'a adopté.

L'homme qui veut épouser une veuve lui députe un de ses amis pour lui demander sa main. Si le parti lui convient, elle adresse le messager aux parens de son mari défunt, dont les plus proches reçoivent pour prix de leur consentement deux roupies et un turban ; ensuite on sollicite l'approbation des parens de la femme, et lorsqu'ils la donnent, cela leur vaut quelques petits présens de peu de valeur. Alors le père de la veuve, la prenant par la main, fait à son nouvel époux le sermon dont on a parlé ci-dessus. La cérémonie nuptiale se borne là, et un grand festin la couronne.

Un homme ne peut point épouser sa parente, excepté les sœurs de sa femme ; néanmoins, en cas de mort d'un frère, d'un cousin, d'un oncle même plus âgé que soi, on peut, comme il est dit plus haut, recevoir leurs femmes à titre d'épouses légitimes ; mais dans ce cas, il ne se fait ni présens, ni cérémonie nuptiale.

Lorsque les parens d'une fille l'ont mariée par contrainte, si elle est malheureuse en ménage, et qu'elle se détruise, ses père et mère assemblent un conseil pour examiner la conduite de leur gendre envers sa femme. Lorsqu'il est convaincu de l'avoir traitée durement, on le considère comme assassin, et il est condamné à l'amende ; mais toutefois avec moins de rigueur qu'on ne fait pour le sang répandu. Lorsqu'on reconnaît au contraire qu'il vivait bien avec sa femme, la mort de celle-ci est regardée simplement comme un suicide.

S'il arrive qu'une femme mariée s'enfuye avec un homme, et qu'on attrappe le séducteur, on nomme des juges qui le condamnent ordinairement à une amende de vingt à quarante roupies en faveur du mari, qui est libre de reprendre ou de ne reprendre pas sa femme.

L'amende à laquelle on condamne un homme convaincu d'adultère est de vingt ou trente roupies, outre lesquelles il doit donner un porc, dont le sang répandu sur lui et sur sa complice lave la tache de leur péché et prévient la vengeance divine. La cérémonie de ce sacrifice se termine par un repas où tout le monde se réconcilie après la purification. C'est presque toujours la femme qui révèle son adultère, dans la persuasion superstitieuse que si elle celait sa faute, le village serait dévasté par la contagion ou par quelque animal venimeux; aussi, lorsque ces malheurs arrivent, on ne manque jamais de leur assigner une cause de cette espèce, et l'on a recours à plusieurs genres d'épreuves pour découvrir le coupable.

Les épouses d'un adultère peuvent l'obliger à sacrifier un porc dont le sang soit répandu sur lui pour le purifier, et surtout pour conjurer la colère céleste, qui s'appesantirait tôt ou tard, ou sur lui ou sur quelqu'un de sa famille.

Ces peuples ajoutent une foi sans bornes aux sorts et à la magie. Dès qu'une maladie échappe à leur petite science médicale, c'est que quelque personne versée dans la nécromancie a ensorcele le patient; et l'on a recours pour découvrir le sortilège à plusieurs genres d'épreuves infaillibles. La plus funeste au coupable est celle d'un fer rouge sur lequel on jette un grain de riz, en nommant une des personnes sur qui repose le soupçon, et en demandant à *Birmah*, divinité du feu, de faire justice du crime. Si le riz résiste a l'action dû feu, la personne au nom de laquelle on l'a jeté est absoute, et l'on procède à l'épreuve d'une autre; mais lorsqu'il se consume, rien ne peut la disculper. On conduit le coupable chez le malade, afin de l'exorciser. S'il en revient, le sorcier n'est condamné qu'à une légère amende, mais s'il meurt, il faut que ce malheureux périsse ou qu'il rachète sa vie en payant la somme établie pour le prix du sang; il est vrai que lui ou ses parens ont recours contre les gens qui lui ont enseigné la magie.

Il n'est point rare de voir deux voisins dont les femmes se trouvent enceintes en même temps, arrêter le mariage de leurs enfans à naître, s'ils sont fille et garçon; et dans ce cas leur union se célèbre dès qu'ils ont atteint huit ou dix ans. Mais si par hasard le père de la demoiselle, manquant à ses engagemens, la donne à un autre, il est condamné, en faveur du père du garçon, à une amende de la valeur des frais de noces, que l'on fixe selon les moyens des parties. Au contraire, si c'est le père du garçon qui manque à sa parole, en le mariant à quelque autre fille, il n'est dû au père de la demoiselle qu'une roupie et un turban. Dès qu'on lui a payé cette légère amende, le mariage peut se renouer, à cause de la polygamie qui est permise.

Lorsqu'une femme est en couches, quatre ou cinq personnes de ses parentes ou voisines viennent la soigner, la plus habile d'entre elles faisant fonction de sage-femme. L'accouchée garde la maison durant cinq jours après sa délivrance, et est soignée durant ce temps par son mari, qui ne peut entrer ni dans le champ ni dans la maison d'autrui jusqu'à ce que lui et sa femme aient lavé leurs vêtemens et se soient baignés. C'est le jour où ils s'acquittent de cette obligation, que le père, ou la mère en son absence, impose un nom au nouveau-né. Toutefois ce nom peut être changé jusqu'au sevrage de l'enfant. Après cela, ils vaquent à leurs affaires comme de coutume, et l'on invite à un festin les femmes qui ont assisté l'accouchée; on les oint d'huile; elles ont le front peint de rouge, et celle qui a fait les fonctions de sage-femme reçoit une pièce d'étoffe en présent; on distribue aux autres, comme une marque de reconnaissance pour leurs bons offices, quelques grains de collier, et autres choses de peu de valeur.

Si l'enfant qui n'est point encore sevré vient à mourir, son père envoie demander un peu de terre au *maunguy* par un de ses amis, et lorsqu'elle a été accordée, on porte le corps au lieu de la sépulture publique, où on l'enterre la tête au nord, sans autre cérémonie; mais lorsque l'enfant qui meurt est sevré, cinq jours après l'enterrement son père invite à un festin nommé *Bogue* tous ses parens et ses voisins. Lorsque les mets sont apprêtés, il prend un peu de chaque et se rend au cimetière, où il répand cette offrande au nom de la divinité et du défunt, pour le préserver d'infortunes dans la vie future. Ce devoir religieux peut être rempli, à défaut du père, par le plus proche parent mâle. Lorsqu'il est de retour, chacun des conviés fait une libation semblable et aux mêmes fins, avant de manger. Au bout d'un an, ils sont encore réunis dans un repas, où la même cérémonie se pratique; et chaque année, à la fête des actions de graces pour la récolte, on ne manque point de répandre un peu de grain pour la rédemption du défunt.

La sage-femme qui reçoit un enfant mort-né le met dans un pot de terre qu'elle couvre de feuilles; le père porte ce pot dans des bruyères, le dépose au pied d'un arbre, le couvre de broussailles, et le laisse là sans autre cérémonie.

Le corps d'une personne qui meurt de la petite vérole ou de la rougeole est porté avec son lit et ses vêtemens dans une bruyère, à un mille environ du village, et placé sous l'ombrage d'un arbre, où on le laisse après l'avoir couvert de feuilles et de branches; ensuite les gens qui ont servi à ce convoi se purifient par le bain avant de rentrer chez eux. Un an après les funérailles, tous les parens du défunt, réunis pour la fête usitée à cette époque, se rendent au lieu de la sépulture avec les autres personnes invitées; un des parens fait des prières et une libation des mets préparés pour le repas, au nom du défunt; le cortège y prend part et s'en retourne. Les personnes mortes de toute autre maladie sont enterrées simplement. C'est une idée superstitieuse qui empêche d'inhumer celles qui meurent de la petite vérole. On croit détourner ainsi ce fléau, qui ne manquerait point de dévaster tout un village si l'on enterrait un seul des habitans qu'il a frappés, malheur arrivé jadis, à ce qu'on raconte.

Lorsqu'un jeune homme ou une vierge meurent en âge d'être mariés, le frère ou le plus proche parent envoient demander par quelqu'un de leurs amis quatre coudées de terre au *maunguy*, qui s'informe si l'on a l'intention d'enterrer le défunt avec son lit, et dans ce cas on doit lui donner une roupie pour acheter un porc. On porte sans délai le corps au lieu funéraire, où l'on a creusé, du nord au sud, une fosse d'un pied et demi ou deux de profondeur, dans laquelle on le place la tête au nord. On couvre le mort de morceaux de bois vert placés en croix, ensuite de longues herbes, par-dessus lesquelles on rejette la terre tirée de la fosse; et lorsqu'elle est refermée on fait autour une enceinte de petites pierres. Les personnes du convoi se lavent les jambes et les bras avant de rentrer chez elles.

Il faut remarquer ici que les femmes n'ont

point la permission de paraître aux enterremens, ni même de prier pour les morts.

Le *maunguy*, ayant acheté le porc avec la roupie qui lui a été donnée à cet effet, fait la cérémonie du sacrifice. Après avoir immolé l'animal, il en arrache le foie, le fait rôtir, en prend un petit morceau qu'il jette avec un peu de sang, au nom de dieu et du défunt, et partage le reste entre tous les assistans qui en jettent, comme lui, un petit morceau avant de manger, et répètent les prières qu'il a prononcées. Cela fait, on divise le corps. Le *maunguy* commence par mettre un des quartiers de devant à part pour sa famille, et partage ensuite le reste aux assistans. Cinq jours après on célèbre le *bogue* dont il est fait mention ci-dessus. Il faut observer seulement que les conviés, hommes et femmes, jeunes et vieux, sont tous servis sur des feuilles qui leur servent d'assiettes. La même cérémonie se renouvelle au bout de l'année, mais avec la différence qu'on peut y user de spiritueux à discrétion. A la récolte, on fait des libations de grains, au nom des parens décédés depuis une ou plusieurs années, selon le degré; mais lorsqu'on change de village on est affranchi de cette obligation.

Lorsqu'un chef considérable par son rang ou

par sa fortune tombe dangereusement malade, il fait assembler près de lui ses parens des deux sexes et ses vassaux, les exhorte à prendre courage, et leur désigne son successeur, qui est d'ordinaire l'aîné de ses enfans mâles (1), car les filles sont exclues du droit d'héritage. Ensuite il nomme ses plus proches parens tuteurs de ce fils, en les invitant à le protéger. Dès que le moribond a cessé de vivre, on bat le tambour pour annoncer qu'on peut voir le corps, et on ne l'enlève qu'en présence de tous les vassaux. On le sort du village, et on l'enterre tout auprès avec son lit, en observant les mêmes cérémonies qu'aux funérailles d'un jeune homme ou d'une vierge. Mais ensuite on couvre la place d'un morceau de soie, sur lequel on met des pierres pour empêcher que le vent ne l'enlève, et on la couvre d'une cabane que l'on entoure d'une clôture de bambous ou de pierres. Le reste de la cérémonie funéraire n'a rien de particulier, excepté la dépense, qui est beau-

(1) Dans quelques *tappahs*, il est permis d'écarter son fils de sa succession pour laisser l'héritage à son frère. *Monnyary*, chef actuel d'un de ces *tappahs*, en offre l'exemple : il a succédé à son frère, à l'exclusion d'un enfant en bas âge, et a reçu les veuves à titre d'épouses; le tout pour se conformer aux intentions du défunt.

coup plus considérable par le grand nombre des conviés qui se trouvent au festin. Pendant le repas du second *bogue*, au bout de l'année, le *démauno* et l'héritier du défunt prient pour lui à sa porte, et lorsqu'il est terminé, l'on procède au partage des biens dont l'héritier reconnu prend une moitié, l'autre est distribuée également entre les fils, les frères et les neveux du côté fraternel, car les neveux par les sœurs du défunt n'ont rien à prétendre. On a vu plus haut quel est le sort des veuves.

Lorsqu'une femme mariée vient à mourir, son mari doit célébrer le *bogue* aux deux époques établies ; il ne peut se remarier qu'après le second, c'est-à-dire au bout d'un an. Ce terme venu, il donne une roupie et un turban au plus proche parent de la défunte, et peut prendre ensuite autant de femmes que bon lui semble.

On jette à la rivière le corps de la personne qui meurt d'hydropisie, car on craindrait en l'enterrant que le même mal ne vînt enlever le reste des gens du village. Le cortège se purifie ensuite dans un autre endroit de la rivière ; là, chacun, avant de prendre sa part du repas accoutumé, jette dans l'eau un peu de ses alimens, au nom de Dieu et du défunt. On ne célèbre point le second *bogue* pour les personnes mortes d'hydropisie ; néanmoins on fait pour elles une libation de quelque peu de grain, aux actions de graces pour la récolte.

Lorsqu'un tigre a dévoré quelqu'un, on couvre de branches d'arbres les restes du cadavre. Le cinquième jour après, les parens du défunt arrivent avec une suite nombreuse de conviés, un vase de terre neuf, une chèvre, et dix à quinze mesures de riz. Aussitôt un des parens se met à prier, assisté du *démauno*, puis il répand un peu de riz et coupe la tête de la chèvre, au nom de Dieu et du défunt. A peine a-t-il accompli ce sacrifice, qu'il s'élance au milieu de l'assemblée. Le *démauno* saisit la tête de la victime, en suce le sang et paraît inspiré. Il pousse la tête loin de lui et court après en sautant. Il s'efforce d'imiter la démarche d'un tigre, et fait le plus de bruit qu'il peut, à l'imitation de cet animal. Il jette les yeux çà et là, cherchant celui qui a fait la prière, et que les assistans prennent un soin extrême de cacher, de peur qu'il ne le touche, car ils sont pénétrés de l'idée superstitieuse que s'il y parvenait, ce malheureux homme deviendrait lui-même quelque jour la proie d'un tigre. Lorsque le *démauno* est bien fatigué de ses contorsions, on enterre la tête de la chèvre avec le vase, et tout-à-coup sa raison revient. Alors le parent peut se montrer sans danger. La compagnie se retire à quelque distance, où elle prend part à un festin; et chacun s'en retourne chez soi. Le second *bogue* et les libations de la récolte sont les mêmes que pour les personnes mortes naturellement.

Quelques maladies particulières, entre autres l'épilepsie, n'offrent de particularités, dans les cérémonies funèbres, qu'en ce que certains alimens y sont défendus.

Lorsque le mort est un *démauno*, on le place à l'ombre d'un arbre, dans des bruyères, avec le lit sur lequel il a rendu son dernier soupir. C'est une idée superstitieuse qui empêche de l'enterrer, parce qu'étant devenu démon à sa mort, il reviendrait détruire son village; au lieu qu'en le laissant sous un arbre, il est contraint d'aller jouer son rôle de diable dans quelque autre habitation. A cela près, on observe pour lui tout le cérémonial d'usage; cependant, on ne peut point manger de chair de vache.

Il arrive quelquefois que des gens fort âgés, qui tombent dangereusement malades, font assembler leurs parens et leur donnent des instructions sur les honneurs funèbres qu'ils veulent qu'on leur rende, car on a ce droit : tel veut être enterré, tel autre ordonne que ses restes soient déposés sous l'ombrage d'un arbre; il y en a qui demandent à être jetés à la rivière. De semblables dispositions sont toujours respectueusement exécutées, mais sans préjudice des deux *bogues*.

Avant que les chefs des montagnes ne se fussent mis sous la protection du gouvernement anglais, l'épée vidait les querelles entre villages, vengeait les injures et réparait les injustices. Le *maunguy* et les officiers prenaient connaissance des griefs survenus entre habitans d'un même lieu, et les jugeaient sans appel. Le premier de ces officiers est le *cotouâl* ou lieutenant de *maunguy*; le second le *fodjedars*, et après lui viennent les *djemmadars*, espèce d'espions qui, secondés d'un certain nombre d'hommes à leurs ordres, inspectent la conduite des habitans pour en rendre compte au *fodjedars*. Lorsqu'il se présentait une cause difficile dans laquelle ils étaient juges, on leur adjoignait quelques vieillards à titre de conseillers; mais présentement on ne défère plus à leur décision que dans de petites querelles; les jugemens de crimes capitaux, tels que le meurtre, etc., sont prononcés à *Bhagalpore*, où à *Radjamahall*, par une assemblée des chefs de cantons, conformément aux conventions arrêtées entre M. *Cléveland* et les principaux *maunguys*; et bien que les *maunguys* de tous les villages se rassemblent dans cette occasion, il n'y a que les *sirdars maunguys*, ou chefs des *toppahs* et leurs *haïbs* ou députés qui jugent; mais avant de prononcer la sentence, ils prennent l'avis des *maunguys* subalternes, et lorsque ceux-ci font des objections, on les examine pour y avoir égard selon leur justesse.

J'ai assisté à plusieurs jugemens de cette espèce. Une des particularités que j'y ai remarquées, c'est le serment préalable des juges, de rendre l'arrêt selon leur conscience, et je pense que les diverses formules de ce serment ne sont point indignes d'une description. Il n'y a point d'officier particulier pour les recevoir, c'est une fonction que tout le monde peut remplir. Le mode le plus usité est de présenter au juge un glaive nu, sur la lame duquel on met un peu de sel, en disant : « Si vous prononcez contre votre conscience, que ce sel puisse vous donner la mort. » Aussitôt le juge, portant à sa bouche l'endroit de la lame où on a posé le sel, reprend : « Que ce sel me donne la mort si je » prononce contre ma conscience », et il le prend dans sa bouche avec un peu d'eau et l'avale. Les juges qu'une indisposition momentanée, ou des infirmités empêchent de manger du sel, se contentent de proférer l'imprécation, ayant la main posée sur deux flèches placées transversalement par terre, à environ une coudée de distance l'une de l'autre, avec un peu de sel entre elles. Il y a certaines occasions où le juge répète ce serment, la main appuyée sur une épée ; d'autres fois, il tient quelqu'un par la main en le prononçant, et tous ces formulaires lient également la personne qui les emploie.

Aussitôt que lecture a été faite des pièces à la charge du prévenu, il est reçu à confesser son crime ou à produire sa défense. Alors le *maunguy* et le *fodjedar* du village où le crime s'est commis font leur déclaration ; mais c'est presque toujours le coupable qui est son propre accusateur : car le mensonge est regardé chez les montagnards comme une agravation de tous les crimes. Voilà pourquoi j'ai vu des accusés, placés entre l'horreur du mensonge et la crainte de se charger, refuser absolument de proférer une parole.

L'homme qui est convaincu de mauvaise foi, qui a violé sa promesse, ou qui manque à sa parole, est exclu de tout arbitrage; on le récuse comme juge même dans les moindres différens, et on lui donne un nom qui exprime tout le mépris qu'il inspire, et le peu de croyance qu'on doit ajouter à ses discours, même quand il dirait la vérité.

Du temps que les querelles et les procès entre habitans de villages différens se vidaient par voie de fait sur le refus de satisfaction et d'arbitrage, le plaignant tâchait d'engager plusieurs villages à embrasser sa cause; les coalisés, tombant sur le village du délinquant, le pillaient et faisaient l'offenseur prisonnier; ensuite le butin se partageait, selon le rang, entre les *maunguys*, leurs officiers et les vassaux. Au bout de quelque temps, le chef de l'habitation pillée et les parens du captif avaient coutume d'envoyer un présent au plaignant, avec promesse d'accepter des arbitres; ils obtenaient, à ces conditions, la liberté du prisonnier, qui répondait avec eux des pertes essuyées par ses concitoyens, et payait outre cela les frais d'arbitrage.

Il arriva quelquefois qu'un village qui devait être pillé de la sorte eut connaissance du dessein formé contre lui. Dans ce cas, le *maunguy* mandait aussitôt son vassal, pour qu'il eût à répondre à l'accusation portée contre lui. Lorsqu'il en reconnaissait la justice, on envoyait un député au plaignant pour le supplier de renoncer à des voies hostiles, et de nommer des arbitres; mais si, au contraire, le vassal, repoussant l'imputation à sa charge, exhortait son chef à se tenir sur la défensive, en s'engageant, ou à prouver son innocence après l'invasion, ou à payer le dommage éprouvé d'une et d'autre part, le *maunguy* assemblait ses vassaux et leur distribuait la garde de toutes les avenues du village. Les attaques avaient ordinairement lieu durant la nuit; mais ces précautions suffisaient pour faire changer de plan aux agresseurs. Ils n'entreprenaient rien tant qu'ils voyaient le village sur la défensive; mais à peine s'apercevaient-ils que les habitans se fatiguaient de veiller, qu'ils envoyaient un des leurs souffler sur eux le sommeil, croyant qu'ils devaient y demeurer ensevelis jusqu'à une heure au moins après la nuit. Alors ils fondaient, dans cette persuasion, sur le village endormi, et ne se retiraient qu'après l'avoir pillé.

Lorsqu'un homme tuait, par accident, quelqu'un de ses compagnons de chasse, on rapportait le cadavre au village : sa famille s'assemblait soudain, et, après avoir protesté que le meurtrier n'avait point eu le droit de tuer le défunt, elle allait implorer l'assistance d'un *maunguy* voisin et de ses vassaux, pour obtenir justice, et lorsqu'ils se rendaient à ses prières, elle revenait en force piller la maison du coupable, et enlevait des vivres dans toutes les autres habitations du village. Après cet acte de violence, on assemblait un conseil pour juger le meurtrier, qui n'était guères condamné à une amende moindre de deux cents ou deux cent quarante roupies pour le rachat de son sang. Mais à peine l'avait-il payée que les parens du défunt l'attaquaient de nouveau devant le *maunguy* du village, prenant en main la cause des orphelins qu'il avait faits par son meurtre; un second conseil formé à cet effet le condamnait, en faveur de ceux-ci, à une nouvelle amende de quarante à soixante roupies.

La femme qui a empoisonné son mari, et qui avoue son crime, est condamnée à une amende de deux cents à deux cent soixante roupies.

Si quelque personne est convaincue d'avoir dérobé des hardes, on la taxe au plus à cinq ou six roupies et à un turban d'amende; assez souvent même le voleur en obtient la remise, et ne donne qu'une roupie, le turban, et un porc.

Un orphelin sans propriétés et sans parens qui vole des effets, de l'argent ou du grain, n'est condamné qu'à la restitution, lorsqu'elle est en son pouvoir; on ne lui donne même point de juges, parce qu'on ne lui suppose ni les moyens de payer l'amende, ni d'amis qui veuillent l'acquitter pour lui.

Lorsque du grain a été dérobé, et qu'on ne connaît point le voleur, on a recours d'abord au *tcherryn*, pour le découvrir, puis au *satane*, pour confirmer le *tcherryn* s'il a fait trouver le *larron*, ou pour en venir à ce point, s'il a été insuffisant; mais lorsque ce second expédient ne réussit pas mieux que le premier, ou que le prévenu nie résolument le fait, on emploie le *goberyn*, autre genre d'épreuve réputé infaillible; et sur la conviction qui en résulte on châtie l'accusé jusqu'à ce qu'il avoue le vol, ou dénonce une personne qui le lui ait conseillé, ou qui s'en soit rendue complice: alors on le met en liberté, et le *maunguy* du village nomme des juges pour évaluer le dommage dont il doit tenir compte, et pour le condamner à une amende proportionnée à la grandeur du délit. Ces amendes sont toujours très-fortes, pour ôter aux gens l'envie de commettre de ces sortes de larcins.

Un chef tuait-il un pauvre homme, les officiers de son village s'assemblaient avec ceux d'un village voisin et plusieurs vieillards, pour le juger. Si, dès que le crime était prouvé, les parens du défunt refusaient le rachat du sang du criminel, on le leur livrait pour être mis à mort par eux; mais lorsqu'ils consentaient à lui laisser la vie, il leur payait environ deux cent quarante roupies; les plaignans avaient encore la liberté de remettre cette amende au coupable, après lui avoir fait grace de la vie.

Il revient un droit au *maunguy*, toutes les fois qu'on a recours à son autorité pour citer quelqu'un en justice, ou pour nommer des juges dans un procès; quiconque emprunte de l'argent pour cet effet est obligé, soit qu'il gagne soit qu'il perde, de rendre deux roupies pour une après le jugement.

Tout chef n'a pas plus le droit de battre un pauvre homme, que le dernier de ses vassaux n'a droit de le frapper. C'est pourquoi ce délit encourt un châtiment égal de l'un et de l'autre côté. Lorsqu'un chef a frappé quelqu'un au point que le sang paraisse, l'offensé fait sa plainte au *cotoual*, qui convoque aussitôt les *fodjedars* et quelques vieillards ; ce conseil, après avoir entendu le plaignant, député vers le chef du village, en lui enjoignant de répondre à l'accusation portée contre lui. Celui-ci ayant confessé sa faute, l'agent en vient faire part à l'assemblée ; et le plaignant exige une certaine somme en réparation ; mais l'offenseur demande qu'on lui fasse remise de cette amende, et se tire ordinairement d'affaire en fournissant un porc que l'on tue, ayant grand soin de répandre son sang sur le blessé, pour le préserver à l'avenir de pareilles disgraces. Les parties se réconcilient, et l'agresseur paye les frais de justice.

Lorsqu'un homme qui a emprunté du grain refuse de le rendre au bout de huit ou dix ans, il est condamné à une amende de trois roupies par mesure, et à la restitution.

L'homme qui est accusé d'inceste avec sa mère, et dont on prouve la turpitude, paye une roupie d'amende à son dénonciateur, et livre à ses juges un porc dont ils se régalent.

S'il arrive que quelqu'un heurte du pied, en marchant, une personne assise ou endormie, il est condamné, s'il avait sa raison, à l'amende d'une roupie pour le plaignant, et d'un porc pour faire un repas ; mais, s'il était ivre, il ne donne qu'une poule au plaignant.

Quelquefois un homme s'empare du champ qu'un autre a défriché et le cultive; cette offense n'étant point du ressort de la justice humaine, la personne lésée implore la colère céleste pour empêcher que cette terre ne produise des fruits. Ces peuples croient que de telles prières l'empêchent du moins de rapporter autant que de coutume.

Lorsque deux hommes se prennent de querelle dans l'ivresse, et que l'un blesse l'autre, on condamne celui-là à l'amende d'un porc ou d'une poule, dont le sang est répandu sur le blessé, pour le purifier et pour empêcher que son corps ne soit possédé du démon; on accommode la chair de la victime, et on en fait un festin dans lequel les parties se réconcilient; mais si ce sont deux personnes ayant leur raison qui se disputent, et qu'en venant aux coups, l'une répande le sang de l'autre sans toutefois la tuer, on la condamne à l'amende d'une roupie, et d'un porc, en faveur du *maunguy* de son village; d'un porc ou d'une poule, comme on a dit ci-dessus, et à payer au blessé telle somme que les juges trouvent bon de déterminer.

S'il arrive à quelqu'un de mettre le feu quelque part à dessein ou par accident, il répond de tout le dommage causé par les flammes. Cependant, lorsque le village entier est réduit en cendre par un accident de cette espèce, l'auteur innocent de ce désastre n'en répond pas, ses facultés n'étant point en proportion de la perte.

C'est une chose illicite que de s'asseoir sur la cabane d'autrui. Lorsqu'une femme surprend un homme sur la sienne, elle a le droit d'en faire sa plainte, et d'exiger une poule en réparation. L'homme s'exécute aussitôt, mais elle lui restitue son amende; si c'est la femme, au contraire, qu'un homme trouve sur sa hutte, elle doit également lui donner une poule; mais au lieu de la lui rendre, il la tue et répand son sang sur la cabane, pour la purifier.

Les femmes sont regardées comme impures à certaines périodes; et s'il arrive alors qu'elles touchent un homme, ne fût-ce qu'avec leur vêtement, elles le souillent, et sont condamnées à l'amende d'une poule, dont on épanche le sang sur lui pour le purifier. Le mari d'une femme qui est dans cet état est exclu des festins, de la présence des chefs, et presque traité lui-même comme impur.

Lorsqu'une troupe de chasseurs s'est rassemblée, on cherche, par le *tcherryn*, quel est celui d'entre eux qui est le plus agréable au dieu de la chasse, afin qu'il lui adresse des prières pour le succès de leur entreprise. L'on remet deux œufs de poule à la personne que l'oracle a désignée. Après la cérémonie, les uns s'embusquent au coin d'un bois, les autres y entrent, courant çà et là pour rabattre les bêtes de leur côté. A peine ont-ils tué soit un sanglier, soit quelque bête fauve, que le chasseur désigné par le *tcherryn* brise un des œufs sur la dent de l'animal, et le lui répand sur la tête, en rendant grace à *Autgha*, dieu de la chasse, de sa protection. Au retour de leur chasse, les hommes mangent la tête, la queue et la chair des reins des bêtes qu'ils ont tuées. Ces morceaux sont regardés comme sacrés, et il est défendu aux femmes d'y toucher. On donne à l'heureux chasseur un quartier de derrière, et le reste est partagé également entre les autres, pour la nourriture de leurs familles. Lorsque les chasseurs ont terminé le festin, celui qui a tué sacrifie une poule à *Autgha*, et répand son sang sur les dents de devant de l'animal, en prononçant des actions de grace. Alors celui qui avait imploré ce dieu lui adresse à son tour de nouveaux remercîmens, saisit le cœur de l'animal, en épanche le sang sur son arc, sur ses flèches, et casse un œuf dessus.

Si quelque femme avait mangé par hasard des morceaux auxquels il est défendu aux femmes de toucher, la colère d'*Autgha* empêcherait les chasseurs de rien tuer une autre fois; aussi les montagnards ne manquent-ils point d'attribuer à cette cause le malheur qu'ils peuvent avoir à la chasse, et l'on condamne la femme coupable à l'amende d'une poule, après l'avoir découverte par les pratiques superstitieuses d'usage.

Le chasseur qui a recours à l'aide d'autres hommes pour trouver ou pour rapporter ce qu'il a tué dans une chasse particulière, leur en doit la moitié.

Lorsqu'on découvre qu'un sanglier ou quelque autre bête fauve s'est réfugié dans un champ cultivé, le propriétaire pratique un chemin pour la retraite de l'animal, et se construit une vedette pour épier sa marche nocturne. S'il parvient à le blesser, il court en porter soudain l'heureuse nouvelle à son village, et chercher des gens de bonne volonté qui l'aident à suivre les traces de la bête, chose dont on vient aisément à bout, parce que ses gémissemens la trahissent, et que la flèche empoisonnée qui l'a atteinte l'empêche de fuir vîte et loin. La pernicieuse activité de ce poison n'empêche point, comme on a vu, de manger impunément la chair des animaux tués de la sorte, en jetant tout ce qui entoure la blessure. On m'a raconté qu'un homme ayant mangé la partie frappée par une flèche empoisonnée, mourut sur-le-champ. Toute personne qui va seule à la chasse donne la moitié de ses prises aux gens de son village, après que le *maunguy* s'est emparé de quelques morceaux de l'échine.

Celui qui trouve de la venaison tuée par un autre et perdue, qui l'emporte et la mange, est condamné, quand on le découvre, à une amende de cinq roupies et de plusieurs porcs, en faveur du chasseur, qui peut lui remettre cette amende ou la réduire à son gré : c'est ce qu'il fait ordinairement.

Les montagnards font un si grand cas des chiens de chasse, qu'ils condamnent à dix ou douze roupies d'amende quiconque en a tué quelqu'un.

La punition infligée au meurtre d'un chat est tout-à-fait bizarre. Celui qui a commis une faute semblable assemble tous les enfans du village, et leur distribue du sel pour détourner la vengeance céleste.

On regarde l'hospitalité comme une vertu. Lorsqu'un homme de considération visite ses amis, ou que quelqu'un va voir ses parens, il en est traité aussi somptueusement que leurs facultés le leur permettent. Les étrangers qui voyagent sont également bien reçus ; on leur donne une maison avec des meubles, et les habitans du village lui fournissent autant de provisions qu'il peut en consommer.

Un paysan qui s'adresse à son chef ne peut lui exposer ses griefs qu'après que celui-ci, devinant à-peu-près quel sujet l'amène, lui a permis de prendre la parole. Il l'écoute alors avec la plus parfaite attention, et regarderait comme une grande inconvenance d'interrompre son récit.

Un paysan ne peut point s'asseoir devant son chef sans y être invité par lui, encore doit-il, avant de céder, s'en défendre deux ou trois fois : et il a grand soin de ne s'asseoir qu'à une distance assez considérable. Celui que des affaires conduisent vers son chef est obligé de l'en prévenir d'avance ; et s'il a du bon sens, il observe de loin, avant d'entrer en explication, dans quelle disposition d'humeur il se trouve.

S'il le juge favorable, il la saisit et s'avance d'un pas ou deux, sinon il remet prudemment son affaire à une autre fois. On regarde comme un manque de respect, de la part d'un inférieur, d'entrer dans le logis de son chef sans y être appelé. Lorsqu'un chef en visite un autre, on l'invite toujours à s'asseoir le premier.

Les montagnards sont pour la plupart de fort petite stature, mais bien proportionnés et vigoureux. C'est, je crois, un prodige, que de trouver parmi eux un homme de six pieds. Il y en a beaucoup qui ont moins de quatre pieds dix pouces, et beaucoup plus au-dessous de cinq pieds trois pouces qu'au dessus; il y aurait assez de justesse à regarder cette mesure comme la taille moyenne des hommes. Un nez plat semble caractériser leur physionomie; ils l'ont cependant moins épaté que les *caffres* d'*Afrique*, et leurs lèvres ne sont point si épaisses, quoiqu'elles le soient davantage que celles de leurs voisins de la plaine. Je n'avancerai point qu'ils soient aborigènes; car n'ayant ni lettres, ni signes, ni hiéroglyphes, toutes leurs histoires sont conservées par tradition; et l'on peut voir plus haut ce qu'ils pensent touchant leur origine.

Ils n'ont dans leur langue que les nombres un et deux. De deux à vingt, ils se servent des noms *hindous;* et au-delà ils supputent par (*scores*) vingtaines, en y ajoutant les unités.

Leur commerce se réduit à-peu-près à rien. Il consiste presque uniquement en bois de charrues grossièrement travaillés, bois à brûler et à mettre en œuvre, charbon, bambous, miel, patates douces, etc., qu'ils échangent avec les peuplades de la plaine, contre les objets de première nécessité qui leur manquent, tels que du sel, du tabac, du riz, des vêtemens, des fers de flèches, de petites haches, etc. J'ajouterai qu'ils ne fabriquent absolument que des couvertures communes qu'ils échangent également, et ce trafic même est si borné, que chaque village des montagnes ne le fait qu'avec un seul lieu de la plaine qui lui est assigné pour cela.

L'agriculture est un métier aussi rude que peu perfectionné, et l'on voit rarement un propriétaire semer plus que pour les besoins de sa famille. Les hommes et les femmes travaillent indistinctement à la terre; mais le transport de l'eau et du bois pour l'usage de la maison, ainsi que tous les détails du ménage, appartiennent aux femmes seules. Ce sont elles aussi qui portent au marché des habitations de la plaine le bois et les bambous qu'on y échange : d'où l'on peut conclure que presque tout le poids du travail tombe sur les femmes, et que leur nombre fait la richesse de l'homme qui les a. On cultive deux sortes de terres différentes ; l'une, que l'on regarde comme la meilleure, est noire; on appelle l'autre *rouge*. Elle est grasse et tient beaucoup de l'argile. Dans les endroits des flancs et du sommet des montagnes, où il y a assez de terre pour l'agriculture, on coupe a une certaine hauteur les arbres dont ces montagnes sont couvertes, et on les brûle sur la place, lorsqu'il n'est point possible de les transporter. Vers la mi-juin, l'on fait ; avec un morceau de bois dur et pointu, des trous de trois à quatre pouces de profondeur, dans l'endroit éclairci de la sorte, et lorsque les pluies y ont pénétré, on y met deux grains de *takallo*, deux de *kosaraine*, deux ou trois de *lahary*, et de cinq à sept de *naïto*, l'on recouvre ensuite de terre. Ces trous doivent être éloignés d'une coudée au moins l'un de l'autre, autrement le plant viendrait trop maigre et ne rapporterait rien. On sème aussi à la volée, dans le même champ, plusieurs menues graines, qui ne nuisent point aux premières. Les récoltes se font en octobre, novembre et décembre. Outre un assez bon nombre de plantes et d'arbres particuliers au pays, on trouve dans les montagnes l'*yam* sauvage et cultivé; le cotonnier, qui ne fleurit qu'au bout de trois ans; le *kouldy*, sorte de grand plantain qui rapporte du fruit au bout de deux ans, en donne en grande abondance la troisième année, et dégénère ensuite; des *patates* douces, plus grosses que celles de la plaine. En général, les produits de la terre sont peu abondans et de mauvaise qualité, parce que les montagnards, se reposant sur la mousson du soin d'arroser leurs plantations, n'ont ni réservoirs ni méthode d'irrigation, et, ce qui est pis encore, la nature des lieux les empêche d'en avoir; aussi arrive-t-il souvent que la moisson sèche sur pied, faute de pluie. Lorsque ce malheur arrive, les montagnards font une plus grande quantité de charbon que de coutume, et le portent dans le plat pays, où ils l'échangent contre du grain. Ce secours, et la frugale prévoyance de quelques-uns, qui conservent des provisions, les sauvent des horreurs de la famine. Cependant, à défaut de légumes et d'herbes potagères, qui manquent absolument dans leurs montagnes, le besoin les fait souvent recourir, pendant la disette, à toutes sortes de fruits sauvages qu'ils trouvent dans les bruyères; entre autres, à une espèce nommée *singlah*, aliment fort dangereux, qu'il faut faire cuire à plusieurs eaux, ou bien rôtir, pour lui ôter sa vertu malfaisante, et qui semble être de la même nature que le *kindally*; ce dernier fruit se taille en tranches minces et se fait bouillir dans quatre eaux successives, autrement ce serait un poison. Les animaux domestiques des montagnards sont le porc, les chèvres, et la volaille, auxquels on peut ajouter quelques chiens et chats en fort petit nombre. Les bêtes sauvages sont à peu près les mêmes que celles qu'on trouve dans la plaine, excepté deux espèces de daims qui n'habitent que les montagnes, l'une nommée *mauk*, qui est fort grande, l'autre, extrêmement petite, et qu'on appelle *illarou*.

Le gouvernement intérieur des montagnes n'est qu'un pacte entre l'administrateur et les administrés. Le *maunguy* de chaque village s'engage de juger les différens qui surviennent entre ses vassaux, et de les défendre contre l'oppression de leurs voisins, et ceux-ci, de leur côté, lui jurent obéissance et fidélité aussi longtemps qu'il ne cessera point d'être leur juge et de les protéger; mais la moindre faute, de part ou d'autre, rompt le traité; c'est le *maun-*

guy qui fait la répartition des terres, et après la moisson, ses officiers déterminent à l'amiable, avec chacun des cultivateurs, la contribution qu'ils sont en état de lui payer selon l'abondance de la récolte, ou la stérilité de l'année. S'il arrivait qu'un sujet ne voulût payer aucun impôt à son chef, chose qui ne s'est peut-être jamais vue, celui-ci ne pourrait point l'y contraindre; mais il aurait le droit de l'empêcher de cultiver à l'avenir aucun endroit de son territoire. Les officiers du *maunguy* reçoivent un peu de grain pour leur peine, ou bien le *maunguy* leur remet leur impôt, car ils cultivent leurs champs aussi bien que lui-même. Ils ne sont point salariés, mais ils jouissent d'une certaine considération, et reçoivent quelques dédommagemens de leurs peines au jugement des procès; il n'y a que le *jemmadar* dont la charge est purement honoraire; ils dépendent absolument du *maunguy*, dont ils exécutent les ordres, et qui les casse toutes les fois qu'il a lieu de s'en plaindre.

Le *Sirdar maunguy*, ou chef d'un *toppah*, qui est la confédération de plusieurs villages, ne perçoit d'impôt que sur son village; mais on lui paie, lorsqu'on a recours à lui, un droit proportionné à l'importance de l'affaire. C'est lui qui assemble les *maunguys* et leurs vassaux pour agir offensivement ou défensivement, sans pouvoir néanmoins forcer à agir ceux qui improuvent ses motifs. Lorsque dans leurs guerres particulières, les montagnards se font prisonniers, ils se relâchent avec ou sans rançon; mais ils ne portent point la même clémence dans leurs expéditions contre les habitans de la plaine; là, tout ce qui leur fait résistance est mis à mort sans pitié. Les hommes qui ne se défendent point, les femmes, les enfans sont dépouillés, sans néanmoins qu'on les maltraite ni qu'on les fasse prisonniers; on se garde bien surtout d'attenter à l'honneur des femmes, car on croit fermement que celui qui l'oserait devrait perdre incontinent sa raison et mourir.

Les armes des montagnards sont, en général, l'arc et les flèches; quelques-uns ont des épées, d'autres, en plus petit nombre encore, possèdent des fusils à mèche, qu'ils ont probablement enlevés dans leurs excursions. Ils vont à la chasse dès qu'ils ont la force de se servir de leurs armes, et sont si passionnés pour ce divertissement qu'ils le prennent dans toutes les saisons, et supportent les plus grandes fatigues pour le faible dédommagement qu'ils en retirent. Ils se servent toujours de flèches empoisonnées à la chasse, jamais à la guerre; ils en portent presque toujours néanmoins, pour être prêts à chasser, si l'occasion s'en présentait.

Il n'y a point d'esclave dans les montagnes, mais l'esclavage n'y est point défendu, car on ignore ce que c'est; jamais parens n'y ont eu l'idée de vendre leurs enfans; les serviteurs ne restent avec leur maîtres qu'autant qu'ils le veulent, ou que ceux-ci l'ont pour agréable.

Dans le compte que le colonel *Brow* rendit au gouvernement, en 1776, il observe que depuis quinze ans environ, les peuples de ces montagnes n'avaient aucun gouvernement fixe, et qu'ils étaient devenus, pendant ce période extrêmement dangereux pour le plat pays, où ils descendaient incessamment, tantôt de leur propre mouvement, tantôt sollicités par quelque *zémindar*, qui partageait avec eux la dépouille de ses voisins, et toujours conduits par l'attrait du pillage; toutes communications étaient interrompues; les lieux voisins des montagnes presqu'entièrement dépeuplés, et la route *Bhaugulpore* à *Fouroukâbad* n'offrait plus de sûreté aux voyageurs.

Les choses étaient en cet état, lorsque le capitaine *Browk* fut envoyé avec un détachement d'infanterie légère, pour remédier à ces désordres, et imprimer la terreur du nom anglais dans l'esprit de ces montagnards. Le succès de cette expédition fut plein et rapide ; *Browk* repousse ces pillards dans le cœur de leurs montagnes, les persuade de l'impuissance où ils sont de lui résister en plaine, et invite les chefs à venir le trouver pour négocier un arrangement. Il leur donna un grand repas à cet effet, et leur distribua des turbans. Le capitaine *Browne* lui ayant succédé dans le commandement avant la conclusion du traité, acheva heureusement son ouvrage. Ainsi, ces deux officiers préparèrent la voie à M. *Cleveland*, qui a conclu depuis, avec les chefs des montagnes, les conventions les plus stables et les plus avantageuses qu'il fût possible de leur faire accepter. Après avoir gagné leur amitié par ses présens, et leur confiance par la franchise de sa conduite, il enrôle les hommes de bonne volonté, les habille, leur assigne un traitement, sans les obliger toutefois à servir pendant un temps limité ; de sorte que ce corps se trouva souvent dans ses fluctuations, fort de plus de mille soldats ; il eut tant de confiance dans leur fidélité, qu'au bout de deux ans, il obtint pour eux des armes à feu qu'ils manient présentement avec assez d'adresse. J'oserai dire encore qu'ils sont peut-être susceptibles d'un aussi grand degré de discipline que les autres natifs de cantons différens, qui sont au service de la Grande-Bretagne. M. *Clévelant* assigna de plus des appointemens à tous les chefs et officiers de *toppahs*. Le *sindar maunguy* reçut dix roupies par mois, et chacun de ses *naibs*, trois. Les *maunguys* subalternes ne furent point salariés; mais on donna deux roupies aussi chaque mois à tous ceux dont le village avait fourni au moins un volontaire. Les chefs, de leur côté, se rendirent non-seulement responsables de la conduite de leurs vassaux, mais ils s'engagèrent de livrer au collecteur, pour être jugé à Bhaugulpore ou à Radjamahall, par une assemblée de chefs, quiconque troublerait la tranquillité publique.

Ces sages réglemens assurèrent à la fois le bonheur des montagnards, le repos des habitans de la plaine, et rendirent également cher aux uns et aux autres le nom de *Cléveland*. Après sa mort, la reconnaissance des *Zemindars* alla jusqu'à élever un monument en forme de pagode à la mémoire de leur bienfaiteur.

Je dois, avant de conclure, rendre aux montagnards la justice de dire qu'ils respectent la vérité autant que peuple du monde, et mourraient plutôt que de la trahir de propos délibéré; mais je ne parle que de ceux qui n'ont point eu de relations avec les *Indiens musulmans* de la plaine, chez lesquels l'intérêt et le mensonge sont synonymes; car pour ceux-ci je ne saurais déterminer à quel point ce commerce peut influer sur leur conduite.

Les montagnards sont en général d'un caractère gai et humain, mais d'une timidité extrême. Lorsqu'on les invite à chanter, ils répondent qu'ils ne le peuvent point sans boire à discrétion au préalable, parce qu'ils sont honteux à moins d'être ivres. Comme tous les peuples qui sont dans un état non-civilisé, ils aiment avec passion les liqueurs enivrantes, et estiment davantage celle qui les enivre le plus vite, car l'ivrognerie n'a rien de honteux à leurs regards. Au contraire, la religion semble l'autoriser, car il n'y a point de festin méritoire qui ne soit couronné par l'ivresse.

Les exemples d'une vie longue sont extrêmement rares. J'ai ouï parler d'un homme qui avait atteint sa centième année; mais n'ayant jamais rencontré personne qui eût cet âge ou qui pût même me dire le sien, car on n'y fait point attention, je suis tenté de révoquer la chose en doute. Un jour je vis une vieille femme parente d'un chef dans la maison de qui je logeais ; elle était, à ce qu'on me dit, d'un fort grand âge ; mais ayant pris un grand verre de liqueur, elle donna l'exemple aux assistans en chantant et en dansant devant moi. Exemple qu'ils suivirent tous à l'envi.

J'ai parcouru les montagnes dans un sens où jamais Européen ne m'avait précédé ; et pour familiariser les habitans avec une vue si nouvelle pour eux, je portais une infinité de petits présens qui me concilièrent la bienveillance de tous les villages par où j'ai passé avec M. *Grant*, mon compagnon de voyage, et dans lesquels nous avons laissé un souvenir précieux de notre visite.

A Bhaugulpore, le 27 juin 1792.

Fin des Mémoires sur la Géographie et les Voyages.

TABLE

DES MÉMOIRES

CONTENUS DANS CE VOLUME.

Fin de la Table des Matières.

LIBERTE ET PATRIE

Check Out More Titles From HardPress Classics Series In this collection we are offering thousands of classic and hard to find books. This series spans a vast array of subjects – so you are bound to find something of interest to enjoy reading and learning about.

Subjects:
Architecture
Art
Biography & Autobiography
Body, Mind &Spirit
Children & Young Adult
Dramas
Education
Fiction
History
Language Arts & Disciplines
Law
Literary Collections
Music
Poetry
Psychology
Science
…and many more.

Visit us at www.hardpress.net

Im The Story

personalised classic books

JANE IN WONDERLAND

LEWIS CARROLL

"Beautiful gift.. lovely finish. My Niece loves it, so precious!"

Helen R Brumfieldon

☆☆☆☆☆

UNIQUE GIFT

FOR KIDS, PARTNERS AND FRIENDS

Timeless books such as:

Kids

Alice in Wonderland · The Jungle Book · The Wonderful Wizard of Oz
Peter and Wendy · Robin Hood · The Prince and The Pauper
The Railway Children · Treasure Island · A Christmas Carol

Adults

Romeo and Juliet · Dracula

Highly Customizable

Change Books Title

Replace Characters Names with yours

Upload Photos for inside pages

Add Inscriptions

Visit

Im The Story .com

and order yours today!

CPSIA information can be obtained
at www.ICGtesting.com
Printed in the USA
BVHW092252270819
556849BV00016B/2606/P

9 780371 034552